初中生物常用教学模式解析

何小霞／主编

东北师范大学出版社
长 春

图书在版编目（CIP）数据

初中生物常用教学模式解析 / 何小霞主编. — 长春：东北师范大学出版社，2020.12

ISBN 978-7-5681-7355-1

Ⅰ. ①初… Ⅱ. ①何… Ⅲ. ①生物课–教学研究–初中 Ⅳ. ①G633.912

中国版本图书馆CIP数据核字（2020）第258660号

□责任编辑：邓江英　　□封面设计：言之凿
□责任校对：刘彦妮　张小娅　□责任印制：许　冰

东北师范大学出版社出版发行
长春净月经济开发区金宝街 118 号（邮政编码：130117）
电话：0431-84568115
网址：http：//www.nenup.com
北京言之凿文化发展有限公司设计部制版
北京政采印刷服务有限公司印装
北京市中关村科技园区通州园金桥科技产业基地环科中路 17 号（邮编：101102）
2022年6月第1版　2022年6月第1次印刷
幅面尺寸：170mm × 240mm　印张：14.5　字数：232千

定价：45.00元

编委会

主　编：何小霞

副主编：喻　静　刘雪姣

编　委：陈少燕　温文滔　宋　洋　张宜曼　马春华

高　娟　李　姮　武艳红　沈雪贤

序言

PREFACE

教学的主要任务就是培养高效率的学生。教学模式的合理应用对课堂上学生学习效率的提高有决定性作用。教学模式的优劣在很大程度上决定着课堂的效率，决定着学生的知识结构的完整性和继续学习能力的水平。现代教育提倡改革，鼓励创新，教学模式因此而丰富多彩，让教师们眼花缭乱。老教师往往对新兴教学模式嗤之以鼻，坚守讲授式，尤其是边远地区，有些教师当老师30年就讲授30年，一讲到底；新教师喜欢新鲜事物，过于崇尚新颖的教学模式，前几年热衷于搞实验探究，这两年动辄翻转课堂；一些教育管理者也喜欢跟风，如前几年很多城市的学校管理者组织教师浩浩荡荡前往杜郎口、洋思学习，然后回到自己的城市，号召全体教师进行课堂教学模式改革，施行杜郎口、洋思的教学模式，但收效甚微。

其实教学模式多种多样，有的教学模式可能只能实现某个或某几个教学目标，不同的教学模式也可能具有相同的教学目标，但至今为止还没有发现一种能实现所有教学目标的教学模式。本书编者认为，教学模式是为教学内容和教学对象服务的，教师应该针对自己的风格、教学内容的特点、学生的年龄结构、学生的知识层次、学生的接受能力等合理运用教学模式，这样才能提高课堂效率，实现教学目标。

本书提供了初中生物常见的教学模式，供一线教师选择与参考。本书力图做到理论与实践相结合，精选案例，希望为一线生物教师提供一条高效教学的新途径。

目录

CONTENTS

第一章
教学模式概论

我国新一轮基础教育课程改革已经全面启动，新课程要求全面实施素质教育，为实现中华民族的伟大复兴提供强有力的保障。课程改革、素质教育落实到具体的教学环节，就是要改变教与学的方式，实现培养德、智、体、美全面发展的社会主义建设者和接班人的教学目标。教学模式的恰当合理运用是促进这一教学目标实现的重要因素。

一、教学模式简介

（一）教学模式的定义

教学模式是在一定的教育思想、教学理论和学习理论指导下，为完成特定的教学目标和内容而围绕某一主题形成的比较稳定且简明的教学结构理论框架及其具体可操作的教学活动方式。作为结构框架，教学模式突出了从宏观上把握教学活动整体及各要素之间内部关系和功能的特点；作为活动程序，教学模式则突出了有序性和可操作性。总而言之，教学模式一般包括理论依据、教学目标、操作程序、运用策略等几个因素。

（二）教学模式的特点

1. 指向性

任何一种教学模式都是围绕着一定的教学目标设计的，而且每种教学模式的有效运用也是需要一定条件的，因此不存在对任何教学过程都适用的普适性模式，也谈不上哪一种教学模式是最好的。评价优秀教学模式的标准主要考察在一定条件下达到特定目标的有效性。教学过程中，在选择教学模式时必须注意不同教学模式的特点和性能，注意教学模式的指向性。

2. 操作性

教学模式是一种具体化、操作化的教学思想或理论，它把某种教学理论或活动方式中最核心的部分用简化的形式反映出来，为人们提供了一个比抽象理论具体得多的教学行为框架，具体地规定了教师的教学行为，使得教师在课堂上有章可循，便于教师理解、把握和运用。

3. 完整性

教学模式是教学现实和教学理论构想的统一，它有一套完整的结构和一系列的运行要求，体现着理论上的无懈可击和过程上的有始有终。

4. 稳定性

教学模式是大量教学实践活动的理论概括，在一定程度上揭示了教学活动的普遍性规律。一般情况下，教学模式并不涉及具体的学科内容，所提供的程序对教学起着普遍的参考作用，具有一定的稳定性。但是教学模式是依据一定的教学理论或教学思想提出来的，而一定的教学理论和教学思想又是一定社会形态的产物，因此教学模式总是与一定历史时期的社会政治、经济、科学、文化、教育水平相联系，受到教育方针和教育目的的制约。因此，这种稳定性又是相对的。

5. 灵活性

作为一种并非针对特定学科的教学内容，体现了某种理论或思想又要在具体的教学过程中进行操作的教学模式，在运用的过程中必须考虑到学科的特点、教学的内容、现有的教学条件和师生的具体情况，进行细微的方法上的调整，以体现对学科特点的主动适应。

（三）教学模式的功能

1. 教学模式的中介作用

教学模式的中介作用是指教学模式能为各科教学提供一定理论依据的模式化的教学法体系，它使教师摆脱了只凭经验和感觉、在实践中从头摸索进行教学的状况，搭起了一座理论与实践之间的桥梁。

教学模式的这种中介作用和它既来源于实践，又是某种理论的简化形式的特点是分不开的。

一方面，教学模式来源于实践，是对一定的具体的教学活动方式进行优选、概括、加工的结果，为某一类教学及其所涉及的各种因素和它们之间的关系提供一种相对稳定的操作框架，这种框架有着内在的逻辑关系的理论依据，已经具备了理论层面的意义。

另一方面，教学模式又是某种理论的简化表现方式，它可以通过简明扼要的象征性的符号、图式和关系的解释，来反映它所依据的教学理论的基本特征，使人们在头脑中形成一个比抽象理论具体得多的教学实施程序。它的出现，便于人们理解某一教学理论，也是抽象理论得以发挥其实践功能的中间环节，是教学理论得以具体指导教学，并在实践中运用的中介。

2. 教学模式的方法论意义

教学模式的研究是教学研究方法论中的一种革新。长期以来，人们在教学研究上习惯于采用单一刻板的思维方式，比较重视用分析的方法对教学的各个部分进行研究，而忽视各部分之间的联系或关系；或习惯于停留在对各部分关系抽象的辩证理解上，而缺乏作为教学活动的特色和可操作性。教学模式的研究指导人们从整体上去综合地探讨教学过程中各因素之间的互相作用和其多样化的表现形态，以动态的观点去把握教学过程的本质和规律，同时对加强教学设计、研究教学过程的优化组合也有一定的促进作用。

二、教学模式的创建和发展

“模式”一词源于英文model的汉译，又可译为“模型”“范例”“典型”等，指某种事物的标准或样式。1972年，美国哥伦比亚大学教授布鲁斯·乔伊斯和玛莎·韦尔最早提出教学模式的概念。1980年，他们二人与同为哥伦比亚大学教授的艾米莉·卡尔霍恩一同出版著作《教学模式》一书，书中将教学模式归纳为信息加工教学模式、人格（人性）发展教学模式、社会交往教学模式、行为修正教学模式四大类。乔伊斯和韦尔所归纳、概括出的教学模式涵盖了各个领域，涉及了多个方面。在著作中，三位学者重视教学模式的系统性、灵活性，反对模式化倾向，明确了教学模式的实践品性。

我国在20世纪80年代中期开始介绍国外教学模式的理论，并对其进行研究和实践。关于教学模式的本质，国内学者看法不尽相同。张武升教授提出：“教学过程的模式，简称教学模式，它作为教学论里一个特定的科学概念指的是根据客观的教学规律和一定的教学指导思想而形成的，师生在教学过程中必须遵循的比较固定的教学程序及其实施方法的策略体系。”吴恒山提出：“教学过程的模式，简称教学模式。它作为教学论里一个特定的科学概念，指的是在一定教育思想指导下，为完成规定的教学目标和内容，对构成教学的诸要素所设计的比较稳定的简化组合方式及其活动程序。”华东师范大学叶澜教授认为：“教学模式俗称大方法。它不仅是一种教学手段，而且是从教学原理、教学内容、教学的目标和任务、教学过程直至教学组织形式整体的、系统的操作样式，这种操作样式是理论化的。”中央教育科学研究所（现为中国教育科学研究院）朱小蔓教授给出的定义是：“教学模式是在教育理念支配下，对在教育实践中逐步形成的、相对稳定的、较系统而具有典型意义的教育体验，加以一定的抽象化、结构化的把握所形成的特殊理论形式。”何克抗教授提出了关于教学模式定义的全新观点：“教学模式属于教学方法、教学策略的范畴，但又不等同于教学方法或教学策略。教学方法或教学策略一般是指教学过程中采用的单一的方法或策略，而教学模式则是指教学过程中两种或两种以上方法或策略的稳定组合与运用。”

多年来，课程与教学的研究者试图开发出一种适用于所有教育目标的模式，但未成功。近50年来，教学模式的研究取得了三个重要的发展：一是对某些已有模式的继续研究，以及对新型教学模式的开发；二是在多种模式的融合方面取得了巨大的发展；三是电子信息技术扩大了图书馆的信息量，并且把大量信息引入教室。

第二章

教学模式研究的意义

一、为多样化教学提供可能性

克服单一、刻板的教学形式，利用各种途径和方法多出人才、出好人才，是教学改革的一个主要目的。因此，如何实行多样化的教学，保持教学系统的最大活力，就从实践上提出了研究教学模式的必要性。

二、有助于教师培训

现在的教师培训都要学习教育学知识，但由于仅仅停留在传授知识上，学生或教师不感兴趣，效果也不显著。如果能够充实实际知识，充分发挥教学模式库的作用，使学生能够接受数种基本教学模式，则定能收到良好的效果。

三、有利于教学改革

目前，全国各地许多学校和教师正在探索和试验各种新的具体教学模式，可以说，教学改革实验的真谛就在于对旧有教学模式的改造和新的教学模式的寻求。从这个意义上讲，教学模式论又是教学改革的方法论，其从整体上对各种教学模式的性质、特点和功能进行研究，有助于教师切实掌握教学改革的主动权。

四、解决教学理念与教学实践之间的矛盾

教学模式可以帮助我们从整体上去综合地认识和探讨教学过程中各种因素

之间的相互作用及其多样化的表现形态，有利于我们从动态上去把握教学过程的本质和规律。这对于改变长期以来形而上学的思维方式，即只重视对教学各个部分的研究而忽视它们之间的相互联系，是有一定作用的。

教学模式可以较好地发挥教学理论具体化和教学经验概括化的中介作用，是教学理论和教学实践得以相互沟通的桥梁。因而，对教学模式的研究，堪称找到了解决教学理论与教学实践之间矛盾的机制。

五、教学模式对提高课堂教学效果具有积极的意义

教学模式是教学理论与教学实践的桥梁，是对教学理论的应用，对教学实践起直接指导作用，对于保证教学思想得以贯彻具有重大意义。另外，教学模式是成功的教学实践的系统化、简约化概括，能使优秀的教学经验提升到理论的高度，并以相对稳定的形式体现出来，减少了教学的随意性，有利于持续地保证教学质量。所以教学模式既是理论体系的具体化，又是对教学经验的系统概括。每名教师无论自身是否意识得到，实际上都是在某种教学模式的框架下来开展教学活动的。

但是，也有学者对教学模式的意义和局限进行了探讨："教学模式不同程度地解决了长期以来人们一直探讨的如何使教学理论真正成为教学实践的指导，又以丰富成熟的经验来完善教学理论等一系列重大问题。但是，在教学模式的具体运用和操作过程中，由于构成教学过程因素的复杂性，特别是教学活动中起主导作用的教师对教学对象——学生的不正确了解、对教学实际的不完全洞悉和对教学模式本身的变通性缺乏足够的认识与分析，也由于缺乏辩证法的指导，往往非此即彼或牵强附会，极易走向极端和片面。"

第三章

初中生物常用教学模式解析

第一节　图解教学模式

一、图解教学模式概述

（一）定 义

图解教学模式就是在课堂教学中，为使学生能够观赏到反映事物本质特征，形成科学的知识体系的物体图像和教学图案资料（包括挂图、画面、幻灯片、录像片等图形、图像）的教学模式，它是一种以图示意、以图导学的教学模式。从广义上来讲，图解教学模式不仅限于图形、图像教学，它泛指用简练的文字和数字、特定的线条、符号或其他信号组成的图形、图表、图解等辅助性教学工具进行教学。随着多媒体技术、网络技术的发展，今天的图解教学模式还应包括与之相联系的各种动态图示教学。

（二）特 点

1. 图解教学模式有利于激发学生学习生物的兴趣，使学生增强学习信心，提高学习效率

图解教学模式的板书改变了传统的呆板提纲式板书的面貌，取材灵活，形式多样，还能使用不同颜色强化信号，容易激起学生的兴趣和注意。图解教学模式缩短了学生认识教材的过程，在一定程度上缓解了生物课内容多、课时少的矛盾。图解教学模式注重培养学生对生物知识的一种力求趋近、认识的心理状态，这种积极主动的学习态度最大限度地发挥了学生内在的潜力，达到了好的学习效果，受到学生普遍认可和欢迎。

2. 能促进学生诸种能力，尤其是生物思维能力和创造性思维的发展

提高学生学习生物的效率要依靠三种能力的平衡发展：一是再现性能力，指对生物概念及生物知识的记忆能力；二是逻辑能力，指对生物知识的分析、综合、比较、概括能力；三是创造性能力，指运用生物知识提出独立见解的能力。图解教学模式是培养学生这三种能力的行之有效的途径。图示作为传递知识信息的一种直观工具，一方面能促使生物表象的形成，增强认知的清晰性，记忆的稳固性，追忆的准确性；另一方面将生物知识系统化、结构化，有利于提高学生再现再认的能力，也有利于学生分析、概括能力的提高。

3. 图解教学模式有利于促进教师素质的提高

图解教学模式要求教师从教材和学生的实际出发，站在全册、全编、全章的高度确定每堂课输出的信息量，并抽出其中的主干和有联系的部分，经过创造性思维，设计出具有不同内涵和外延的图示。一方面，图解教学模式对教师的知识水平、分析概括、综合演绎、思维表达等教学能力提出了较高要求；另一方面，图解教学模式使教师获得较多的课堂调控的依据和机会，有利于及时收集、处理学生的反馈信息，不断完善教师主导性评定和学生自我评定，达到教学相长的目的。

4. 图解教学不受时间、空间和教学条件的限制，无论在城市还是乡村均可试行

图解教学不仅适用于普通年级，更有利于毕业班学生系统全面地掌握知识，具有普遍推广的意义。

5. 有利于提高学生的综合素质

在教育教学中，可以通过图解教学模式，渗透辩证唯物主义思想及美育教育。图解教学是内在美与外在美的统一，有利于提高学生的综合素质。

二、图解教学模式的理论依据

（一）沙塔洛夫教学法

沙塔洛夫教学法就是苏联教育家沙塔洛夫创建的“纲要信号”图表法，此法的核心是“纲要信号”。

沙塔洛夫认为，既然人们能借助各种新的生产工具减轻体力劳动的负担，作为教师就应该创立一种科学的教学方法，以减轻学生的负担、提高教学质量。“纲要信号”图表教学法正是基于这一观点建立起来的。

沙塔洛夫教学法是以“纲要信号”（或称依靠性信号）图表法为核心的，包括课堂讲授、复习巩固、家庭作业，直到提问、记分以及如何活跃学生思维在内的一整套教学法体系。“纲要信号”图表是一种由字母、单词、数据或其他“信号”组成的直观性很强的教学辅助工具。这种图表通过各种“信号”，简明扼要、直观形象地把所需掌握的知识表示出来。图表必须有利于发挥学生的联想能力和现实记忆能力，并提高学生的逻辑思维能力和概括能力，使学生更好地掌握知识，加快教学进程。这种教学方法可以改变过去那种孤立地讲授某条定理、某一规则、某一概念的传统方法，使学生把所学习的新知识的各个部分放在一个整体中来理解，这样学生就容易认清各部分知识之间的内在联系，加以对比，得出合乎逻辑的结论。

（二）脑科学理论

现代神经心理学发现，人的大脑两半球有明确的分工，具有不同的功能。左半球被称为“数字脑”，主要是对数字信息进行处理，因此对数字、逻辑、语言等信息较敏感。右半球被称为“模拟脑”，主要是对模拟信息进行处理，因此对模型、音乐、图像等信息较敏感。两半球紧密配合形成人们的整体认识。但每个人的大脑两半球功能的发挥都是不平衡的，“数字脑”占优势的人善于运用概念进行逻辑推理和判断分析，更多的是通过听觉传输媒介进行理性思维。“模拟脑”占优势的人，善于运用图形进行形象思维和空间想象，更多的是通过视觉传输媒介进行感性思维。图解教学模式正是把听觉、视觉两种传输媒介有机结合起来，通过语言讲述和图像演示，使大脑两半球的功能合二为一，传递信息，刺激大脑思维，从而使大脑的功能得以更科学的发挥，更有利于提高学生的学习效率。

（三）认知学习理论

认知心理学认为，人们的认知是从感性认识上升到理性认识，从简单到复杂，从个别到一般的过程。人的生命有限而客观世界却是无限的，每个人的认知不可能都是通过直接经验获取的，只有不断地接受间接经验才能不断发展自我认知。教师教和学生学的过程正是获取间接经验的一个重要途径。教学过程表现为信息的输入（接受、加工、储存、输出和反馈）。教师的任务就是采用科学的教学方法去说明已验证了的真理，使教学成为科学探索过程的简化和浓缩。在瑞士心理学家皮亚杰看来，教学方法是由认识论的根本问题决定的，即人们的认识遵循着由现象到本质，由个别到一般的认识规律。接触一定量的感性材料（现象），再运用科学的思维透过现象抓住本质，从而发现普遍的一般性规律。青少年接受新事物也是如此，学习并非个体不断获得外部信息的过程，而是不断学习到有关个体认识事物的程序，也就是构建新的认识图示，逐渐由具体到抽象、由形象思维发展到逻辑思维的过程。图解教学正是通过构建图示实现认知的过程。在生物教学中运用图解教学法，可以灵活运用不同类型的图示，建立具体形象的直观材料，给学生以牢固持久的认识，从而引导他们积极思维，通过分析、比较、综合、归纳等方法找出共同点，进而深化认知，改造原有认知结构，产生新概念，构成新认知，使学生更全面地掌握生物知识。

美国教育学家布鲁纳说过：“详细的资料靠表达它的简化方式保存在记忆里，除非把一件事物放在构造得很好的模型里面，否则很快就会被忘记。”他从认知结构的理论角度指出学习包括几乎同时发生的三个过程：习得—转换—评价。习得新信息通常是与个人已有知识信息相背离的，或是对已有知识信息的替代或提炼。一般人们会通过外部推理、内部穿插等方式进行知识的整理转换，从而实现知识的超越，最后根据检查来检测评价处理信息的方式是否得当。学习的过程就是一个认知结构的组织和再组织的过程。知识的习得就是在学生头脑中形成各种由学科基本概念、历史知识、思路和原理组成的知识结构，即知识的结构化、纲要化和网络化。他还指出，在教学实际中运用映像表征、符号表征、动作表征等认知表征有利于把知识转化为最易于接受的方式教给学生。在这点上，图解教学囊括了多种认知表征系统，所以更容易为学生所接受。再从初中生认知结构特点来看，初中生认知结构的完整体系逐步形成，已逐步由形象思维向理性思维转化，逻辑思维逐步占据优势地位，创造思维、辩证思维也有了很大的发展。对于像生物学科这种间接经验的学习，图解教学模式具有很大的促进作用，能促进学生生物思维能力的形成和发展。美国教育心理学家奥苏贝尔在关于人的学习认知理论方面认为，人的学习应该是有意义的学习。这种学习是指运用文字、符号等来理解学习材料的意义，通过联系来掌握知识的学习；要求将头脑中已有的观念和所学的观念联系起来，使学生不是逐字逐句回忆，而是能用等值但不同的言语来表达所学知识。为了在短时间内尽可能使学生学习较多知识，就必须把知识进行有意义的组块，即把许多小单元组合成较大单元块的信息。虽然人们同时记忆一系列信息的能力是有限的，但把这些信息组织成块，不仅可以增加信息摄取量，还可以提高记忆效率，延长记忆持久性。因此，影响课堂教学中意义学习的关键便是学生的认知，也就是学生已有知识的数量、清晰度和组织形式。奥苏贝尔还认为知识是按层次结构组织起来的。认知结构具有渐进性、融通性的特征，图解教学法也是基于此理论提出和发展的。图解教学从某种意义上说就是对知识的加工、组块、编码以形成认知结构的过程。图解教学法遵循由感性到理性的认知原则，强调首先运用图示给学生以感知，再配合教师讲解，使学生在感知的基础上记忆、想象，达到理性的全面认识。教师依照系统论、史学论等原则，以“整体—部分—整体”的逻辑对教材进行信息化处理，使教学内容成为纵横有序的网络，再配以生动的讲述，经过学生的思维调节，形成完整的知识结构。

（四）美学理论

新课程理念体系强调培养学生健康的审美观和审美能力，树立健康的审美情趣，使其对社会美、自然美、艺术美、科学美具有一定的感受力、想象力和鉴赏力；要乐于参与各种不同形式的艺术活动，进行表现美、创造美的尝试和实践。同时指出，审美教育有助于人的知、情、意的全面发展……未来社会更加崇尚对美的发现、追求和创造。

图解教学模式正是基于新课程理念的一种教学方法。图解教学法就是教师在钻研教材，理解课标、大纲，分析学情的基础上进行的艺术再创造。图示综合运用文字、线条、符号、图画、影像、声音等元素，经过加工浓缩，在科学准确地反映文本知识的同时，从比例、色彩、形状等方面表现出自然、和谐的美感。它具有文字美、线条美、布局美、结构美、色彩美、动态美等艺术特性。所以说，图示不仅有认识价值，同时也具有艺术性和美学价值。在生物教学中，根据美学原则，设计富有美学价值的图示方案来启发学生去发现美、享受美、创造美，寓教于乐、寓智于美，使学生充分感受美的熏陶，在提高课堂有效性的同时提升学生的审美鉴赏能力、科学素养和人文素养。

（五）加德纳多元智能理论

美国著名心理学家霍德华·加德纳提出多元智能理论，被誉为“多元智能理论”之父。多元智能理论认为几乎每个人都是聪明的，只是表现在不同的方面。古诗曰“天生我材必有用”就是这个道理。学生智能的差异不应该是教育的负担，相反应该是一种宝贵的资源，所以多元智能理论改变了以往的学生观，教师不应该用同一标准衡量每一个学生，而是要用发现和赏识的目光看待学生，正确地引导他们，挖掘他们的潜力，使每个学生都能成才。加德纳认为，人类的智能至少可以分为八个范畴：语言智能、数理逻辑智能、空间感知智能、身体运动智能、音乐智能、人际交往智能、内省智能、自然探索智能。

就生物学科而言，对学生空间感知智能的培养是其他学科无法替代的，将图解教学模式应用于生物教学中既能培养学生的空间感知能力，又可以培养学生的观察能力、想象能力、综合分析能力，有助于学生生物知识体系的建构。

（六）心理学理论基础

心理学研究告诉我们，直观形象对激发学生学习兴趣、充分挖掘大脑思维潜能、加速记忆有着纯语言教学无法比拟的优势，因此直观形象是取得良好教学效果的有力手段。浓厚的学习兴趣是学生学习的强大推动力。初中学生的一个重要的心理特点就是对形象、生动、具体的东西感兴趣。初中新课程新教材中生动、形象的插图一方面对学生的视觉造成强大的冲击，另一方面，也传达了一些文字所难以表达的信息。美国图论学者哈拉里有一句名言“千言万语不及一张图”，就是这个道理。因此，对于初中生物教学而言，教材中的插图就是直观形象的一种表现形式，它在生物教学中有着不可忽视的作用。这就显示出插图教学的重要性。

心理学研究还表明，学习材料的性质对学习效果有很大影响。一般来说，直观、形象的材料是思维的出发点，直观、形象的学习材料比抽象的、言语的知识容易被识记理解。而增强知识形象性、直观性的有效手段是将知识图像化，突出展示生物知识的本质特征。因此，生物教学中教师实施图解教学模式一方面可尽量通过绘图训练、促进学生理解、记忆生物知识，另一方面还要对学生进行忆图训练，因为形象代码和语义代码系统有助于学生记忆。

（七）教育学理论基础

人的心理活动不可能一直停留在一个水平上，都是不断按照一定的规律发展变化的，而兴趣活动也是如此。教育学上根据兴趣的倾向性，把兴趣分为直接兴趣和间接兴趣。直接兴趣是由事物或活动本身引起的兴趣，新奇的东西和与直接需要相符合的事物都容易引起人的直接兴趣。间接的兴趣是由活动的目的、任务或者活动的结果引起的兴趣。直接兴趣和间接兴趣是密切联系、相互转化的，一般来说，在学习中凡是与我们的需要以及已有知识经验相符合的事物，都会使我们产生直接兴趣。但我们一旦遇到挫折困难，感到枯燥乏味时，直接兴趣就难以维持，这就需要间接兴趣的参与了。只要我们对掌握某种科学知识的必要性与重要性有充分认识，就会对它产生间接兴趣。间接兴趣能够激励我们去学习那些枯燥的、有一定难度的知识，但是这种学习毕竟是一种比较沉重的负担。如果在学习中把容易的材料与困难的材料有机地结合起来，交替进行，使间接兴趣向直接兴趣转化，使间接兴趣通过具体的学习过程促进直接兴趣的产生，学习的效果就一定会更好。因此，教师在采用图解教学模式进行教学时，实际上就是把深奥的生物学知识和生动活泼的插图结合起来，即把容易的材料与困难的材料有机地结合起来，两者交替进行，生物课堂便会妙趣横生，学生对所学内容便会产生直接兴趣，进而提高学习生物的积极性，而积极性的提高又会促进具体的学习，从而达到优质的教学效果。

三、图解教学模式的教学目标

（一）知识目标

通过图解教学模式促进学生更好地掌握丰富的生物学知识。

（1）利用图示帮助学生掌握相关的生物学知识。利用课本中的图示，创设问题情境，促进学生快速掌握相关知识。

（2）利用图示促进学生理解和记忆难以理解的知识。利用生物体微观结构的显微结构照片图、示意图、模式图实际、直观、科学、形象的特点，促进学生对难以理解的微观结构的理解和记忆。

（3）利用图示促使学生形成集中化、网络化的知识。

（4）利用插图拓展学生课外知识。

（二）能力目标

通过图解教学模式指导学生科学而有序地阅读图解图表等，培养学生的观察能力、归纳分析能力、语言表达能力、想象能力、创造能力、思维能力、处理信息和收集信息的能力等各种综合能力。

1. 培养学生的观察能力

通过观察图示，培养学生的观察能力。生物插图教学中，教师引导学生观察插图，并注意图文结合，这样既有利于学生理解相关的生物学知识，也提高了学生的观察能力。

2. 培养学生的归纳分析能力

每幅图示都有其自身的背景知识，教师在采用图解教学模式时，指导学生结合有内在联系的或相同类型的图表进行比较分析，并归纳得出结论，这样不仅可以使学生系统掌握所学知识，而且还可以提高学生的归纳分析能力。

3. 培养学生的语言表达能力

在图解教学的过程中，教师有意识地指导学生进行图文对照、看图说话、指图设问等多种方式的插图学习，不仅可以活跃课堂气氛，还加深了学生对图示的理解，促使学生的口头表达能力、语言组织能力得到提高。

4. 培养学生的想象能力

学生因为其缺乏空间感和实物感对于一些单角度、一维的描述生物体结构的插图很难理解其中各结构之间的位置关系。教师在进行图解生物教学时，充分运用实物、模型、标本等进行直观教学，使学生在头脑中形成空间概念，培养学生丰富的想象能力。

5. 培养学生的创造能力

在学生掌握知识要点后，教师通过插图教学引导学生将所学的知识图解化，从而培养学生的创造能力。

6. 培养学生的思维能力

教师在进行图解教学时，启发、引导学生对插图进行分析、综合、比较、抽象和概括，培养学生的思维能力。

7. 培养学生处理信息和收集信息的能力

教师指导学生多方挖掘相关信息图片，从而培养学生处理和收集信息的能力。

（三）情感、态度与价值观

图解教学模式可发展学生的情感、态度与价值观。教师可运用教材中风景图、生物学史图、现象图、结构图、逻辑图、科学家肖像图和科技生产图等各种插图，发展学生的情感、态度与价值观。

利用风景图，教师指导学生读教材中的蓝天白云、青山绿水，使学生有身临其境、心旷神怡的美感，也就自然而然地使学生产生了对大自然的热爱的情感，树立环境保护意识；利用生物学史图，教师指导学生读有关生物学历史里的人物和事件等生物学史，并有意识地与学生交流并积极引导，从而发展学生的情感、态度与价值观。

四、图解教学模式的操作程序

（一）图解教学模式流程图

图解教学模式流程如图3–1–1所示。

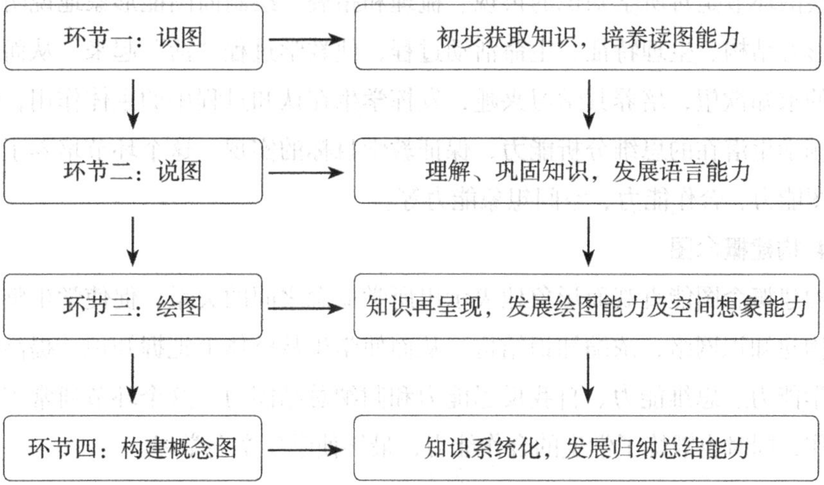

图3–1–1　图解教学模式流程图

（二）基本环节

遵循初中生“注意、感知、记忆、思维”的认知心理学，图解教学模式将教学过程设计为四个环节：识图、说图、绘图、构建概念图。

1. 识　图

识图是图解生物教学模式的起始环节，注重培养学生通过识图对生物学概念和原理的记忆识别和分析能力。初中生物教材中安排了丰富的图示图解，如叶结构图、光合作用过程图、心脏解剖图、消化系统图等，教材中的插图是根据教学目标设计的，以形象直观的形式来描述生物学的基础知识，体现教学的重点难点，其信息量远远超过文字叙述的信息量，培养学生的识图能力，培养学生从插图中提取大量信息的能力是理解分析解答问题的关键。

当然，在识图环节，教师一定要做好前期的准备工作，精心设计思考题，让学生有的放矢，带着问题去识图。

2. 说 图

说图是对识图环节的补充和检测，让学生向其他同学讲述他从图中获取的信息。这个环节可以检测学生在识图环节中获取图文信息的效果，对识图过程也起到促进作用。另外，学生在读懂图解的基础上，对自己获取的信息进行阐述和解说，既要动脑又要动口，能够培养语言组织能力和语言表达能力。

3. 绘 图

绘图环节是对所学知识的再现、梳理和拓展。绘制简图能形象地说明生物体的形态结构、生理特征、生命活动过程，使教学过程“活”起来，从而激发学生的求知欲望，培养其学习兴趣，发挥学生在认知过程中的主体作用，能充分挖掘学生潜在的思维分析能力，保证教学目标的实现。这个环节培养了学生的绘图能力、合作能力、空间想象能力等。

4. 构建概念图

构建概念图能直观而形象地表示出所学概念之间的关系，促使学生整合知识，构建知识网络，浓缩知识结构，从而使学生从整体上把握知识，提高学生的自学能力、思维能力、自我反思能力和归纳总结能力。这个环节通常需要小组合作，同时也锻炼了学生的合作能力，最终使学生学会学习。

教学案例

“人体内废物的排出”教学设计

一、教材分析

本节课是人教版义务教育课程标准实验教科书《生物学》七年级下册第四单元第五章人体内废物的排出的内容。这节课的内容主要涉及《义务教育生物学课程标准（2011年版）》“生物圈中的人”一个一级主题。本节内容是在学习了“第三章人体的呼吸”和“第四章人体内物质的运输”内容之上的学习。

"人体内废物的排出"第一部分内容"尿的形成与排出"是本章的重点，也是本章的难点。本节与前面所学知识联系紧密，因此探求新知前首先要复习"泌尿系统的组成"和"血液的组成"，有利于知识的衔接，启发学生联系生活实际，从学生已有的生活经验出发，重在情感、态度与价值观的教育，培养学生关注环境与关爱生命的情感。

二、教学目标

1. 知识目标

（1）能描述出人体泌尿系统的组成及各器官的功能，描述尿液的形成和排出过程。

（2）会识别肾脏的纵剖结构。

（3）能概述肾单位各部分的结构特点。

（4）利用彩线，能制作出肾单位简易模型。

2. 能力目标

（1）通过观察人体泌尿系统模式图、肾单位模式图、肾脏的外形与内部结构、肾单位结构示意图与模型，进一步训练观察能力和思维能力。

（2）通过小组讨论，加强交流和表达，提升科学探究能力，发展合作能力。

（3）通过说图、绘图、构建概念图等环节，培养语言表达能力、绘图能力、空间想象能力、归纳总结能力等。

3. 情感、态度与价值观

（1）通过对肾衰患者及医生的采访，了解有关肾透析、肾移植等医学技术，关注与生物学有关的社会问题，初步形成关注社会、关注健康、热心公益的意识，树立可持续发展的思想。

（2）通过动手实践，产生创新意识。

三、教学重难点

1. 教学重点

（1）肾单位的结构及其功能。

（2）尿的形成和排出。

2. 教学难点

尿的形成过程。

四、教学思路

通过引导学生读人体泌尿系统图、肾单位图，让学生在从图中获取相关知识的同时训练学生的读图能力。在读懂图的基础上，让学生说图，与同伴分享从图中获取的知识，一方面教师可以从学生的说图过程中了解学生掌握知识的情况，另一方面，学生在说与听的过程中实现了知识的再现。接着是绘制泌尿系统图和肾单位图，在绘图过程中，学生将知识进行梳理、复习、巩固。最后是小组合作构建概念图，在这个环节，学生归纳总结整节课的知识要点。通过这个环节，学生不但进一步巩固了知识点，而且培养了归纳总结的能力，在小组合作的过程中，培养了合作能力。

五、教学过程

环节一：识图能力培养

读泌尿系统图（图略）思考：

（1）泌尿系统由哪些器官组成？

（2）泌尿系统的各器官有什么功能？

读肾单位结构图（图略）思考：

（1）尿液的形成包括哪些过程？这些过程分别由肾单位的哪些结构完成？

（2）肾小囊中的液体是什么？其成分是什么？

（3）终尿的成分是什么？

（4）原尿、终尿与血浆的成分有什么区别？

环节二：说图能力的培养

让学生针对逐个独立回答环节一中的问题，同伴纠正和补充。

环节三：绘图能力培养

（1）学生独立绘图表示尿液形成过程。

（2）展示不同层次学生绘制的图，通过让学生不断纠正、补充、完善，让学生对尿液形成过程更加清晰明了。

（3）小组合作完善尿液形成模式图，通过“兵教兵”的方式让基础较差的学生得到更好地提升。

环节四：小组合作构建概念图

（1）小组合作构建泌尿系统概念图。

（2）小组合作构建新陈代谢概念图。

“消化系统”教学实录

师：同学们，每天我们都会吃进各种食物以保证我们获取充足的营养。食物的种类各不相同，有米饭、馒头、蔬菜、水果、肉、蛋、奶等，这些食物在咱们体内是会发生什么样的变化呢？

生：会被消化吸收。

师：对的，会被消化吸收。那么是哪个系统负责消化吸收的呢？

生：消化系统。

师：那么，消化系统哪些结构参与了消化和吸收，又分别扮演着怎样的角色呢？消化和吸收的过程是怎样的呢？这就是咱们这节课要学习的内容。现在，请同学们翻开课本第29页，带着以下问题阅读图4–22。可独立完成，也可小组讨论。

（PPT出示问题：①消化系统包括哪些器官？②各器官的位置在哪里？在自己身体相应的位置指出来。③各器官的功能是什么？④如果要把消化系统的所有器官分两类的话，该怎么分？）

生：读图。

师：大家对消化系统的图都有了一定的掌握。现在谁来回答一下，消化系统包括哪些器官？自上而下地说。

生1：包括口腔、咽、食道、胃、小肠、十二指肠、大肠、肛门、盲肠、阑尾。

师：回答正确吗？

生2：不正确。十二指肠、盲肠和阑尾不是。

师：十二指肠、盲肠和阑尾到底是不是呢？

生：不是。

师：十二指肠是小肠的一段，是小肠的起始部位，不是一个独立的器官。盲肠和阑尾是大肠的一部分，也不是独立的器官。因此，消化器官包括哪些？

生：包括口腔、咽、食道、胃、小肠、大肠、肛门。

师：各器官的位置在哪儿？请同学们用手在自己身体的大致部位指出来。

生：（指出各器官位置）。

师：各消化器官有什么功能呢？

生：（讲述各器官功能）。

（教师、学生对于有误的进行订正。）

师：为什么胃有储存功能而小肠没有？口腔没有？

生：胃是最膨大的结构。

师：对了，胃是袋子状的结构，膨大，所以具有储存功能。因此，大家总结一下结构与功能的关系。

生：结构与功能相统一。

师：现在，请同学们拿出生物绘图本，绘制消化系统的图，并且在图上标出各器官名称及其功能。

生：绘图。

师：大家可以独立完成，也可以小组合作完成。

师：同学们都完成绘图了。现在请小组合作，构建消化系统的概念图或者画思维导图。

生：（构建概念图）。

五、图解教学模式的运用策略

（一）实施条件

教学模式的实施条件是指能使教学模式发挥效力的各种条件因素，如教师、学生、教学内容、教学手段、教学环境、教学时间等。图解教学模式与其他任何一种教学模式一样，其本身也存在着一定的局限性。例如，初中学生往往会舍本逐末，在学习过程中只关注那些带有色彩符号的图示和文字，而忽略了图示中所暗含的丰富生物知识，这样做不但没有真正发挥图示的作用，而且造成了学生对图解教学法的误解，最终将导致学生知识体系的漏洞。对教师而言，一方面，应用图解教学模式进行课堂教学的过程中，所要展示的图像有时较难制作，这就要求教师具有一定的图像绘制能力，以便提高图解教学模式的高效性和趣味性，充分激发学生学习的主动性和积极性；另一方面，在课堂的教学过程中使用传统的板书进行图示的绘画往往会占用大量宝贵的教学时间，大大降低了课堂教学的效率，不利于教学任务的完成。因此，教师在运用图解教学模式进行课堂教学时应取长补短，发挥图解教学模式的优势，改进其不足。以下介绍在采用图解教学模式的过程中应该注意的问题和策略。

1. 恰如其分地创设课堂情境

初中生物教学的一个重要目的就是让学生学习对生活有用的生物知识，这就要求教师不仅要立足生物课程标准的要求，更加要注重理论与实践的结合。不能只是拘泥于教材，而应该鼓励学生将所学知识与现实生活中的生命规律和生命现象等相融合，用生物知识去解释生活中的生命现象和生命规律。教师所创建的图示应该是教材的升华，将当前生物知识的新情境引入课堂的图解教学过程，激发学生的学习兴趣，帮助学生构建新颖的学习情境，进一步提高学生学习和迁移知识的能力。同时，教师除了要具备较高的专业能力和优秀的课堂驾驭能力之外还应该适应新课改的要求，广泛涉猎，深入学习与生物相关的理论知识，做到高屋建瓴。只有这样，才能更好、更恰当地创设对课堂教学有用的学习情境。同时，为了更好地发挥学生的主观能动性，教师在课堂教学过程中要尽量构建一个和谐、轻松、民主的课堂氛围，并在必要的时候给予学生必要的引导。

2. 图解教学模式运用要适度

无论是什么教学模式在运用时都需要把握“度”，要适可而止，图解教学模式也不例外。在图解教学模式的运用过程中，教师要依据教材内容和学生自身的实际情况，创建、运用图示进行课堂教学，从而高效地完成教学任务，提高教学质量，切忌刻意使用图示，为了“图示”而图示，这样不但无法体现图解教学模式的优势，反而会事倍功半甚至适得其反，使得原本就比较抽象的知识更加难以理解，造成学生“消化不良”。图解教学模式并不是生物课堂教学的唯一方法，在使用图解教学模式过程中，要注意其与一些传统的有效的教学模式的结合，特别是与传统讲述法的结合使用，因为只有图示是不够的，其只有在教师的讲述下，并配合学生的创造性思维，才能充分发挥图解教学模式的优势，从而帮助学生了解生物现象，理解生物规律。因此，在生物图解课堂教学过程中，更要注重其与其他教学方法的相互结合、相互补充和相互渗透，并形成一个有活力的图解教学模式。

3. 加强师生合作与互动

“纲要信号”是在合作教育思想指导下产生的，只有在师生合作与互动的教学方式下才能获得成功。在运用图解教学模式进行课堂教学的过程中，如果教师不能贯穿“以学生为主体”这一主线，不能较好地把握师生合作与互动的总体教育思想，那么将无法发挥图解教学模式的优势和特长。在新课程改革的背景和理念下，教师是课堂上的首席执行官，是学生学习的引导者和监督者，而学生才是学习的主体，是学习和获得知识和能力的发起者。教师在课堂教学过程中要引导学生主动参与，充分发挥学生的主观能动性，无论是提出问题还是解决问题，都要鼓励学生亲自去尝试、摸索、探究与合作。而图解教学法就是如此，在课堂教学过程中对图示的使用可以极大地激发学生学习的兴趣，提升学生学习的热情，并最终激发学生主人翁的责任感和归属感。图解教学模式中的一个重要环节就是图示的设计与制作，而图示设计与制作的好坏会直接影响课堂教学效率的高低。如果仅仅依靠教师单独来完成，不但思维模式比较单一，而且非常辛苦，特别是要求教师具备非常优秀的图示绘制能力和技巧。因此，采用图解教学模式的教学活动是一种多边参与的团队活动，应该考虑提倡发动全体学生都参与进来，不但充分调动了学生的积极性，而且很好地锻炼了学生的动手能力、逻辑思维能力和团队协作能力，还可以使学生养成课前预习、主动学习的好习惯。同时，学生还可以通过在课堂上进行图示展示来提升自己的演讲和口头表达能力，进而增强自信心和成就感，最终，逐步形成应用图解教学模式的能力。

4. 重视图解教学模式的反馈

在生物图解教学进行的过程中，虽然图示都是教师精心设计制作的，但是，由于师生之间认知能力的差异，教师在教学设计过程中所预料的学生课堂反应往往和教学的实际情况之间存在着一定的差异。在运用图解教学模式进行生物课堂教学时，教师应该密切关注学生的学习反馈信息，了解学生在生物图解教学过程中对教学内容的学习和掌握情况，只有这样，教师才能更加全面、准确地评价当前课堂图示设计和图解教学模式的使用效果和优劣，及时发现教学过程中存在的不足，并及时改进存在问题和不足的图示设计，完善生物图解教学模式的教学过程，真正达到运用图解教学模式进行生物课堂教学的目的。此外，教师还可以给学生布置一些课后的图示作业来评估课堂教学效果。

5. 图示教学法与多媒体相结合

近年来，随着信息技术的飞速发展，教学模式也随之发生了巨大的变化。现如今，多媒体与教学之间的联系也变得越来越紧密，图示的设计和制作不但规范、美观、变静为动，而且节省了教师当场绘制图示的时间。此外，多媒体应用软件中的图示可以储存在U盘、移动硬盘等移动存储设备中，方便实现学习资源在师生之间的传递和共享，学生即使在课堂上有不明白的地方，在课后也可以通过图示重现来进行讨论和答疑。因此，在图解教学模式教学过程中，教师应该注重其与多媒体技术的结合运用。

图解教学模式与多媒体的结合使用也具有一定的条件。一方面，图解教学模式对学校的硬件设备要求较高，只有那些具备硬件条件的学校才可以运用。另一方面，图解教学模式与多媒体的结合也对教师的计算机使用能力提出了更高的要求。因此，教师必须通过提升自身的计算机能力来使图解教学模式的效果最大化。多媒体的使用是对图解教学模式的更深层次的推广，传统图解教学模式并不受多媒体的限制，硬件条件不足的学校的教师仍然可以通过手绘图示进行图解法教学，并发挥图解教学模式的优势。尽管如此，我们不能否认图解教学法与多媒体结合的重大作用和意义。

6. 制作图示必须注重科学性

生物属于自然科学的范畴，生物知识的科学性要求生物教学也要有相应的科学性。因此生物教学中的图示的制作同样也要求注重科学性和系统性。

如何做到科学系统地制作图示？首先，要认真钻研生物教材、教学大纲，研读课程标准，切实掌握教材的重点、难点及知识点间的内在联系、因果关系。深挖教材，即在扎实掌握基础知识的前提下，用科学系统的生物思维、辩证唯物主义生物观来精心设计，以确保图示所传达知识的科学性。其次，要结合学生的实际情况来设计图示。具体来说，就是图示的设计要和学生的年龄特点、认知水平、心理特征和接受能力相适应。不同年龄段学生的认知能力、思维能力、知识储备和心理特点都是不同的，只有切实从学生实际出发设计的图示，才能充分调动学生学习的兴趣和积极性。最后，在充分研究教学目标和学生实际的前提下，结合现代化的教育技术如多媒体技术，选用恰当的图示类型，巧妙构思，使图示结构严谨合理，准确表达原理的具体内容或概念的内涵和外延。

7. 图解教学模式应遵循一般的适时性和适度性原则

图解教学模式应遵循一般的适时性和适度性原则。通过时间上的适时、分量上的适度，不断激发学生的学习兴趣，引发学生的探求欲望。利用图示讲解教材内容时要做到适时适用。教学过程中要注意图示的呈现方式、呈现时机，将教师的教与学生的学有机结合起来，将教师的指导讲解和学生的自主读图思考结合起来，通过适时讲解引导学生积极思维，从而加深学生对所学知识的理解、掌握和复习巩固，以达到信息处理的最优化。

图解教学模式具有形象、直观的特点。图示的直观性可以激发学生的兴趣，吸引学生的注意力，加深学生对知识的理解和记忆。同时，配合现在普遍使用的多媒体辅助教学，使图示更具体、生动、形象。但是，我们不能过分追求其直观性。著名的教育学家苏霍姆林斯基说过："不要过分追求直观，因为直观教学只是教学的手段而不是目的。"因此采用图解教学模式时要注重其适度性。具体来说，首先，应用的图示与讲授的内容相比不能过多，二者间应当要有适当的比例。如果比例失调甚至主次颠倒，不仅会使图解教学模式的效果大打折扣，而且有可能导致教学任务无法及时完成。其次，图示的生动性和精彩度应当适度。虽然我们都希望所展示的图示有精彩生动的画面，有丰富的音响效果，但如果图示的内容过度了就会适得其反，使学生眼花缭乱，导致其注意力分散，反而不利于学生掌握和理解知识。最后，在对图示进行解读时，使用提示性语言时要把握好分寸，抓住学生的心理，引导他们逐步了解图示背后的生物知识，使学生形成完整的生物知识体系。

8. 注意灵活性和合理性相结合

生物作为一门自然科学，是千变万化的，没有固定模式，若图解教学模式采用固定图示模式，就容易造成学生思维的定式。所以我们要因图施教，不同图示采用不同的教学方法。大多数情况下，图解教学模式将同一类别的生命现象或相关知识集中起来，以各类图示形式呈现出来，以便我们看清同类或相关生物知识点各自的特点和相互之间的差别及联系，具有高度的浓缩性。如果使用不当，会影响学生阅读理解教材，掌握基本知识和知识基本结构。虽然图示结构简单明了，但是长期单一使用容易造成学生感知上的疲劳和迟钝。另外，若只是单纯让学生学习图示上几个干巴巴的线索和结论，并不符合生物教学的要求，也不利于生物自身丰富多样性的呈现。所以应用图解教学模式要注意灵活性和合理性，必须让学生在掌握图示的基础上，认真理解课本知识内容，运用辩证法、唯物主义观点，结合教材，将图示、史论结合起来，以实现形象思维和逻辑思维的有机统一。同时，为了防止知识点的遗漏，通过启发引导、联系比较等方式，努力挖掘隐性知识，使学生形成较为完整的生物知识体系和思维能力。

（二）图解教学模式适用内容

图解教学模式适用的内容见表3-1-1。

表3-1-1　图解教学模式适用课题表

课本分册	章节	题目
人教版七年级上册	生物和生物圈	生物与环境组成生态系统
		生物圈是最大的生态系统
	生物体的结构层次	练习使用显微镜
		植物细胞
		动物细胞
		动物体的结构层次
		植物体的结构层次
		单细胞生物
	生物圈中的绿色植物	种子植物
		植株的生长
		开花和结果
		绿色植物与生物圈的水循环
人教版七年级下册	人的由来	人的生殖
	人体的营养	消化和吸收
	人体的呼吸	呼吸道对空气的处理
		发生在肺内的气体交换
	人体内物质的运输	流动的组织——血液
		血液的管道——血管
		输送血液的泵——心脏
	人体内废物的排出	人体内废物的排出
	人体对生命活动的调节	人体对外界环境的感知
		神经系统的组成
		神经调节的组成
人教版八年级上册	动物的运动和行为	动物的运动
	细菌和真菌	细菌
		真菌
	病毒	病毒

续 表

课本分册	章节	题目
人教版八年级下册	生物的生殖和发育	植物的生殖
		昆虫的生殖和发育
		两栖动物的生殖和发育
		鸟类的生殖和发育
	生物的遗传与变异	基因在亲子代间的传递
		基因的隐性和显性
		人的性别遗传
		生物的变异
	生命起源和生物进化	生物进化的历程
	传染病和免疫	传染病及其预防

第二节　探究性实验教学模式

一、探究性实验教学模式概述

（一）定 义

探究性实验教学模式来自“探究性教学”，它最初由美国生物学家、课程专家施瓦布提出，至今我国研究者理解探究性教学时，仍采用施瓦布的定义，即“儿童通过自主地参与获得知识的过程，掌握研究自然所必需的探究能力，同时形成认识自然的基础——科学概念，进而培养探索未来世界的积极态度”。根据美国《国家科学教育标准》的表述，“探究性教学”也包含了“科学探究”在科学教育中的含义，即探究性教学是对“科学探究”的探究，也就是说，探究性教学是要让学生像科学家从事科学研究那样来学习科学，领悟科学研究的真谛。

探究性实验教学是指面对现实的生物问题或生物实验教学中出现的疑难问题，通过设计一系列的实验并付诸实践，根据实验现象或实验结果进行严密推理来分析解决问题的一种实验方法。它是以一定的问题为导向，根据已有的知识、技能和经验，在教师的指导下经历提出问题、猜想假设、制订计划、分析论证、得出结论、反思评价和表达交流等探究要素中的一个或者几个，运用生物科学方法体验研究过程，尝试解决生物科学问题，有高度科学思维参与的各种学习活动。

（二）特点

探究性实验教学具有以下特点。

1. 主动性

探究性实验教学是学生积极、主动、自觉地探求知识、解决问题的过程。它不仅要求学生具有主动探究的精神，而且要求学生对自己的探究过程主动做出监控和调节，对自己的探究结果做出总结和评价。

2. 创新性

在探究性实验教学的过程中，无论是个体已有的知识、技能重新组合，还是新的知识、技能纳入原有的认知结构，其结果都是使认知结构发生质的变化，生成新的、不同于书本上现成知识的思维产物，因而往往带有创新性的特点。

3. 亲历性

探究性实验教学主要以学生的直接经验为基础，不同于已掌握间接经验为主的接受性学习，也不同于通过观察而进行的替代性学习，它以学生的探究活动为主要开展方式，强调学生的亲身实践，要求学生积极参与学习活动，在做中学习，在研究中学习。

4. 开放性

在探究性实验教学过程中，学生往往对问题的答案提出较多的设想，并拟定相应的研究计划，所以在教学设计时没有固定不变的框框，往往需要开放的教学设计。

5. 科学性

生物探究性实验是科学探究活动，科学探究学习活动依赖于科学的思维方式和研究方法，所以培养学生良好的思维品质是科学探究学习的重要任务。

二、探究性实验教学模式的理论依据

（一）建构主义学习理论

建构主义学习理论的核心观点是给学生提供活动的思维时间与思维空间，让学生主动建构自己的认知结构，培养学生的创造力。建构主义认为，学习过程不是学习者被动地接受知识的过程，而是积极地建构知识的过程；强调教学应该创设一种鼓励学习者自我积极建构知识的学习环境，提供多元化的信息源和基于真实情况的学习经验。在建构主义的学习环境中，学生是主动的、积极的、合作的，并达到逐渐自我控制；教学活动的中心是学生而不是教师，学生是信息加工的主体，是知识意义的主动建构者，教师是建构活动的设计者、组织者和促进者。

生物实验探究性教学模式特别适用于实现建构主义学习环境，促使学生自主构建其认知结构和培养多种能力，同时建构主义学习理论也为生物实验探究性教学模式提供了强有力的理论支撑。

（二）施瓦布探究教学的探究理论

最早对科学探究研究的是课程理论专家施瓦布。他提倡教学过程应像科学家搞科研那样，开展探究学习，并提出课堂教学存在不同类型的探究。施瓦布建议科学教师考虑以下三种可能的实验方法：第一，可利用实验手册或教科书等材料提出问题，描述解决问题的调查研究方法，从而让学生发现他们尚不知道的各种关系；第二，可利用教学材料提出问题，但解决方法和答案留给学生自己决定；第三，可让学生在没有课本或实验提供问题的情况下，直接面对现象，提出问题，搜集证据，并根据自己的调查研究做出科学解释。从第一到第三，学生探究的自主性逐渐提高，教材的指导性逐渐下降，学生的探究水平也随之逐渐提高。总而言之，“发展学生探究技能，把科学作为探究来理解”这一思想对探究性教学实践的影响不容忽视。

（三）美国国家研究理事会出版的科学探究专著

美国国家研究理事会（NRC）2000年组织编写出版的科学探究专著不仅对科学探究式学习活动进行了概括，而且对每一类活动中学生自主探究的程度进行了划分和描述，见表3-2-1。

表3-2-1 课堂探究的基本特征和不同程度

基本特征	探究的不同程度（由高到低）			
1.问题：学生探究科学性问题	学生自己提出问题	学生从所提供的问题中选择，并据此提出新问题	学生探究的问题来自教师、学习材料或其他途径，但问题并不直观，需要有所变化或深度理解	学生探究直接来自教师、学习材料或其他途径的问题
2.证据：学生针对问题搜集证据	学生自己确定什么可作为证据，并进行搜集	学生在他人的指导下收集某些数据	直接给出数据，学生进行分析	数据和分析方法已知
3.解释：学生从证据出发做出解释	学生总结证据之后做出解释	学生在得到指导的情况下搜集证据并做出解释	使用已知证据做出解释	证据已知
4.评价：学生使解释与科学知识相联系	学生独立考察其他事实来源，建立事实与已有解释的联系	学生被引导到科学知识的领域和来源	可能的联系被给出	
5.发表：学生阐述和论证自己的解释	学生用合理的、合乎逻辑的论据表达自己的解释	学生在阐述解释的过程中得到他人的指导	学生阐述解释的过程得到了广泛的指导	表达的步骤和程序都已给出
大←学生自主探究的程度→小 小←教师和学习材料指导的程度→大				

三、探究性实验教学模式的教学目标

让学生经历科学探究过程，学习科学研究方法，培养了学生的探索精神、实践能力以及创新意识，有效地激发了学生的学习兴趣和主动性，加强了学生对知识的理解和掌握，同时培养了学生的思维能力和实践操作能力，提高了课堂教学的有效性。具体教学目标阐述如下：

（1）学会从日常生活、生产实际或学习中发现与生物学相关的问题。

（2）学会书面或口头表述这些问题。

（3）描述已知科学知识与所发现问题的冲突所在。

（4）应用已有知识，对问题的答案提出可能的设想。

（5）估计假设的可检验性。

（6）拟订探究计划。

（7）列出探究所需要的材料与用具。

（8）选出控制变量。

（9）设计对照实验。

（10）进行观察、实验。

（11）搜集证据、数据。

（12）学会评价证据、数据的可靠性。

（13）学会描述现象。

（14）学会分析和判断证据、数据，得出结论。

（15）学会表达、交流，写出探究报告。

（16）交流探究过程和结论。

四、探究性实验教学模式的操作程序

探究性实验教学模式流程如图3-2-1所示。

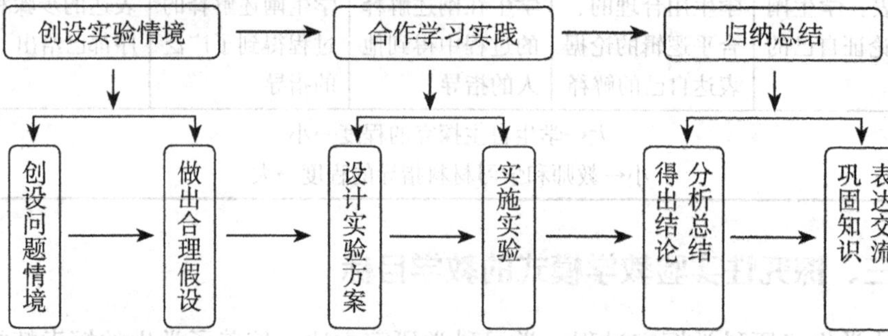

图3-2-1　探究性实验教学模式流程图

探究性实验教学基本思路：教师创设问题情境，学生从问题情境出发，根据已有的生活经验和教师的引导提出合理的猜想，学生在教师指导下，设计研究步骤，选择合适的实验材料，开展实验，进行证明或者验证，得出结论。根据这一思路，探究实验教学模式分成主要的三个环节：创设实验情境、合作学习实践、归纳总结。

（一）创设实验情境

实验情境的创设应贴近学生生活，生动直观，富于启发性，教师要善于运用直观演示、试验探索、多媒体技术、趣味实例、知识复习、制造悖论、反思析题等手段，把抽象的问题具体化，把深奥的道理形象化，把枯燥的知识趣味化，为学生发现问题和探究问题创造条件。实验情境的创设其实也是问题情境的创设，是引出实验目的的关键，所以实验情境的创设要有趣，要适应学生已有的知识、经验，问题过易或过难，都难以引起学生的兴趣。因此，教师不仅要熟悉教材，还要了解学生的认知结构、智能水平和生活经验，提出既为学生所熟悉又具有适度挑战性的问题情境。

以下是创设问题情境的几种常用方法。

1. 用生动形象的视频或动画来创设情境

视频、动画具有良好的互动性，能处理多样化的信息（包括文字、声音、图片、动画等），更能以其形、光、色、声等多种功能作用于学生的多个感官。在课堂教学中，采用视频、动画创设学习情境来导入新课可调动学生的学习积极性，激发学生的学习热情。例如，在设计“探究细胞膜控制物质进出”实验时，可以采用播放flash动画《细胞膜的作用》的方式来导入，学生能清楚地看到有些物质能进入细胞，有些物质被挡在了细胞的外面，那么具体哪些物质能进入细胞，哪些物质不能进入细胞呢？我们可以通过设计实验的方式来进行探究。这样，既调动了学生的积极性，又能开门见山地进入主题。

一些教师口头描述过多，造成了教学冗余，特别是对微观世界的动态变化及宏观总体认识显得心有余而力不足。借助视频、动画生动模拟和再现微观过程，可帮助学生获得感性认识，从而轻松突破教学难点。比如，在探究“水分在植物体内的运输”这一节内容时，水分吸收的部位、运输水分的结构是本节教学重难点，由于水分无色无味，直接观察很难，为了引导学生设计探究实验，笔者播放了一个模拟flash动画《水分在植物体内的运输》，让学生能看到水分运输的方向和水分运输的部位。那么怎样设计实验才能让我们像动画中看到的一样，清楚地看到水分的流动途径呢？学生很快就会想到在水中放入红墨水，把植物的茎纵切等方式。在实际教学中，教师能听到学生对未看过的景象发出的阵阵好奇的惊呼，也能听到学生对整体过程顿悟的收获之声。

2. 用有趣的故事来创设情境

在教学过程中，问题情境的形式不是自发的，而是教师为把学生引入积极的思维状态而有目的地设置的。教师结合教学内容创设问题情境，讲一些生动有趣的故事，学生则感到奇特不已，整个课堂妙趣横生，让学生在自然、欢快、轻松的气氛中学习，在游戏活动中学习新知识、运用新知识。

3. 用模型创设情境

初中生物学模型根据形式不同，可以分为物理模型、数学模型、概念模型等，举例如下：

（1）物理模型：以实物或图画形式直观地表达认识对象的特征，有以下两类。

① 天然模型：在生物研究中会利用动物来替代人体进行实验，在生物课堂上也可以从自然环境中选择动物或植物来对照说明研究对象的结构或特征，或者采用人为扮演的方式。

② 人工模型：由专业人士、教师或学生以实物为参照的仿制品，放大或缩小实物，但真实反映研究对象的特征或模拟表达生命过程。例如，细胞结构模型，让学生用身边的材料制作的模型，如用橡皮泥、橘子果冻等都可以制作细胞的模型，又如沃森和克里克制作的DNA双螺旋结构模型。除立体的三维物理模型之外，在平面上用简化的图形表示研究对象也是一种物理模型，这种图像可以直观地表现各类具体对象的总体特征以及运动历程。

（2）数学模型：用来描述一个系统或其性质的数学形式。用适当的数学形式对研究对象的生命本质和运动规律进行具体的分析、综合，如用数学方程式、关系式、曲线图和表格等来表达，从而依据现象作出判断和预测。例如，细胞不能无限长大的数学建模解释（七年级上册，第二单元第二章第三节“细胞分裂”），细菌分裂生殖数量变化模型建构（八年级上册，第五单元第四章第二节“细菌”）等。

（3）概念模型：通过分析大量的具体形象，分类并揭示其共同本质，将其本质凝结在概念中，把各类对象的关系用概念与概念之间的关系来表述，用文字和符号突出表达对象的主要特征和联系。例如，用光合作用、呼吸作用图解描述光合作用、呼吸作用的主要反应过程以及神经调节的反射弧模式图等。

4. 用实验来创设情境

心理学研究表明，思维作为学习过程中智力活动的核心，一般要经过动作思维、形象思维、抽象逻辑思维三个发展阶段。动作思维是一种初级的、基本的思维方式，可以促进其他两种思维的快速发展，而实验则强调学生通过动手、动脑去制作、设计、发现，通过探讨、归纳、总结，从而发现规律。

5. 以认知冲突创设情境

心理学研究表明：“认知矛盾是动机的根源。”矛盾冲突的问题情境能激起学生已有的认知结构与学科知识结构之间的矛盾，使其产生认知冲突，导致一种紧张感，学生必然要提出问题、解决问题。良好的问题情境在于它能有效地引起学生认识的不平衡，使其产生矛盾心理。通过精心设计，巧妙揭露学生已有认知结构之间的矛盾，进而使学生去寻找解决问题的途径。认知冲突是联系新旧知识之间的一条纽带，是形成新的认知结构的一个必要前提，是教学过程中一个有效的教学时机，因此，在开展科学探究时，教师要利用教学资源，巧妙地创设认知冲突情境。

6. 用类比来创设情境

类比是在两类不同事物之间进行对比找出若干相同或相似点之后，推测在其他方面也可能存在相同或相似之处的一种思维方式。由于生物学科知识与生活息息相关，可以延伸到多个领域，而新知识总是与扩前知识有很多类似之处，类比新知识与扩前知识是一种巧妙高效的策略，利用类比可取得重大发现。我们应引导学生开展各种归纳、类比等丰富多彩的探索活动，鼓励学生进行一般与特殊、高维与低维、无限与有限等类比，达到培养和发展学生创造性思维的目的。类比推理就是根据已知对象的特性推导出另外一个对象也具有的特性。类比推理是一种新的思维方法，是解决问题非常有效的手段。

适宜的问题情境能激发学生的思维，调动学生的兴趣，活跃课堂气氛，而不切实际、抽象空洞的问题情境则会使学生感到高深莫测，困惑不已。因此，教师创设问题要具体明确，这是问题情境创设的基本原则。只有问题情境设置目的明确，学生才能理解问题的含义，才能思考和解决这些问题。

（二）合作学习与实践

1. 合作设计实验

（1）初中的探究性实验设计主要是让学生进行对照实验，对照实验遵循的原则有：

① 科学性原则：所有原则的前提，实验设计都要合乎科学性。

② 可行性原则：不仅符合实验者的一般认知水平，还要满足现有的条件，具有进行实验和完成实验的可能性。

③ 简便性原则：实验的材料易获得，装置简化、简单，实验药品便宜，操作简便等。

④ 可重复性原则：一方面，减少误差，增加信度；另一方面，学生所做的实验在同样的情况下，别人应该可以重复验证。

⑤ 单一变量原则：处理复杂关系的准则之一，可将复杂问题简单化。在不同的实验组别中，只有我们所要研究的因素不同，而影响实验的其他所有因素都相同。

⑥ 等量原则：除研究因素以外，所有可以影响实验过程或结果的因素都应该保持一样。

⑦ 对照性原则：生物实验设计的一个重要原则，在单一变量原则的前提下，通过对照，就能有效地排除其他因素对结果的干扰，增加实验结果的可信度和说服力。

（2）对照实验中采用的几种对照方法：

对照实验采用以下四种方法：空白对照、条件对照、自身对照、相互对照。空白对照即不给对照组以任何处理因素。例如，在“探究唾液对淀粉的消化作用”的实验中，向甲试管溶液加入2mL唾液，而乙试管溶液加入2mL清水，一起进行温水浴加热，比较它们的变化。这样，甲为实验组，乙为对照组，且乙为典型的空白对照。例如，在“探究唾液对淀粉的消化作用”的实验中，向甲试管溶液加入2mL唾液，而乙试管溶液加入2mL稀盐酸，一起进行温水浴加热，比较它们的变化。自身对照即实验和对照都在同一研究对象上进行，可以是不同时间或部位，如在“探究种子萌发产生二氧化碳”的实验中，在实验前测定一次，种子萌发后再测定一次，前后结果进行对比，这就是自身对照。还有一种叫作相互对照，也就是不单独设对照组，而是几个实验组相互对照。例如，在探究不同的植被对空气湿度的影响时，选定草坪、灌木林地、乔木林地等地点进行测定就是相互对照。

（3）初中生物实验设计应注意的问题：

① 审题（从题干中获取有用信息）。

第一，提出问题——明确实验目的（灵魂）。明确到底要解决什么问题，实验目的和要求；分清题型，是验证性实验还是探索性实验。

第二，搞清实验原理（关键）。根据所学相应实验原理，提出适合本实验的原理，或是认真阅读题干（有时在题前叙述，有时隐藏在实验结果描述中）找出相应的实验原理。更多的时候是二者结合分析得出结论。

第三，找出实验材料（定位）。题目通常给定实验材料，或是经学生分析可能想到的材料。

第四，确认变量。抓住三个“量”——自变量、无关变量、因变量。

解决三个问题：自变量怎样设定？无关变量怎样控制？因变量怎样检测？

② 设计实验步骤注意事项。

第一，注意材料是否要制取或处理（注意对照实验）。

第二，注意所用器材是否要分组编号。

第三，要对不同（或同一）对象进行不同的处理。

第四，观察（预测）、记录结果，并根据结果（现象）进行分析。

2. 合作完成实验

在合作完成实验时，教师要将学生分成若干小组，使他们在自主学习的基础上，取长补短地进行合作性学习，并进而解决问题。为了解决问题，学生要分工合作查资料，识别出有意义的信息，共同讨论问题、解决问题，并形成小组问题解决的结论。小组合作学习并非不需要教师的指导，相反，这一阶段也是学生在教师的指导下，不断生成问题，体验、探索、研究问题并最终解决问题的过程。教师要促进和支持学生的生成性学习，并放弃传统的“专家”角色。另外，学生问题解决的质量也取决于该阶段过程的实施。

（三）归纳总结

1. 实验数据统计与整理的方法

（1）数据的表格化

例如，探究光对鼠妇的影响时，可以设计表格统计出明亮处和阴暗处的鼠妇，然后根据表格算出平均数，很快就能得出实验结论。实验数据表见表3–2–2。

表3–2–2　实验数据表

环 境	2分钟	3分钟	4分钟	5分钟	6分钟	7分钟	8分钟	9分钟	10分钟	11分钟
明 亮										
阴 暗										

（2）数据的图像化

数据的图像化是指利用直线图或曲线图对化学实验结果加以处理的一种形式。图像能够直观地表示出一个量的变化引起另一个量的变化情况。例如，在“探究光合作用和呼吸作用维持碳氧平衡”的实验中，可以用空气中二氧化碳的量的曲线图的形式来反映。

（3）数据的文字记录

对带数据自动记录和处理功能的仪器，要将测试数据转抄在记录表上，并同时附上仪器记录纸；若记录纸不能长期保存（如热敏纸），可采用复印件，并做必要的注解。记录内容包括检测过程中出现的问题、异常现象及处理方法等说明。

对于定性变化的实验数据，应根据实际情况恰当描述，如在探究绿叶在光下制造有机物时，未遮光部位遇碘发生的变化，很多学生不一定会看到该部位变成蓝色，所以记录现象时一定要注意如实加以描述，这也为后续表达交流、分析总结打好了基础。

2. 表达交流得出结论

问题解决过程结束后，一般会设置一个小组呈现“问题解决过程”的环节，每个小组运用多种方式将问题解决的全过程向全班汇报。例如，可以选派一名代表进行陈述，也可以让所有的小组成员轮流发言，此过程可以用影像辅助记录。所有小组要听取其他小组的汇报，并在听取其他小组汇报的过程中，不断修正和完善实验结论。通过各小组的讨论、交流，最终得出实验结论。

3. 知识巩固与应用

（1）知识巩固的方法

练习是学生课后对知识消化巩固的一种途径，通过练习，学生可以对知识进行系统化巩固，对当天所学知识进行复习消化。而对教师而言，通过学生的作业情况，可以了解、认识学生，也可以从中发现学生的问题，了解学生对知识的掌握情况。所以，做练习首先是检验学生掌握知识的一个重要环节；其次提高了学生学习的自觉性，实验能更好地帮助学生进行理解，使学生在理解的基础上识记；最后也可以帮助学生合理地进行复习。

（2）知识的应用与迁移

知识的迁移能力也就是通过学生的实践和运用所学的知识，使基本技能得到巩固熟练，从而促使其由知识和技能的掌握过渡到能力的形成的过程。可以通过以下一些方法进行知识的应用和迁移：利用学生已有的认知结构来促进学生的知识迁移，如温故而知新，促使知识纵向迁移；利用思维定式的积极作用，以促进迁移能力的形成，变换问题解决的方向，使正迁移向负迁移转化；等等。

教学案例

“探究细胞膜控制物质的进出”教学设计

一、教学分析

生物科学是一门非常重视观察与实验的科学，是一门实践性很强的科学。新课程标准更加注重学生的发展和社会的需要，更多地反映生物科学技术的最新进展，更加关注学生已有的生活经验，更强调学生的主动学习、实践环节、探究性学习，以及交流合作的能力。因此，在本次实验教学中，以陶行知的“生活教育”理论为指导思想，让学生从生活常识出发，引导学生根据生活中常见的现象进行思考，利用探究实验总结出细胞膜控制物质进出的方式，并能解决生活中的实际问题。

二、教学内容和学情分析

本节课是七年级生物上册人教版“细胞的生活”中的内容，教材对细胞膜怎样控制物质的进出阐述得非常简单，但这个知识点却是联系高中的“细胞膜的选择透过性”知识的重要纽带，而且细胞膜是很难用肉眼看到的，非常微观，所以本节课主要以实验探究的形式初步形象地展示细胞膜控制物质进出，以外在的实验现象展示这一特性，突破这一难点。同时初中学生已具备以下基础：

（1）知识基础：学生已学习了细胞的基本结构和细胞生活。

（2）能力基础：学生初步具备进行探究实验设计和操作的能力。

（3）心理基础：学生具有强烈的好奇心及浓厚的观察研究兴趣，但探究实验设计能力还有待进一步提高。

三、教学目标

1. 知识与技能

观察植物细胞物质进出细胞膜的现象与不同物质进出细胞膜的条件，阐明其控制物质进出的基本规律。

2. 过程与方法

自主设计探究实验，总结控制变量的方法，比较讨论得出合理的结论。

3. 情感、态度与价值观

体验探究的过程，建立良好的探究性学习思维方法。

四、教学重难点

1. 教学重点

探究“大分子物质进出细胞的条件”，以及实验设计。

2. 教学难点

总结细胞膜控制物质进出的规律。

五、教学方法

问题引导法、实验设计法、观察法及实验探究活动法。

六、新课标下的学习侧重点及实验内容

新课程标准更加注重学生的发展和社会的需要，更多地反映生物科学技术的最新进展；更加关注学生已有的生活经验；更强调学生的主动学习，并增加实践环节；倡导探究性学习，引导学生主动参与，注重培养学生交流合作的能力。本节课主要包括小分子物质（以水分子为例）的进出细胞膜以及大分子物质（以色素为例）的进出细胞膜两个部分的实验。

七、设计思路

细胞膜是肉眼无法直接看到的，如果仅是讲解细胞膜可以控制物质进出，学生是很难理解的。探究细胞膜控制物质进出可以分成探究小分子物质（以水分子为例）的进出以及探究大分子物质（以色素为例）的进出两个部分的实验。第一部分全体学生共同探究，教师准备材料，学生根据准备的材料设计实验。第二部分采用分组探究的方式，学生设计实验并自己选择材料，这样做的目的是：一方面，让学生理清探究实验的设计思路，目的明确地设计实验并得出自己的结论；另一方面，让学生实实在在地看到实验现象，发现细胞膜不允许色素等大分子物质进出活细胞。根据水分子和色素进出细胞的条件不同，从而得出细胞膜具有选择透过性这一特点，进而达到这次探究实验的教学目标。

八、教学准备

1. 准备实验设备和实验材料

列好实验需要用到的实验设备和主要的材料清单，有烧杯、刀片、镊子、浓度为20%的盐水、配好的稀盐酸、酒精灯、石棉网、研钵、水、苋菜、白萝卜（新鲜的萝卜和放置了一天的萝卜）。

2. 准备精致的课件和素材

网上收集相关的素材，如鲜榨果汁的榨取、泡菜制作等材料，自己设计相关的实验先进行一些模拟操作，选择合适的材料。例如，探究色素这种大分子物质进出细胞膜实验时，材料可选择玫瑰花、紫荆花、红辣椒等。最后选定了便宜易取得的苋菜叶片。拍摄相关的实验照片。

3. 把学生科学分组

学生按照每4个人一组，根据组间同质、组内异质的原则进行分组，并提前一天布置好预习任务。

4. 设计实验报告单和练习题

探究细胞膜控制——物质进出细胞报告单

实验方法：

实验材料：

实验过程：（用文字或者简图形式）

实验结果：____________________。

实验结论：__________物质在__________条件下，能或者不能进出细胞。

九、教学过程

教学过程见表3-2-3。

表3-2-3 教学过程表

教学流程	教师的组织和引导	学生活动	教学意图
创设问题情境，提出合理假设	开场白： 图片展示细胞膜控制物质进出，提问： 1. 这张图展现的是细胞的什么生理过程？ 2. 物质分成有机物和无机物，分子大小不同，那么细胞膜对这两类物质的控制有什么不同？怎样用实验的方式来了解细胞膜的控制作用？ 3. 怎样选择合适的对象代表小分子无机物和大分子有机物？	学生先回顾以前学习的知识，联想书本的图片，和幻灯片上的图做对比。 回答：细胞膜控制物质进出，有用的物质能进入，其他物质不能进入。 1. 学生回顾：有机物和无机物的种类。 2. 学生讨论思考：选择哪几种物质作为这次探究实验的对象。 3. 学生总结：小分子以水分子为代表，大分子以色素为代表	回顾旧知，加强知识的前后联系，简单明了
设计实验，实施实验	（一）探讨细胞膜对小分子（水分子）进出细胞的控制 1. 展示现象，提出问题。 教师展示已放置一天的萝卜条，怎样让手中的萝卜条变得硬挺，或者让此萝卜条变得更加萎蔫呢？ 2. 这样设置是为了探究什么物质进出了细胞呢？ 3. 制订计划。 如何设置可以使实验变得更加严谨，需要控制哪些条件（控制变量法）？	1. 学生根据现象讨论： 可以将萝卜条放入清水中使之变得硬挺，放入盐水、糖水或空气中风干、烤干等使之变得萎蔫。 2. 学生回答：水分子。 3. 学生总结：水的多少要一样；烧杯的大小、形状要一样；萝卜条的大小、形状要一样；要在同一个萝卜上切取；放置的时间要一样；等等。 4. 学生根据桌上已经有的萝卜条、盐水、清水、烧杯、小刀等材料，分工协作完成实验。	联系生活，培养学生观察发现问题的能力。 让学生学习实验探究的方法，体验科学探究的过程，感受科学的严谨性，培养学生的实验设计能力，以及严谨科学的态度

续 表

教学流程	教师的组织和引导	学生活动	教学意图
设计实验，实施实验	4. 实施实验方案。 教师首先准备好清水、盐水（0.9%的盐水、20%的盐水），学生根据桌上的材料自己完成实验。 5. 讨论结果，得出结论。 从实验结果中可以得出什么结论？ 6. 生活应用。 如果你想让蔬菜看起来饱满新鲜，应该怎么做？或者你想吃腌菜时怎么做？	5. 学生展示结果并得出结论。 水分子可以进出细胞，与外界的溶液有关系。细胞膜可以控制水分子的进出。 6. 学生回答： 给蔬菜洒水可以使蔬菜看起来饱满新鲜，将蔬菜用盐水泡制可以做腌菜	通过合作讨论，学生之间互相学习，取长补短，达到共同提高的目的
	（二）探究细胞膜控制大分子（色素）进出细胞的情况 1. 观察现象，提出疑问。 引：除萝卜外，其他的菜也同样有这样的规律，展示用盐水泡过的苋菜和用清水泡过的苋菜。盐水泡过的苋菜水分子能流出来，但现在有个问题：有什么方法能让色素流出细胞呢？ 2. 制定实验方案，实施实验方案。 模仿上述水分子进出细胞的实验，思考你需要用到哪些器材？请小组讨论后派一个同学上来选器材。 3. 展示结果。 教师在学生做实验的过程中，在黑板上设计统计表格	1. 学生思考回答： 学生根据平时吃苋菜联想到可以用磨碎、加热、用酸泡加盐水等方法。 2. 学生讨论后派同学总结自己小组的方法及所需要的器材，然后选器材，开始实验。 （1）磨碎法。 所需要的材料：研钵、水等。 （2）加热。 所需要的材料：石棉网、酒精灯、三脚架、烧杯、水等。 （3）用酸泡。 所需要的材料：配置好的稀盐酸、水、烧杯等。 （4）加盐水泡。 所需要的材料：盐水、清水、烧杯等。 3. 学生分小组上台展示实验结果，并得出自己的结论。 每个小组展示完后，在黑板上的表格里写上自己的结果	通过让学生探讨不同的方法，培养学生的发散性思维，同时通过让学生自己设计对照选择材料，使学生对整个实验思路非常清晰，能自己发现问题、解决问题

续 表

教学流程	教师的组织和引导	学生活动	教学意图
分析总结，得出结论	1. 引：加热、加酸、磨碎都能使细胞中的色素流出来，而加盐水并不能使水变红，为什么？ 2. 提问：具体是不是因为破坏了细胞膜的结构，从而影响物质进出呢？展现正常、加盐水以及加热三种状态下细胞的显微图。三种状态下，细胞有什么不同？ 3. 总结提问：这说明了什么？ 4. 生活应用：有些不良商贩为了使某些食品看起来更亮丽而对食品进行染色，你怎样确定食物是否被染色？	1. 学生猜想：可能是前面几种方法破坏了细胞膜的结构。 2. 学生答：三种状态下细胞膜的形态不同。正常状态下细胞膜紧贴细胞壁，几乎看不到，加盐水时细胞膜有皱缩，加热时细胞膜被破坏，而细胞壁在三种状态下几乎没有什么变化。 3. 大分子的色素进出细胞必须破坏细胞膜，而小分子的物质进出细胞是不用破坏细胞膜的，说明物质进出细胞是细胞膜在控制。 4. 将食物泡在清水中看是否有颜色物质流出来。如果水的颜色发生了变化，说明被染色了	层层设疑问，逐步引导学生找寻根本原因。 探究事物的本质，开发学生的探究思维
知识迁移，巩固应用	细胞膜为什么能够控制物质的进出？这跟细胞膜的结构特性和成分都有关系，因为结构和功能是相适应的	学生产生疑问，带着兴趣和疑问期待着初中课程的深入讲解。 课后自己查阅资料，找寻更深层的答案	循序渐进，达到升华扩展的目的，延伸问题，从而培养学生自主学习的能力

巩固练习题

一、客观题作业

1. 糖醋蒜又香又有甜味，非常好吃，说明（　　）。

A. 大蒜的细胞膜不能控制物质的进出

B. 糖和醋不能进入细胞内

C. 细胞已死，细胞膜失去控制功能，糖醋可进入细胞内

D. 细胞壁变甜了

2. 葡萄晒成葡萄干后，水分被全部蒸发，但是糖分大部分被留下了，这是因为细胞中的哪一种结构在起作用？（　　）

A. 细胞膜　　B. 细胞质

C. 液泡　　D. 细胞壁

3. 贴面膜时，面膜中的水分和精华渗入表皮细胞，使皮肤变得柔软、光亮、有弹性。但面膜中的色素是不能进入细胞的，与这一现象有关的细胞结构是（　　）。

A. 细胞膜　　B. 细胞质

C. 细胞核　　D. 细胞壁

4. 新鲜苋菜的叶片呈红色，将其浸泡在凉水里，凉水不会变成红色；将其泡在沸水里，沸水会变成红色。这是因为沸水破坏了红苋菜细胞的什么结构？（　　）

A. 细胞壁　　B. 细胞质

C. 细胞膜　　D. 细胞核

5. 土壤中的水分和无机盐能够进入细胞，而有害的物质不能随意进入细胞，这主要是由于（　　）。

A. 细胞壁具有控制物质进出细胞的功能

B. 细胞膜具有控制物质进出细胞的功能

C. 细胞壁具有保护细胞内部结构的功能

D. 细胞膜具有保护细胞内部结构的功能

6. 图3-2-2是某小组准备完成的实验。将盛有可溶性淀粉溶液的透析袋的两端密封严实并彻底清洗表面，再放入有水的烧杯，然后用滴管向烧杯中缓缓滴入适量碘液使清水变成浅黄色。预测本装置内发生的颜色变化，正确的是（　　）。

A. 袋内和烧杯中都呈蓝色

B. 袋内和烧杯中都呈黄色

C. 袋内呈黄色，烧杯中呈蓝色

D. 袋内呈蓝色，烧杯中呈黄色

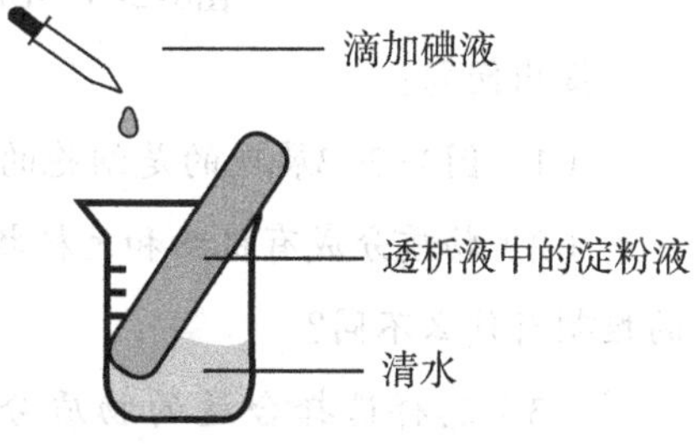

图3-2-2　实验

7. 生活在海水中的海带，其细胞中的碘的浓度已很高，但还能从海水中吸收碘，下列说法正确的是（　　）。

A. 细胞壁具有保护和支持细胞的作用

B. 细胞膜具有保护细胞的作用

C. 细胞壁具有控制物质进出细胞的作用

D. 细胞膜具有控制物质进出细胞的作用

二、主观题作业

根据今天学习的知识，课后自己设计实验，让红墨水进入玉米细胞。下节课请各小组派代表上来展示各自的实验方法和结果。

“探究细胞膜控制物质的进出”教学实录

第一环节：创设问题情境，做出假设

1. 创设问题情境

师：先让学生观察细胞膜控制物质进出的图片，如图3-2-3所示，有些物质能进入细胞，有些物质从细胞中出来，还有物质被挡在外面，说明了什么？

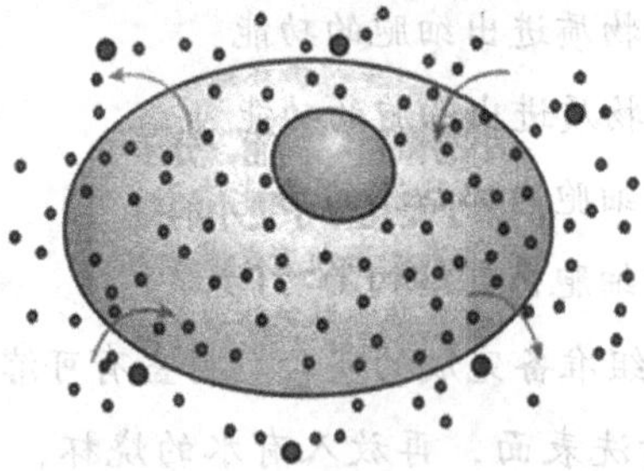

图3-2-3　细胞膜控制物质进出的图片

提出问题：

（1）图3-2-3展现的是细胞的什么生理过程？

（2）物质分成有机物和无机物，分子大小不同，那么细胞膜对这两类物质的控制有什么不同？

（3）怎样选择合适的物质分别代表小分子无机物和大分子有机物作为研究对象？

生：先回顾细胞的生活、细胞的结构及其功能等相关知识，观察书本的图片和幻灯片上的图。（通过对比学生能够很迅速地回答出细胞膜控制物质进出：有用的物质能进入，其他物质不能进入。）

对于第二个问题，学生要回顾有机物和无机物的种类以及无机物和有机物的特征，回答出有机物一般含有碳、分子较大，而无机物一般不含碳、分子较小，从而区分出大分子物质和小分子物质（可以从有机物和无机物着手）。其实这一步是后续设计实验的关键，也是教师创设问题情境引导学生的关键。

第三个问题，怎样选择合适的物质代表小分子无机物和大分子有机物作为研究对象？这其实是问题设计的层层递进，为设计实验打开思路。为了更好地引导学生选择，可以先通过生活当中的实例，以水分子为例，观察水分子进入生物体内的现象，如萎蔫的植物（图3-2-4）和浇水后的植物（图3-2-5），刚切好的黄瓜片（图3-2-6）和放了盐之后的黄瓜片（图3-2-7），从这些图中学生可以思考以水分子作为研究小分子物质进出细胞的研究对象。

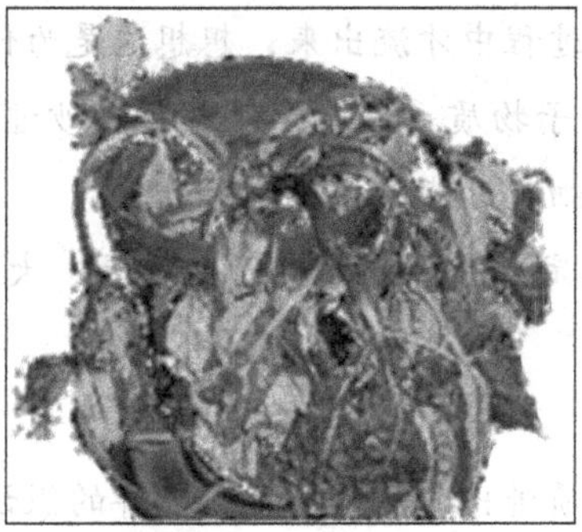
图3-2-4　萎蔫的植物

图3-2-5　浇水后的植物

图3-2-6　新鲜黄瓜片

图3-2-7　放盐后的黄瓜片

师：对于大分子物质，我们可以让学生想想都学了哪些大分子物质，可以从回顾所学有机物出发，如蛋白质、脂类、糖类等。对于这些物质，检测起来比较难，而且这些物质的检测都需要用到一些化学检验方法，所以可以以生活中的鲜果汁（图3–2–8）、炒菜（图3–2–9）的实例，让学生打开思路，让学生想想流出来的物质是什么。

图3-2-8　鲜果汁

图3-2-9　炒菜

生：学生稍作思考，很快地想到是有色物质，也就是色素。

师：但是这些物质在研磨和热炒的过程中才流出来，想想这是为什么？

生：学生讨论，回答出色素是大分子物质，可能在研磨和热炒过程中细胞受到了损伤，才使色素流出来，正常的细胞可能阻止了它的进出。

最后，学生通过这几个问题情境选定小分子以水分子为代表，大分子以色素为代表进行研究。

2. 提出合理假设

师：那么细胞膜到底是怎样控制物质进出的？你能做出怎样的假设？

生：学生讨论分析这几个实例，根据水分子和色素进出细胞的情况，提出合理假设：水分子可以很容易进出细胞，但色素不能随意进出细胞。

第二环节：设计实验，实施实验

第一部分：探究细胞膜对小分子（水分子）进出细胞的控制

（1）展示现象，提出问题。

教师展示已放置一天的萝卜条，提问：怎样让我手中的萝卜条变得硬挺，或者让此萝卜条变得更加萎蔫呢？

学生根据现象讨论：可以将萝卜条放入清水中使之变得硬挺，放入盐水、糖水中或放入空气中风干、烤干等使之变得更加萎蔫。

（2）这样设计是为了探究什么物质进出细胞呢？

学生很快回答出“水分子”。

（3）如何设计可以使实验变得更加严谨，控制哪些条件要一样（控制变量法）？

水的多少要一样，烧杯大小、形状要一样，萝卜条的大小、形状要一样，从同一个萝卜上切取，放置的时间要一样，等等。

（4）教师首先准备好清水、盐水（0.9%的盐水、20%的盐水），学生根据桌上的材料自己完成实验。

学生根据桌上已经有的萝卜条、盐水、清水、烧杯、小刀等材料（图3-2-10），将萝卜浸泡在水中（图3-2-11）。

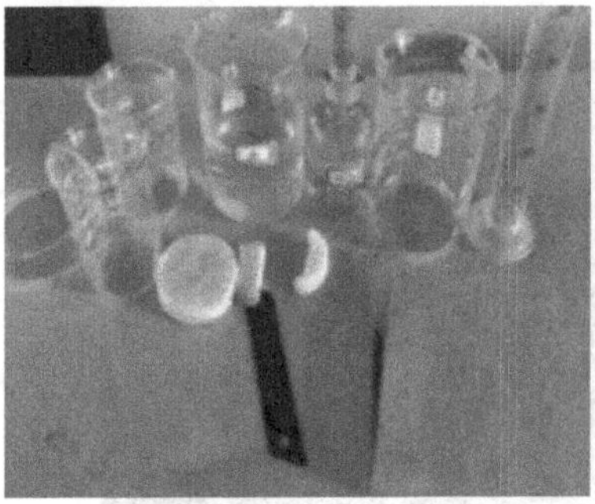

图3-2-10　实验材料

图3-2-11　将萝卜泡入水中

（5）实验结果。

浸泡在清水中的萝卜条硬挺（图3-2-12），而浸泡在20%的盐水中同样时间的萝卜条变得柔软萎蔫（图3-2-13），说明放在清水中的萝卜条吸收了水分，而放在盐水中的萝卜条失去了水分。

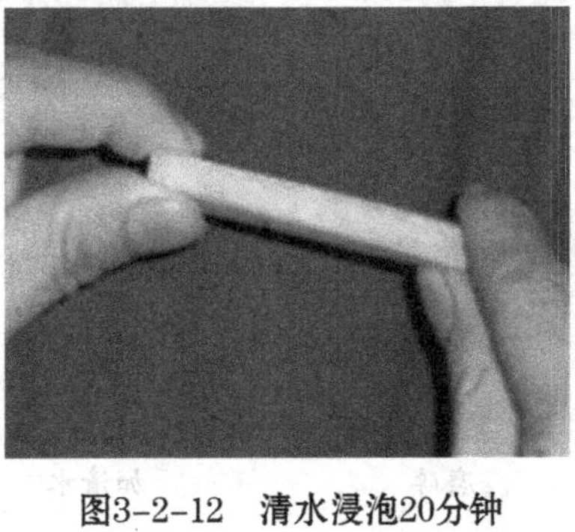

图3-2-12　清水浸泡20分钟

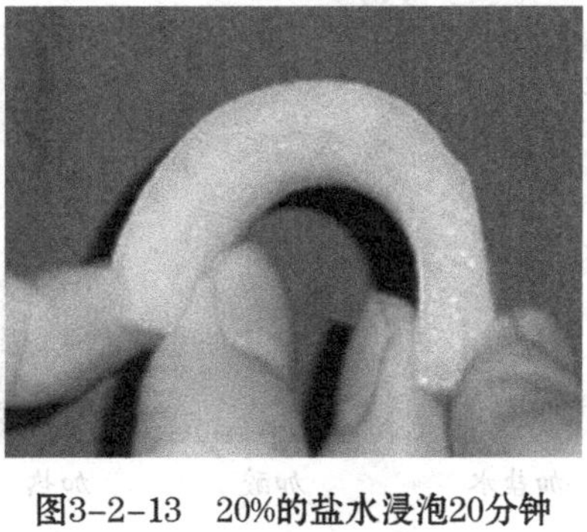

图3-2-13　20%的盐水浸泡20分钟

第二部分：探究细胞膜控制大分子（色素）进出细胞的情况

1. 观察现象，提出疑问

引：除萝卜外，其他的菜也同样有这样的规律。展示用盐水泡过的苋菜和用清水泡过的苋菜。盐水泡过的苋菜水分子能流出来，但现在有个问题：有什么方法能让色素流出细胞呢？

学生思考并回答：学生根据平时吃苋菜联想到可以采用加热、磨碎、加盐水等方法。

2. 制订计划，实施计划

模仿上述水分子进出细胞的实验，你需要用到哪些器材？请小组讨论后派一名学生上来选器材（图3-2-14）。

图3-2-14　实验物品

3. 展示结果

学生根据自己的实验设计，对苋菜叶片进行不同的处理，然后每组上来一名学生展示实验结果，如下图3-2-15所示。

加盐水　　加酸　　加热　　磨碎　　加清水

图3-2-15　实验图

4. 实验结论

加酸、加热、磨碎都能使色素流出叶片，而加盐水和加清水不能使色素流出叶片。

第三环节：分析结果，得出结论

加盐水能够使萝卜条失水，而加盐水却不能使色素流出细胞，只有加热、加酸、磨碎才能使色素流出细胞。通过比较发现萝卜条和苋菜叶片中色素流出的条件不同，从而得出细胞对物质进出的控制具有选择性。那么具体是细胞壁对物质的进出具有选择性，还是细胞膜对物质的进出具有选择性呢？通过这个问题，可以让学生思考怎样才能区分出具体是细胞膜还是细胞壁在控制。这个时候展示细胞经过不同处理后的显微镜结构图。如图3-2-16、图3-2-17所示，可以看出，清水处理后细胞形态饱满，细胞壁和细胞膜也保持着原有的形态，而经过盐水处理后的细胞，细胞壁还完好无损，而细胞膜已经萎缩变形，而经过加热、加酸、磨碎处理的叶片在显微镜下看到的细胞结构图更加明显，细胞膜几乎看不到轮廓了，说明经过加热、加酸、磨碎处理，色素流出细胞，与细胞膜受到损伤有很大关系。而加水和加盐水都没有使细胞膜受到损伤，所以色素不能流出细胞。从这几个实验最终得出结论：细胞膜具有控制物质进出的作用，而且对物质的进出具有选择性。

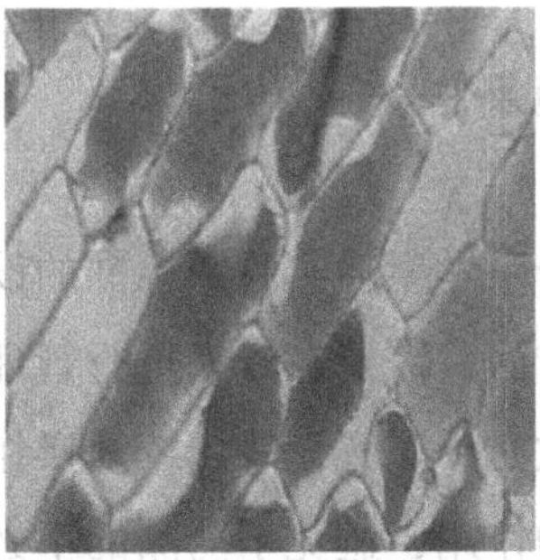

图3-2-16　清水处理

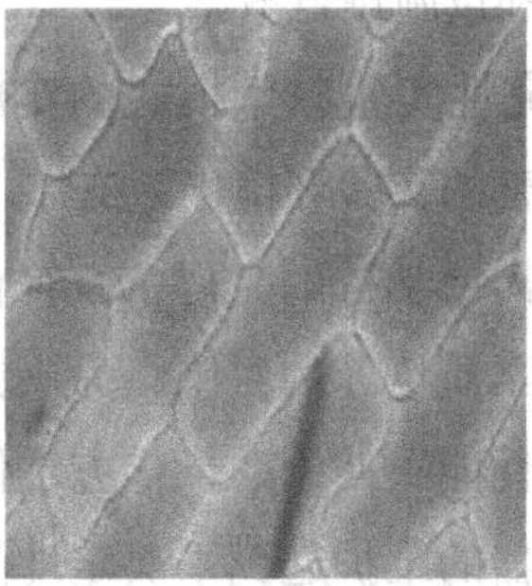

图3-2-17　加盐水处理

第四环节：知识迁移，巩固应用

这次实验设计了观察苋菜叶片色素流出的现象，可以再增设对色素进入细胞的条件的探究，可以让学生思考怎样设计实验。

通过一连串的探究性实验，首先，让学生了解了细胞膜具有控制物质进出的作用，可以让学生利用今天所学知识思考区分天然和染色食品的检测方法，如检测染色的瓜子，如图3-2-18、图3-2-19所示。天然的西瓜子放入清水中色素是不容易流出来的，进一步加深学生对细胞膜的选择透过性的理解。其次，设计相关知识的练习题加以检测。

图3-2-18 生西瓜子

图3-2-19 泡在清水中的西瓜子

五、探究性实验教学模式的运用策略

探究性实验的探究特点要求教师改变以往的教学策略，构建新型的教学模式，打破“明确问题、实验操作、验证结论”的模式，采用“提出问题、猜想假设、验证结论”的模式。所以探究性实验教学模式的运用对教学设施、教师、学生都有较高的要求，根据教师风格、学生学习特点、内容切合度选择合适的教学工具和设施进行教学。

（一）探究性实验教学模式的实施条件

1. 需要完善的实验环境作为支撑

一方面，需要学校的支持，有符合中学生物实验室标准的设施设备，学校大力提倡综合素质培养的氛围；另一方面，需要有专人进行管理和维护，对新的实验仪器的性能，使用、操作方法做充分了解，能熟练地操作使用。这对药品的保质、仪器的维护起到了决定性的作用，避免了药品的不必要浪费及仪器的损坏。加强日常对药品、仪器的保养、维护工作，延长其寿命，增强学生实验的准确性。例如，对显微镜等教学精密仪器，做到定期检修、除尘、防锈、保养等工作；做到购物有登记、账目清楚等；教学仪器的借用严格按照教学仪器借用制度实行登记，如期归还、追还等；对玻璃器皿、玻片标本的破损进行相应的登记，对生物仪器设备的损坏及时报废；需要完善的实验室管理办法，对生物实验室药品与仪器的领用、归还制定一套行之有效的办法，并始终很好地实施；认真做好实验室的水电管理工作和防火、防毒工作，及时排除安全隐患，让学生能自由地进入实验室进行操作，增强实验兴趣，同时提高学生的安全意识，把实验室的安全工作落到实处；定期对生物实验室进行卫生大扫除，平时做好实验室保洁工作，使其与学校优美的环境融为一体。

2. 需要善于钻研、自主学习的学生

学生善于钻研、自主学习的习惯是教师平时培养出来的，该如何培养呢？

（1）了解学生，因材施教

要了解一个班级的学生的学习风格和习惯，除了上课时认真细致观察，还需要了解每个学生的学习特点，所以需要设计合适的调查表，详细地了解，从调查中分析出学生的学习特点，从而达到因材施教的效果。以下是调查表的设计，见表3–2–4。

表3–2–4　探究性实验教学模式的学情调查表设计

1. 课堂上你最喜欢采用哪种学习方法?			
A.问答	B.讨论	C.老师讲解	D.实验探究
2. 同学们听课有各种不同的听课方法，你的听课方法是（　　）。			
A.只是听，不记笔记	B.一边听，一边把老师要求记的记下来	C.边听边想，记下重要的内容	D.边听边想边记，有疑问的地方在课内或课外与老师、同学讨论
3. 你认真听讲的状态可以保持多久？（　　）			
A.一节课	B.30分钟左右	C.20分钟左右	D.10分钟左右
4. 下列哪种讲课方式最好？（　　）			
A.按教材讲解，推导详尽，对教材内容发挥得较少	B.讲清基本的思想，推导不必太详尽	C.注重学科知识的阐述和分析能力的培养，适当拓宽知识面	D.设疑提问，学生思考讨论，教师引导突破重点、难点
5. 学习中遇到困难，你主要采取的措施是（　　）。			
A.请教同学	B.主动请教老师	C.请家教	D.自己查有关资料，参考书目
6. 你当堂能听懂教师所讲内容的多少？（　　）			
A.全部或基本全部内容	B.80%	C.60%	D.50%以下
7. 你是否喜欢生物实验课？（　　）			
A.不喜欢	B.无所谓	C.一般	D.喜欢

续表

8. 从小学到初中你做过实验吗？（　　）			
A.没有	B.偶尔	C.书上要求的都做了	D.经常做
9. 实验课你对知识的掌握程度如何？（　　）			
A.基本没收获	B.有些印象深	C.大部分印象深	D.印象深刻
10. 如果让你自己用设计实验的方式学习知识，你喜欢吗？（　　）			
A.不喜欢	B.无所谓	C.一般	D.喜欢

根据以上调查表，我们可以从中总结出学生对实验教学模式的喜欢程度，以及学生的学习风格和习惯，从而因材施教。

（2）培养适应自主探究学习的学生

①培养学生善于发现问题、解决问题的能力。

首先，教师要转变教育观念，提升自己的教育理念，走出传统教育的束缚。深圳市中考改革更加注重学生综合素质的培养，教师也要积极探索素质教育的创新途径，多角度、多思维、多层次地开展课程、课堂教学改革，探索、创新教育教学理念，不断学习提升自己的专业知识、教育管理能力和驾驭课堂的能力；破除传统教学中教师是主导，“一言堂”“填鸭式”的教学“习惯”和“模式”，走出一条具有自身特色的教学模式，还课堂于学生，让学生成为课堂真正的主人。这样才有利于培养学生发现问题、提出问题的能力，从而走出生物教学沉闷的状态。其次，多以成功者为榜样，鼓励学生多学习、多思考、多发现问题、多提出问题。再次，建立民主和谐的课堂气氛，创造机会让学生发现问题、提出问题，还可以开展一些发现问题、提出问题的比赛活动，看谁发现的问题多、提出的问题有创意，并及时予以鼓励和奖励。如在“探究绿叶在光下制造有机物”这个实验时，可以让学生先预习书上的实验步骤，让学生根据书上设计的实验步骤，提出自己的疑问。针对这个实验，学生提问非常积极，如“为什么要放在黑暗处一昼夜？”“为什么要用酒精溶解掉叶绿素？”“为什么要用酒精隔水加热？”等，甚至有些学生还注意到一些细节问题，如“为什么要在同一片叶子上下用黑纸片遮住一部分？用不同的叶子这样处理可不可以？”让学生提问，他们会看得更仔细，思考得更多，久而久之学生发现问题、提出问题的能力就会得到培养和提高。

②提高学生的动手操作能力。

动手操作是激发学生学习兴趣的有效途径之一。在教学中，利用学生好动、好奇的心理，从学生熟悉的生活情境和感兴趣的事物出发，提供观察和操作的机会，充分发挥学生学习的自主能动性，让学生在兴趣盎然的操作中把抽象的知识变为活生生的动作，从感受中获得正确的认识。在现实教学中，一些教师由于对操作结果过分关注，而忽视了操作过程本身的重要性，对学生操作过程关注不够，对于学生操作方法的闪光点不能及时发现，导致学生的成功体验得不到满足。所以当课堂上学生动手操作的时候，教师一定要仔细巡视，及时掌握学生的操作情况，切不能在讲台前等着学生汇报结果。对于学生在操作中出现的失误，教师应当及时指出，做出中肯的评价，防止错误再次发生。当学生操作成功时，教师应当及时地给予诸如“你操作得很准确”“你的动手能力真强”等激励性评价，使他们产生一种成功的情绪体验。此外，多增加学生动手操作的机会，让学生能有更多的机会接触生活和生产实践中的问题，认识现实中的问题和生物问题之间的联系与区别。比如，在探究种子的结构与种子萌发的条件时，给学生发一些种子，让学生先自己在家观察和操作，了解种子的结构，找出种子萌发的条件，然后在课上让学生用图片、幻灯片、视频等形式汇报自己的结果。这样既增强了学生的归纳总结能力，又增强了学生动手操作的兴趣。

③培养学生的协作学习能力。

教师应尽量创设互相支持与关心的活动氛围以消除学生的焦虑。学生只有在感到安全和受到鼓励的环境中才会积极从事有效的认知活动，接受和处理语言信息的渠道才能保持通畅，才能自觉地进行语言的输入和输出。教师要创设能激发学生学习兴趣的、与学生实际生活较为贴近的语言学习情境，让学生在交际活动中发展思维，活学活用。教师要多用激励性的语言引导学生主动参与合作学习活动。教师的提问设计要注意面向全体学生，做到难易结合，尽量使人人都有参与的机会。在小组合作学习活动时，应主动巡视和掌握各小组的活动情况，并给予及时的帮助和指导。此外，要进行科学合理的分组，小组之间应该是同质的，小组内部成员应有互补性。组内异质、组间同质是合作学习的基础，也是各小组公平竞争的前提。当然，有效的激励性评价也是开展合作学习有效的保障。教师可以事先把有效的评价机制公布给学生，这样学生就能根据评价机制明确努力的方向，使自己的潜能得到最大限度的发挥。

3. 需要多型风格和能力兼备的教师

（1）理智型教学风格

理智型教学风格主要表现为：教师讲课深入浅出，条理清楚，层层剖析，环环相扣，论证严密，结构严谨，用思维的逻辑力量吸引学生的注意力，用理智控制课堂教学进程。学生通过听教师的讲授，不仅学到了知识，也受到了思维的训练，还受到教师严谨的治学态度的熏陶和感染。虽然有的教师在课堂上不苟言笑，但内心却充满对知识的透彻理解和对人的理智能力发展的执着追求。

一般来说，这种教学风格大部分是理科教师常用的，如数学、物理、化学等，在生物课堂中，这种教学风格也适用于探究性实验教学模式的教学。教师在引导学生设计实验时，需要层层剖析，深入浅出，条理清晰，环环相扣，逻辑思维能力要特别强，才能激发学生的科学思维，设计出论证严密、结构严谨的探究性实验。

（2）情感型教学风格

情感型教学风格的表现是：教师讲课情绪饱满，将对科学的热爱和追求融入对学生的关心、教导和期望，充满着对人的高度尊重和信赖；讲到动情之处，往往情绪高涨，慷慨激昂，滔滔不绝，扣人心弦，给人以震撼人心的力量，引起学生强烈的情感共鸣，师生之间在理解、沟通的前提下，共同营造出一种渴求知识、探索真理的热烈气氛。学生在这样的引导下，所获得的不仅是知识的训练价值，还包括人格、情感的陶冶价值。相比内向型性格的教师而言，外向型性格的教师在课堂教学中常常采用情感型教学风格。

一般来说，这种教学风格可能更适用于文科的学习，但在探究性实验教学模式中也是适用的，如在创设问题情境时，如果能以引人入胜、扣人心弦的方式激发学生的探究欲望，则会让学生在整节课中充满期待，引起学生强烈的探索真理、获得知识的欲望。

（3）自然型教学风格

自然型教学风格的主要特点是：教师讲课亲切自然、朴实无华，没有矫揉造作，也不刻意渲染，而是娓娓道来，师生在一种平等、协作、和谐的气氛下，进行默默地情感交流，将对知识的渴求和探索融入简朴、真实的教学情境，让学生在静静地思考、默默地首肯中获得知识。教师讲课虽然声音不高，但神情自若，情真意切，犹如春雨渗入学生心田。润物细无声，它虽没有江海的波澜壮阔，却不乏山涧流水之清新，给人一种心旷神怡、恬静安宁的感受。

这种教学风格在采用探究性实验教学模式的课堂中主要用于阐述实验结果、实验现象，让学生犹如沐浴阳光，在一种和谐的氛围中得到静静的思考和知识的洗礼。

（4）幽默型教学风格

幽默型教学风格所体现的最大特点是：教师讲课生动形象，机智诙谐，妙语连珠，动人心弦。一个生动形象的比喻，犹如画龙点睛，给学生开启智慧之门；一句恰如其分的幽默话语，引来学生会心的微笑，如饮一杯甘醇的美酒，让人回味和留恋；哲人的警句、文化的箴言不时穿插于讲述之中，给人以思考和警醒。

一般具有这种教学风格的教师是所有学生都喜欢的，听这样的教师讲课，学生心情舒畅、乐于学习，在轻松、愉快的笑声中获得人生的启迪，获得心智的训练，变机械学习、被动模仿为心领神会、主动思考。对于调动学生学习的积极性和主动性而言，这是一种值得着力垂炼和追求的教学风格。在探究性实验教学模式中，这种教学风格可以让学生既体验语言的魅力，又开拓思维，还能乐于动手、善于发掘。

（5）技巧型教学风格

技巧型教学风格体现为：教师讲课精于教学的技巧，充满智慧，各种教学方法、技巧信手拈来，运用自如，恰到好处，并丝毫不带有雕琢的痕迹。整个课堂教学的结构就像一种设计好的程序，过渡自然，组织严密，搭配合理，有条不紊。讲解、分析、论证时，思路清晰；提问、讨论、练习时，针对学生的实际情况，照顾到学生的心理特点和接受能力，体现出教师对学生的透彻了解及对教学方法的合理运用和对知识重点、难点的准确把握。对于学生掌握知识而言，这是一种追求高效率的教学风格，是许多教师课堂教学所实施和追求的一种境界。

4. 探究性实验教学模式适用的内容

探究性实验教学模式也要循序渐进，不能只是为了上实验课而开展，要注意课型、知识点与实验的契合度。此外，可以对书上的内容进行适当的整合和改编，让抽象的知识通过实验变得更直观，让复杂的现象解释变成直观的实验探索，从而使学生总结出结论。

（1）演示类实验可转化为探究性实验的内容

在演示实验中，利用新的教学理念、演示实验的教育功能，创造性地使用教材：对于必须由教师亲自做的演示实验，使用探究法的叙述代替结论性的解释；运用科学家的思维方式分析和处理资料；将易操作、已成功，没有破坏性和危害性的实验改为学生的探究实验。对于验证结论的实验，教学中改用提出生物实验问题 → 猜想与假设（或生物实验事实）→ 实验验证假说（或科学抽象）→ 科学结论 → 解释与应用的模式，将演示实验转化为学生分组探究实验。

例如，探究光对鼠妇的生活的影响，在实际的教学中一般采用的都是演示实验：一方面因为这个实验材料不易取得，一个班级所需材料也较多，另一方面实验操作相对简单，时间较短，学生只要看到结果就行。如果改成学生自己探究，学生就会自己主动考虑很多因素，如怎样控制变量，土壤到底选择怎样，湿润程度怎样，铺多厚合适；鼠妇应该选择多少只合适，放在何处，怎样放，考虑的细节问题就会增多；黑暗和光照环境怎样设置，用电筒照还是用黑纸片遮住一半，会有什么差别；等等。整个实验步骤应该如何才是最好的，各种要考虑的问题就会增多，在摸索中使学生对整个探究实验过程更加清晰，对控制变量加深理解，同时还可以让学生增强对鼠妇这种生物的认识。

再如，“植物呼吸作用产生二氧化碳”的实验，书上采用的是萌发的种子，教学一般采用的是教师演示实验，要点就是让学生在这个演示实验中知道产生的物质是什么就可以了。笔者让学生自己准备实验材料，自己设计，学生的想法就非常有特点。首先，材料的选择各种各样，有人直接用一株株的植物如绿萝，有些用豆芽，也有学生用树叶，装置也利用了生活中随手可得的，如用保鲜袋装材料，塑料袋罩住植物，塑料瓶，等等。其次，为了不让植物进行光照，学生也想了各种办法，有人用黑色塑料袋，有人放在黑色的箱子里，有人放在柜子里，有人放一晚上，等等。再次，检测方法也各种各样，有人用书上的方法——澄清的石灰水检测，有的用蜡烛，有的用化学上的方法把气体通到水里滴上酸碱指示剂，等等。最后，在这个探究的过程中，学生不但发散了思维，还掌握了综合题中多变的设计中可能遇到的问题，如换了材料装置可能遇到的实验需要改进的问题，实验验证中怎样选择验证方法使结果更明显的问题，等等。

（2）可将学生验证性实验转化为探究性实验的内容

学生验证性的实验一般是书上既定的步骤，学生不需要思考太多，只要按照书上的步骤来，看到现象或者结果就行，但往往有时候学生操作的过程中会出现很多问题，他们也不知道怎么解决，原因主要是学生对整个实验的原理不是很清楚，如果转化为探究性实验，学生自己设计就能理清整个实验的来龙去脉，弄懂实验的原理和目的。

例如，验证“绿叶在光下制造有机物”的实验，书上的步骤很详细，学生照着做是可以看到明显的实验现象的，也可以得出结论，但如果我们把这个实验转化为探究性实验，让学生不看书，先自己设计实验，然后对着书上的步骤比较，自己设计的实验步骤和书上的步骤有什么差别。先不修改，先按照自己设计的实验步骤做一遍实验，此后按照书上的步骤再做一遍，比较实验结果的差别，最后思考为什么书上的这些步骤要这样设计，有什么作用，这样学生既能经历探究的过程，又能验证自己的实验结果，还能更清楚地了解书上的实验步骤设计的意图。

又如，验证“光合作用产生氧气”的实验，这个实验既是演示实验，也可以说是验证性实验，如果转化成探究性实验，可以让学生探究光合作用的产物是否有气体，如果有气体就需要学生考虑气体怎样收集才既不会受到外界空气的影响又能收集到纯净的气体，所以演示实验采用在水下收集气体的方式，在试管中装满水的目的是什么，学生也能更好地理解。另外，还需要学生考虑我们需要检测几种气体，一方面，要根据哪些特征可以排除哪几种气体，如这种气体是无色无味，那么像氨气等有气味的气体就可以排除。另一方面，植物光合作用产生的气体是有毒的吗？学生根据生活常识，明白植物产生的气体没有毒，从而又可以排除掉很多气体，这既是一种思维的引导，也是对知识的深入理解。

（3）探究性实验相关的内容

在初中生物教学中，课程标准要求的探究性实验有不少，如探究鱼鳍在游泳中的作用、鸟适于飞行的特点、动物的绕道取食行为、光对鼠妇的影响、种子萌发的条件，等等。这些内容既是对知识点的补充和巩固，也是适合采用探究性实验教学模式的课型。

（4）为突破某个知识点设计的探究性实验

初中生物教材上有很多知识点比较抽象，如细胞膜的作用，即具有控制物质进出的作用，具体怎样控制物质，学生很难观察到，这也是很多教师设计探究性实验的一个点，可以利用探究性实验让学生从宏观上观察具体的现象，从而得出结论。

还有些内容，教材中已经告诉我们结论，如植物的蒸腾作用是水分从活的植物体表面以气体状态散失到大气中的过程。蒸腾作用主要是通过叶片进行的，怎样用探究实验的方式得出这个结论呢？首先就要引导学生思考探究水分是从植物哪一部位散失的？如果是从叶片和茎散失水分该怎样证实，学生就要思考怎样把叶片和茎上散失的水分可视化或者通过称重的方式得出。设计思路明确后就可以先画个草图，做出方案，如图3-2-20和图3-2-21所示。

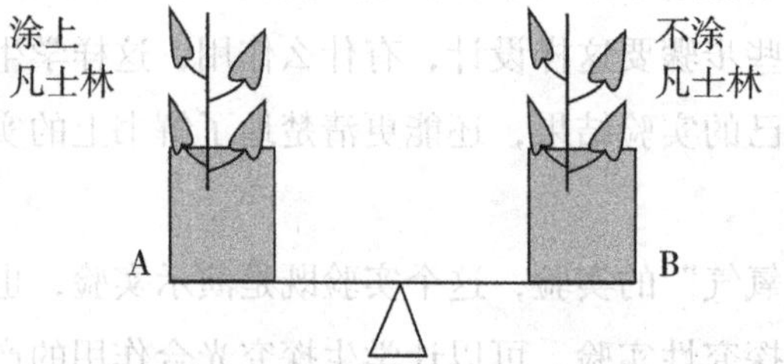

图3-2-20　草图设计

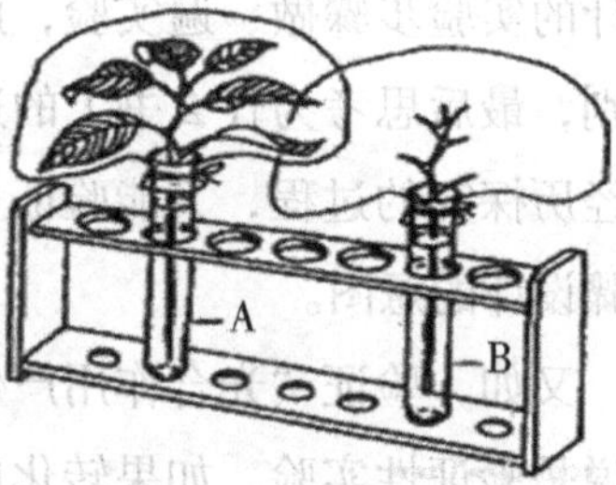

图3-2-21　植物实验

如果要明确叶片的蒸腾作用是其主要作用，我们又可以怎样设计实验？让学生设计草图。如图3-2-22所示，这样的设计既让学生突破知识难点，又让学生记忆深刻，同时也让学生对题目中各种变形的问题更加清晰，能一下子找到题目中设计的原理，从而更好地理解题目中考查的知识点。

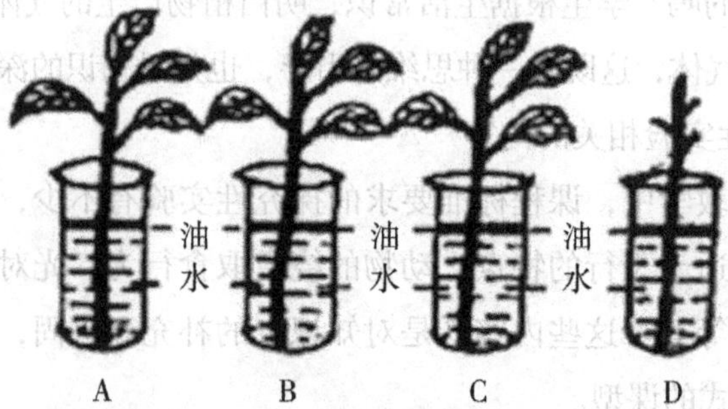

图3-2-22　实验枝条处理示意图

（二）探究性实验教学模式适用的课题

探究性实验教学模式适用的课题见表3-2-5。

表3-2-5　教学适用课题表

课本分册	题目	探究实例
人教版七年级上册	调查身边的生物	调查校园的生物
	生物与环境的关系	探究光对鼠妇的影响
		探究植物对空气湿度的影响
	练习使用显微镜	探究动植物细胞的差别
	细胞的生活	探究细胞膜控制物质的进出
	细胞通过分裂产生新细胞	探究细胞表面积与体积之比与物质速率的关系
	植物体的结构层次	探究植物体各种组织的差别
	种子植物	探究单子叶和双子叶植物种子的差别
	种子的萌发	探究种子萌发的条件
	植物的生长	探究无机盐对植物生长的影响
		探究水分与植物生长发育的关系
	开花和结果	探究花中繁衍后代最重要的部位是什么
	绿色植物与生物圈的水循环	探究水分在茎内的运输途径是怎样的
		探究水分的多少与气孔开闭的关系
	绿色植物是生物圈中有机物的制造者	探究光合作用的条件和产物
	绿色植物与生物圈中的碳—氧平衡	探究二氧化碳是否是光合作用的原料
		探究光合作用是否产生了氧气
	绿色植物的呼吸作用	探究呼吸作用中能量的变化
		探究呼吸作用的产物是否有二氧化碳
人教版七年级下册	食物中的营养物质	探究食物中营养物质的差别
		探究不同食物中的能量的差别
	消化与吸收	探究馒头在口腔中的变化
	人的呼吸	探究呼吸道的作用
	发生在肺内的气体交换	探究胸廓变化与呼吸的关系
		探究膈肌变化与呼吸的关系
		探究呼吸与肺内气压的关系
	流动的组织——血液	用显微镜观察人血的永久涂片

续 表

课本分册	题目	探究实例
人教版 七年级下册	血流的管道——血管	探究小鱼尾鳍内血液的流动特点
	输送血液的泵——心脏	探究心脏的结构特点
		探究心脏的结构与血液循环的关系
	人体内废物的排出	模拟肾单位与尿液形成
人教版 八年级上册	线形动物和环节动物	探究蚯蚓结构和功能相适应的一些特点
	鱼	探究鱼类与水环境相适应的结构特点
	鸟	探究鸟类适于飞行的形态特点
	先天性行为和学习行为	探究小鼠走迷宫取食的学习行为与不同小鼠的关系
	社会行为	探究蚂蚁的通信行为
	细菌和真菌	探究不同环境的细菌和真菌
	真菌	探究酵母菌和霉菌的异同点
		探究细菌的分解作用
人教版 八年级下册	鸟的生殖和发育	观察鸟卵的结构
	生物进化的原因	模拟保护色的形成过程
	选择健康的生活方式	探究烟草浸出液对水蚤心率的影响

（三）探究性实验教学模式的反思与成效

通过近年来的实验教学探索，笔者充分体会到探究性实验教学的优越性和高效性。这里有几点体会与大家交流：

（1）探究性实验教学对学生的学习风格有一定要求，学生要喜欢实验，喜欢自己探索获得知识。一方面学生积极性很高，另一方面有利于课堂组织和讨论。此外，探究性实验对学生知识灵活运用的程度要求更高，动手能力也是一种考验，所以在选择这种模式时一定要注意学生的水平。这样在探究性实验教学中得到的效果会比“满堂灌”模式的效果显著，学生印象更加深刻。

（2）探究性实验教学对教师本身的素质要求也更高：一方面教师要不断加强自身学习，多探索，多看文献，开拓思维；另一方面探究性实验教学带有松散性、难控制性，教师对课堂教学中可能会出现的情况要有一定的预见性。这就要求教师必须对教学信息资源进行精心设计、策划，这对教师是一个巨大的挑战。因此，教师需要进行全方位的学习，不但要学习教学思想、教育理念，还要学习现代信息技术，学习课堂把控的不同方式、方法。在进行探究性实验教学时要注意多种教学模式和教学方法的运用，充分发挥探究性实验教学模式与传统的课堂教学模式之间的互补优势，使两者相得益彰。在这个教学模式中，教师和学生能不断地教学相长，使教与学更加融洽和谐。

（3）新模式也要循序渐进，不能只是为了上实验课而开展，要注意课型和知识点与实验的契合度。传统教学模式是大多数学生和教师习惯的模式，学生一时还不能很好地适应新模式，教师在运用探究性实验教学模式时引导的方式也要不断摸索。所以要求教师在传统方法中不断渗透，逐步过渡，在过渡中经常与学生交流，确定学生对新方法的接受程度后再调整进度，这样能有效避免因急于求成而造成适得其反的效果。

（4）在探索中完善新模式。任何一种新的模式都会面临着不断完善的过程，教师要在教学过程中经常与学生交流新教学模式的体会，根据学生的反馈，适当调整自己的设计，在教学中不断完善新模式。

总之，探究性实验教学模式让笔者感到教学的乐趣，在生物教学中，教师如果能采用各种生动有趣的实验，把“外在”的信息，即生物课题以新奇的方式呈现在学生面前，把生物比较难懂、抽象的知识以探究性实验的方式，让学生自己寻找获得，就能使课堂气氛活跃，引人入胜，从而培养学生的学习兴趣并使学生在快乐中获得知识，巩固知识。这样的教学方法，无疑会产生良好的效果，更重要的是能让学生在新的教学模式下进步与发展。

第三节　翻转课堂教学模式

一、翻转课堂教学模式概述

（一）定 义

随着信息技术的普及，越来越多的信息终端和信息技术手段进入教育领域，如iPad、电子书包、微视频、云课程、慕课等形式的技术产品层出不穷，极大地改变了教育教学的时空样态和存在方式。在数字化时代下，“一刀切”的标准化课堂教学忽视了学生的个性化差异，难以真正调动学生自主学习的积极性，已无法满足学生的学习需求，现代社会提倡更加积极主动地处理信息的学习方式。所谓的标准化课堂教学（在学校课堂上听讲，回家后独立完成家庭作业）还能否适应当今社会发展的需求？学生在考试后是否忘记了他们原以为牢记的知识？学生所学的知识除了应对考试是否还能运用于社会实践？这些都是当下教育改革者需要思考的重要问题。关于课堂教育教学改革的研究不少，但大多都是自上而下推进的，教师根据政策实施，若政策缺乏实践操作性就很难融入一线课堂教学，收效甚微。2011年“传统教育的颠覆者”萨尔曼·可汗创办了可汗学院，并在TED（Technology Entertainment Design）大会上做演讲报告时指出：现代教学模式正处于千载难逢的变革之中。他认为，现代信息技术使课堂“翻转”成为可能，学生按照自己的学习进度在家中听课，在课堂上与老师和同学一起解决疑问。翻转课堂这一概念的提法在可汗学院成立之前就已存在，其源于美国科罗拉多州林地公园高中的两名化学教师纳森·伯格曼和亚伦·萨姆斯，他们录制教学视频传到网上供耽误课程的学生学习，收到了较好的效果，随后翻转课堂作为一种新型的教学模式风靡全球。翻转课堂作为一种自下而上的教育模式，发起于一线教师的教学，它的提出真正结合了教学实际，成为教育改革研究者关注的热点，2011年加拿大《环球邮报》将其评为影响课堂教学的重大技术变革。比尔·盖茨称萨尔曼·可汗是一个先锋，翻转课堂预见了教育的未来，引领了一场教育革命。

何为翻转课堂？研究者发现，可汗学院提供的众多教学视频可供教学直接使用，学生可以按照自己的时间和进度灵活安排学习，课堂上宝贵的时间不再局限于学习新课内容，而主要通过小组协作、合作交流、成果展示、互动评价等方式解决学生自学中存在的困惑，并在学生自主学习知识的基础上进行深化拓展。这种教学模式相较于传统的课堂教学模式，解决了以下三个问题：第一，打破了传统教学的时空局限，学生不必在规定的一节课40～45分钟中统一学习同一个学习内容。翻转课堂，学生课前可以根据自己的知识能力和时空特点灵活自主地安排课前的知识学习、课后的拓展巩固，一定程度上实现了个性化的学习。第二，传统的教学课堂虽然也有课前的学案学习、问题导学等各种“以学定教”的教学形式，但这种教学形式对于学生存在问题的反馈是滞后的，难以及时调整教学。第三，学生在课前预习、课后完成作业等过程中，都可能会遇到问题，但由于时空限制，学生仿佛置身于“真空”中，无法及时得到帮助或者得到很少的帮助。困难没有及时得到解决会让学生产生挫败感，甚至会有厌学情绪。而且问题没有得到解决的预习、大量作业等占据了学生较多宝贵的时间，没有收到应有的学习效果。采用传统的教学模式，学生无法及时了解自己到底掌握了什么，存在什么问题，即使知道也难以解决。基于此，翻转课堂教学模式显示出它的优点，这种让学生在家里听课、在课堂上“做作业”的“时空颠倒”的教学模式，能够让学生及时发现困难，纠正错误，教师也无须再进行枯燥冗长的授课，反而能利用更多的时间和精力帮助每个学生，学得快的学生也可以帮助遇到困难的学生，有利于师生在交流的过程中建立师生情感以及培养同伴合作能力。早在20世纪90年代，哈佛大学的物理教授埃里克·马祖尔（Eric Mazur）就已进行了这样的研究思考，他认为，传统讲授式教学注重信息的传递，而对知识的理解并没有太大的效果，于是提出了同伴教学法，要求学生课下自学课程内容，课上则以“提问—思考—回答”等互动活动为主。如果学生答对的比例低于70%，则进行同伴讨论，加深学生对知识的理解，最后教师重申要点和难点。虽然他没有提出翻转课堂的概念，但在他提出的同伴教学法中可以预见翻转课堂的影子。

综上所述，翻转课堂教学模式是一种基于信息技术的以“学习知识主要在课外、内化知识和拓展能力主要在课内”为基本结构的教学模式。翻转课堂教学模式颠倒了学习知识、内化知识原有的时空顺序，学生在课外完成知识的学习，而课堂变成了老师与学生之间和学生与学生之间互动的场所，包括答疑解惑、知识运用等，从而达到发展学生核心素养，使学生更好地应对未来挑战的教育效果。

（二）结 构

翻转课堂流程结构主要包含纵横两条主线。在横向流程结构方面，翻转课堂教学模式同传统教学模式一样，也要制定课程目标，进行课程整体分析与设计，但不同的是增加了教学微视频、学习任务单制作、自学检测反馈、针对学生问题的课内互动内化、教学效果与质量测评、学生和教师评价等环节，各环节之间相互关联、相互作用。在纵向流程结构方面，主要涉及网络环境、教师能力及学生参与三方面的关键因素。信息技术与网络环境是制约翻转课堂有效实施的技术性因素，也是翻转课堂实施的首要环节。教师教学能力及信息技术使用能力是制约翻转课堂有效实施的重要主观因素，在某种程度上决定着翻转课堂的实施效果。而学生自主学习能力与信息素养则是制约翻转课堂有效实施的主体因素。翻转课堂教学模式的实施主要针对的就是学生，学生参与配合才能保障翻转课堂教学模式有效实施。

（三）特 点

翻转课堂具有独特的教学特色，教学视频短小精悍，长度一般不超过15分钟，每个视频针对一个特定知识点，由易到难，逻辑清晰，便于学生理解消化。学生在自学过程中难免遇到困惑，教师的指导可以化解学生的疑惑，提高学习效率。针对不同的学习个体，教师还能给出个性化的学习建议。翻转课堂能够更好地激发学生的学习兴趣，培养学生自主学习、独立思考的习惯，增进同伴间协作共赢的理念，使学生变被动学习为主动学习。一方面，学习主体性得到充分展现，知识和技能的传授放在课外，学生可以自由安排学习和思考时间，个体根据需要暂停或回看视频，弥补了课堂讲授不可逆的不足。另一方面，学生在整个教学过程中具有更多的自主性，课外自由学习、充分思考，课内尽情交流、展示才能，在探究学习中与他人建立良好的学习氛围，增强学生的自信心，使学生形成良好的交际能力。

下面就翻转课堂中学生主体核心地位、教学参与者、教学资源、教学过程、课内外环节、评价体系等方面归纳一下翻转课堂的特点。

1. 凸显学生的主体核心地位

翻转课堂更侧重于学生自主学习能力、分析事物能力、知识运用能力的培养，可以说是一种深层次的学习活动，培养学生终身学习的能力。它将预习新课活动完全交给了学生，在课堂上教师只是针对学生在预习中的困惑进行引导互动、讨论，达到解惑的目的。翻转课堂充分体现了学生主体性的学习地位，有助于学生创造能力的培养。

2. 体现教学参与者的多元动态

翻转课堂颠覆了传统课堂教学中单一的知识学习途径，降低了学校中教与学的“围墙”，教学的参与者不仅有教师和学生，还有家长、学校、社会，这使课堂教学的参与者呈现出多元化的样态。一方面，学生在课外通过教学资源包进行自主学习。教学资源包可以来自教师、在线优秀资源，也可以来自学生。学生在自主学习过程中遇到问题，可以通过与家长、教师、同伴等的互动交流得到及时解决。由此教的参与者便不再局限于教师，而是延伸至家长、学校、社会等。另一方面，翻转课堂录制的优秀教学资源包可以通过在线网络共享，可供有需要的其他个体学习。学的参与者不再局限于这个时空内的学生，可以供更多的个体进行学习。翻转课堂的课上互动、探究为多元个体参与教学的实现提供了可能，但在当下时空中的翻转课堂，教与学的主体仍然是教师和学生。

相比传统的课堂教学模式，翻转课堂教学参与者是动态协商、合作发展的，这种动态发展也是翻转课堂的特征。一方面，教学参与者角色是动态变化的。学生既是课前录制视频的参与者、课外自学中的独立思考者，同时也是自学互动中的交流分享者、课内知识内化的协作者；教师既是课程视频的设计制作者，也是交流互动的组织参与者，还是学生学后反思的促进辅助者。师生的角色根据所在时空场域及学习环节的差异动态变化。另一方面，教学参与者行为方式发生了动态变化。就教师而言，制作教学资源包和传统课堂教学的备课上课，行为方式具有明显不同；就学生而言，课下自主学习和课内内化知识的方式与传统课堂的单一课堂接受知识，这两种行为方式也存在显著差异。此外，翻转课堂还呈现出教学参与者的协商性特征。它改变了学生知识获取的形式，教师不再是知识的唯一来源，多主体知识体系逐渐形成，促进了教学主体权威性的消解，使主体间的民主、平等得以真正实现。教师不再是高高在上的知识传授的“圣者”，而是组织并参与对话的平等协作者。翻转课堂利用信息技术充分发挥自主学习、协作学习的优势，让师生关系更为和谐，课堂更为人性化、参与度更高。

3. 教学资源的集成共享

教学资源是教学工作开展的基础，通常包括教材、案例、视频、图片、课件等，也包括教师资源、教具、基础设施等。翻转课堂打破了传统课堂在教学资源上的单一性，通过教学视频平台和信息技术，把分散的教学资源聚合在一起形成教学资源包，共同为教学主体提供最优质的服务。这体现了翻转课堂教学资源的集成性。一方面，在翻转课堂上，教师根据学生的年龄特征和个性差异多方面整合优质教学资源，并时刻关注学生问题进而提供个性化的指导资源。另一方面，教师可以在教学大纲和教学分析的基础上，利用网络的优质资源整理集成一个学科资源库。翻转课堂教学集成了大量教学资源，使得教学资源具有了全面性特征，主要表现为资源数量增大，资源质量优化，资源样态动态、可持续。这种资源的动态、可持续性特点使翻转课堂资源的共享成为可能：在课外，教师将所有教学资源包与师生共享，为知识信息的传递提供了便利；在课内，教师通过组织活动为学生提供资源共享交流的机会，实现了知识信息的深化。

4. 教学过程的自主灵活

传统的课堂教学模式下，教师按照自己设定的进程给所有的学生教授课程，学生在课堂上学习新知识后，按部就班回家做作业，学生获取新知识的主要途径还是单一的课堂，无论是学习困难的学生还是学有余力的学生，几乎都是同一步伐。教学过程是教与学双边活动的统一，翻转课堂在教学实施方面具有更强的自主灵活性。一方面，在教上，翻转课堂的时间不仅仅局限于课堂，教学资源包也不仅仅局限于传统的教材教辅资料；另一方面，在学上，学生对学习的时空和进度的把控更加自由，能够根据自身的知识水平、学习能力和进度等进行自主选择、自主学习、自我监督、互动评价、交流分享。当翻转课堂走向深入时，教师发现，翻转课堂的课前学习形式并不需要局限在“教学微视频+学习任务单+自学检测”的单一组合上，教师可以根据课程的特点，设置多种课前学习任务，可以是观看教学微视频，可以是使用在线工具完成探索历程，可以是模拟一次线上的活动，可以完成一个模型建构，甚至也可以是单纯地阅读分析教材及辅助材料等。教师可根据课程特点设置多种课前学习方式，给予学生更多的自主性，也让翻转课堂变得更加灵活。教学是一个非常复杂的过程，学生、教师、教学内容、教学方法、教学媒体和教学环境等多种因素都在一定程度上影响着教学效果。只有不拘泥于教学的固定模式，针对不同教学环境，采用灵活多样的方式，才能实现教学主体的最优发展。

5. 课内外环节实效可控

（1）课前学习

教师要将讲解的新内容录制成视频，并准备相应的其他学习资料，如学习网址、电子资料等，一起分享给学生，要求他们课前进行自主学习。每名学生根据自身情况观看微视频一遍、两遍甚至更多遍，随时可以暂停思考；同时，还可以利用网络平台，向教师求助、与同伴交流。学生会发现，课前学习不再是自己一个人孤军奋战，而是有老师、同学的陪伴、帮助，而且课前就能将基本知识学会，很有成就感，自然愿意去学。与此同时，学生发现课内的知识深化与课前的自主学习是紧密关联的，课内老师不会再重复呈现学生已经掌握的基础知识，而是在这些基础知识的基础上进行应用、深化、拓展。这种课外课内知识的紧密联系让学生对知识的学习有了更强的存在感、成就感，提高了学生参与翻转课堂的积极性和主动性。

（2）课堂组织

学生带着问题进教室，教师则根据学生课前任务完成情况及反馈的问题组织相应的课堂活动，解决学生学习中遇到的问题。翻转课堂，教师讲课用的例子来自学生的作业，是对学生作业中出现的问题的探讨解答，而不是用教师已经准备好的经典案例。这种以学生学情为基础的教学，很好地连接起学生、教师与课堂，让学生积极主动地参与到课堂的协作学习中来，学生在与同伴、教师的交流中提高了分析问题、解决问题的能力。课堂学习中，学生也不再是"安静"的听众、"孤独"的记录者，而是在讨论与深化中习得知识，在小组讨论与合作中迸发创新思维。这样的教学活动无疑提高了学生的兴趣，满足了学生真正的学习需求，培养了其自主学习的意识和能力。

（3）课后巩固

翻转课堂模式下，课堂的40～45分钟都用于知识的内化，传统的课后作业搬到课堂上，学生存在的问题在课堂上直接得到了有效的解决。课后的时间，可以用于学生的个性化发展，如学习困难的学生可以通过多次回看教学微视频、课堂上针对某一共性问题组间的交流视频等进行后续补偿，巩固学习成果；学有余力的学生可以自主在线选择切合课程主题的内容进行深化，甚至去完成一些综合应用性的项目，从而提高综合能力和学科素养。

6. 评价体系科学合理

翻转课堂模式下的评价模式突出发展性评价、强调过程性评价、体现表现性评价。评价的根本目的是促进学生发展，应着眼于学生的素质发展、注意评价的诊断功能、关注学生的个体差异性、强调评价主体的多元化。

二、翻转课堂实施的理论依据

学习金字塔理论、掌握学习、建构主义、有效教学、人本主义教育理论，从教学本质上为翻转课堂实施提供了理论依据。它们从知识观、学习观和教学观等方面为翻转课堂的实施提供了理论指导，也印证了翻转课堂在促进学生学习成果的取得和多元发展上的现实价值。

（一）学习金字塔理论与翻转课堂

美国学者埃德加·戴尔1946年率先提出学习金字塔理论，学习金字塔用数字形式形象显示了学生采用不同的学习方式在两周以后还能记住学习金字塔内容的多少（图3-3-1）。学习金字塔理论通过定量分析，揭示了从简单的照本宣科的灌输式学习到多种感官参与的深入体验式学习给学生带来的学习效率的改变，描述了提高学习效率的途径，启发教师以学生主动学为主，使学生的眼、脑、手、口、耳多种器官综合参与学习。学生只有主动掌握知识，在做中学，才可以真正实现由知识到能力的进一步转化。

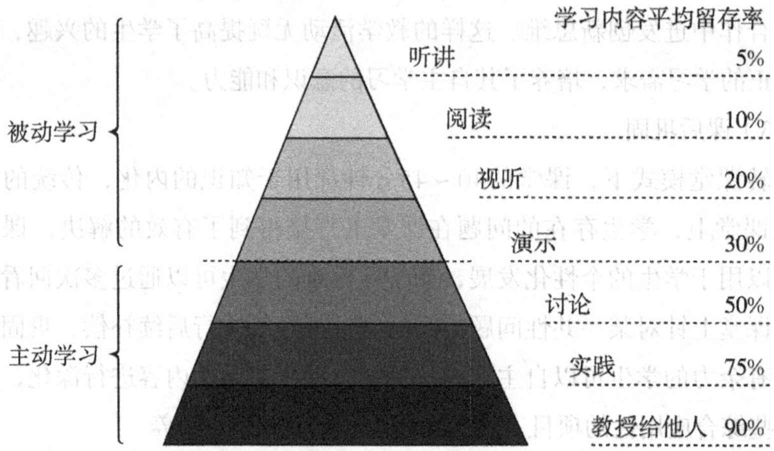

图3-3-1　学习金字塔

（二）掌握学习与翻转课堂

掌握学习是学生在最佳教学、足够时间条件下掌握学习材料的一种学习方式。掌握学习原本是20世纪60年代初期由美国北卡罗来纳大学的约翰·卡罗尔最早提出的。他认为，学生的学习虽有快慢之分，但只要给予学生足够的时间，几乎每名学生都能学会，也即掌握课程要求的各项教学内容。其后，芝加哥大学心理学家本杰明·布鲁姆在卡罗尔的基础上进一步发展了该观点，提出掌握学习教学法，该理论在20世纪后半叶的世界性教学改革浪潮中产生了广泛而深远的影响，目前有3000所学校采用这种教学方式。布鲁姆认为，掌握学习是一种有效的教学策略，其核心思想是许多学生之所以未能取得最优异的成绩，问题不在于智力，而在于未能得到适合他们各自特点的教学帮助和学习时间。因此，若能在教学中使学生得到学习时间及教师的帮助，并适应其个别需要，就能保证每个学生都能达到掌握的水平。

布鲁姆的研究表明，如果正确运用这种方法，就可以使“百分之八十的学生掌握百分之八十的教学内容”，这就大大超过了美国一般学校的教学效果，对解决一些学校教学质量低下的问题也起了很大的促进作用，有助于帮助学生真正掌握规定的各学科内容。乔纳森·伯格曼和亚伦·萨姆斯也坦承，他们是受布鲁姆掌握学习理论的启发而开始翻转他们的课堂的，“为了实施这一灵活自主的制度，我们采取了布鲁姆的掌握学习系统”。

（三）建构主义与翻转课堂

建构主义教学理论遵循两条基本原理：一是知识不可能被动接受，只可能被主体创造；二是认知功能具有适应性，并适用于经验世界的构造。建构主义主张教学以学生为中心，学生积极主动地建构知识，在教学过程中它关注学生已有的生活经验和知识背景，关注学生的实践活动和直接经验，关注内容革新和探究式教学的运用，关注学生的自主探索与合作交流，关注学生的学科情感和情绪体验，使学生投入丰富多彩、充满活力的学习过程，使学习具有价值，富有意义。建构主义在知识观、学习观和教学观三方面与翻转课堂的现实价值相匹配。

（四）有效教学与翻转课堂

有效教学是一种现代教学理念，其目的是提高教师的工作效益，强化过程评价和目标管理。它的核心是关注学生的进步和发展，关注教学的效益。从表层分析，有效教学是一种教学形态；从中层分析，有效教学是一种教学思维；从深层分析，有效教学是一种教学理想。实践有效教学，就是要把有效的“理想”转化成有效的“思维”，再转化为一种有效的“状态”。翻转课堂在教学主体上强调教师的引导和学生的主动性，从时间、精力以及未来发展上与有效教学的目标取向、技能取向和成就取向相契合，致力于促进学生多方面的学习进步和发展，关注学生的学习成果。

（五）人本主义教育理论与翻转课堂

人本主义理论是美国当代心理学主要流派之一，由美国心理学家马斯洛创立。人本主义反对将人的心理低俗化、动物化的倾向，故被称为心理学中的第三思潮。人本主义者提出，人的存在就是认知与情感相统一的整体的人格，认知学习与情意学习必须统一，而现代教育过分强调知识结构，主要强调外在因素对学生的作用，忽视了学生学习的内部动机，学生的学习心理及学习需要未受到足够的关注与满足，这就使得现代教育容易死板、僵化，不易激起学生的学习兴趣等一系列问题。人本主义者更注重学生作为“人”的意义，认为“人是作为一个完整的人格而成长的。单纯地着眼于智力活动或伴有大脑活动的抽象智力的发展，人格是不能获得健全的成长的”。

三、翻转课堂教学模式的教学目标

布鲁姆教学目标分类理论将教学目标概括为六个动词，即识记、领会、运用、分析、评价和创造，它包括认知、动作技能以及情感三大领域。（图3-3-2）翻转课堂教学目标基本上遵循布鲁姆的认知顺序，记忆、理解基础知识等低级认知水平活动翻转在课前，学生自主学习的重心在于识记和理解，课内的重点就转移到了应用、分析、评价以及创造等较高级的思维层面上。

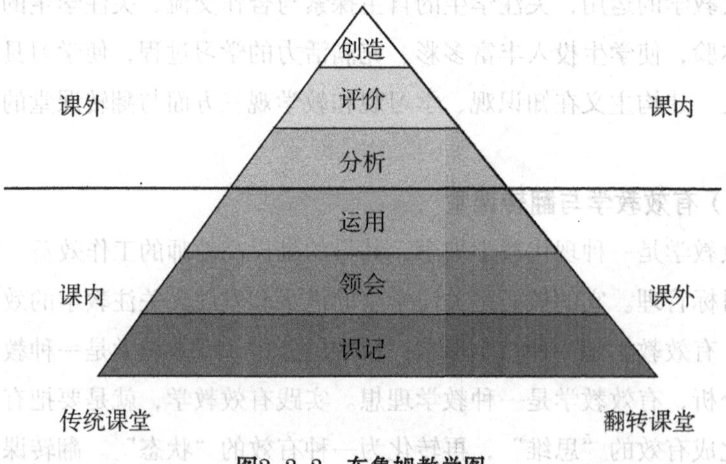

图3-3-2　布鲁姆教学图

四、翻转课堂教学模式的操作程序

（一）翻转课堂教学模式流程图

翻转课堂教学模式流程如图3-3-3所示。

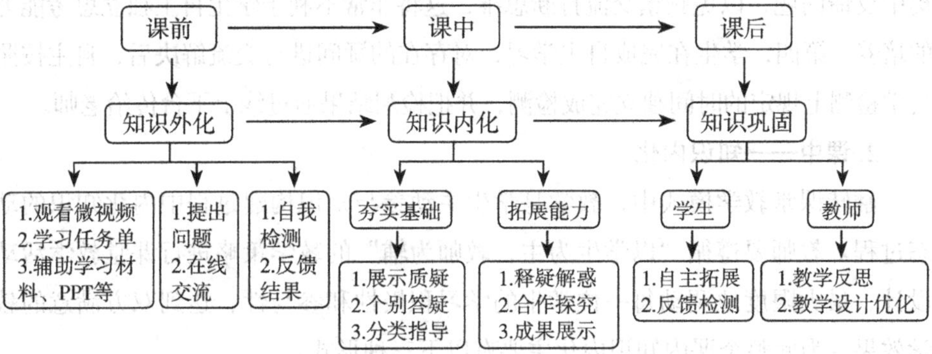

图3-3-3　翻转课堂教学模式教学流程图

（二）基本环节

1. 课前——知识外化

（1）教师活动

一方面，基于需要传授的知识，教师准备微视频、PPT、阅读资料、学习任务单和自学检测等教学资源。其中，微视频制作可以使用“PPT+录屏软件”“视频照相机+白板”“平板电脑应用程序+智能笔”等来实现。教师制作好教学资源包后，借助网络平台上传课程的教学视频，并布置学习任务。学生根据自己的学习节奏，自主结合学习任务单观看微视频、阅读资料进行新知学习。另一方面，教师需要借助网络平台，及时了解学生学习任务的完成情况，并搭建一个在线互动交流平台，组织学生针对存在的问题进行在线互动交流，并对个别学生做好个性化辅导。在学生完成自学检测后，教师需要再次借助网络平台，及时收集学生的学习反馈，并对接下来的课内知识内化环节的设计做出调整，做到有的放矢，提高教学效果。

（2）学生活动

学生课前自主学习活动大致可以分为观看微视频、完成学习任务单、阅读辅助材料、提出问题并在线交流、完成自学检测等。第一，学生在学习任务单的引导下，阅读文档或PPT等相关材料，阅读时要勾画出关键词句和内容。第二，结合学习任务单观看教学微视频，按照自己的知识基础决定观看的时间和进度，可以采用边看边听边思考的形式，对微视频中的内容进行识记理解，及时记录下自学过程中出现的疑难。第三，学生在自学过程中出现疑难，可以及时在线上平台和小组同学、老师进行交流。教师提醒学生在通学一遍内容后再集中反馈问题，以免频繁交流打断思维，这将非常不利于学生自主独立思考能力的培养。第四，学生在完成自主学习，对存在的疑问进行交流解决后，自主按照自学检测上规定的时间独立完成检测，并把检测结果通过线上平台传给老师。

2. 课中——知识内化

翻转课堂教学模式中，教学是学生主动参与知识构建过程中内化知识的动态过程。教师要遵循“以学生为主，教师为辅”的教学策略进行课堂教学活动设计，最大限度地调动每一位学生的学习积极性和参与性，达到双方满意的教学效果。为此整个课内知识内化主要有以下三种形式。

（1）解惑释疑

通过课前的知识传递和反馈，教师在上课前先通告学生的课前学习情况，然后以学生自主学习过程或自学检测中出现的问题为例题逐个进行释疑。这一步主要是为了帮助全体学生巩固课堂基础知识，如基本概念、规律、特征等。教师可鼓励学生提出自己的问题，引导学生互相解答，既锻炼了学生思考问题、解答问题的能力，又带动了学习上存在困难的学生。另外，教师在解惑释疑时，可以根据学生具体情况，灵活选择一对一单独指导、一对多的小团体质疑释疑及团体间的互动质疑释疑的形式，提高活动的针对性。教师可以将解决问题的过程录制成视频，作为学生课后自主拓展巩固的学习材料。

（2）合作探究

在翻转课堂中，教师要运用新的教学策略设计教学活动，促进学生的成长和发展。首先，教师应结合课堂的应用型知识部分准备一些难易程度不一的题目；其次，教师要根据学生的特点进行分组，小组规模可以根据班级人数决定，尽量控制在六人以内，鼓励学生根据自己的兴趣、能力自主协商，选择出小组探究题目，鼓励小组中的每个成员都积极地参加探究活动；最后，小组内部分析讨论题目，将问题细化分解，落实到每个成员身上，通过协作解决困惑，让学生在协作中得到同伴的帮助，借助他人的意见与建议解决问题，培养学生的团队意识，强化学生的个人责任感。

（3）成果展示

组内成员完成个人工作后，汇总得出结论，并推选出一名代表，在课堂上汇报问题成果。代表要详细讲解小组承包问题的解决方案和实现方法，其他学生要仔细聆听，对疑惑处提出质疑，汇报小组及其他小组再次进行补充答疑。活动环节，学生拥有课堂话语权，可以随时提出自己的观点和想法，小组成员通过交流、协作共同完成学习任务。教师随时捕捉各小组的探究动态并及时给予跟踪指导，这种方式可有效地建构和谐的师生关系，让教师更加了解学生，成为学生互动交流的亲切伙伴。

3. 课后——知识巩固

（1）学生活动

在翻转课堂教学模式下，学生的课后知识巩固主要以自主拓展、反馈检测等形式进行。首先，翻转课堂中，课内最珍贵的时间用于学生的知识内化，学生呈现的问题得到及时解决，但这还满足不了所有学生的需求，学生可以根据自身的情况再次利用在线资源等进行巩固拓展。其次，完成基于课程的反馈检测。教师在设计反馈检测时，应该注重以下两点：第一，教师应该认真统计分析学生的课前自学检测情况，总结出学生在知识或能力上的不足，并在课后的反馈检测中以新形式再次呈现落实；第二，反馈检测需要根据学生实际情况进行分层设置，对学有余力的学生可布置一些有趣味性、挑战性、创新性的选做题，对有一定困难的学生，可布置一些基础题、提升题。最后，教师还可以根据课程安排一些拓展项目式任务，如制作细胞模型、孢子印、调查周围的生物、酿制葡萄酒、发豆芽等，提高学生分析、运用知识、创新的能力。

（2）教师活动

翻转课堂教学强调学生先学，教师后教，这就要求学生在课前有大量的自主学习时间，课堂上教师也不再像传统教学那样滔滔不绝地讲下去。所以，有的教师错误地认为翻转课堂就是学生忙，教师闲。事实上，想要真正实现高效的翻转课堂，教师在课后做好对课前自学、课内内化两个环节的反思很重要。翻转课堂教学结束后，学生在课前自学、课内内化等环节上都进行了频繁的互动反馈，教师应该将这些课程反馈和教学反思认真记录下来。这些就是教育教学中积攒的第一手资料，不仅可以用于调整、改进翻转课堂教学，还能做以后做课题、写论文的素材，从而有效促进教师自身的专业发展。

4. 教学评价

翻转课堂模式打破了传统的教学格局，使得课内和课外的教学功能置换，从而形成多时空的课堂延伸、多角色的教学参与以及多渠道的学习途径。因此，传统课堂的教学评价手段不仅难以科学地鉴定翻转课堂中学生的学业发展水平，而且无法激发学生主动参与的积极性。翻转课堂教学模式主要从学生、教师两方面构建评价体系，从而达到优化翻转教学模式的效果。

（1）学生评价

翻转课堂教学模式下，学生活动主要分为课前、课中、课后三个阶段。学生课前阶段的学习行为是决定后继课堂学习质量的前提，课中阶段的学习行为是关乎落实各项学习目标的关键，课后阶段的学习行为是有效达成学习目标以及实现知识和能力迁移的保障。因此，需要采取不同的标准对学生在课前、课中、课后三个阶段的学习行为进行全面、细致、准确的评价。

课前阶段，对学生学习行为的评价指标有四项：观看教学视频情况、完成针对性练习情况、知识内化情况和在线交流沟通情况。评价由学生家长、学生本人和任课教师共同完成。课中阶段，对学生学习行为的评价指标有四项：独立自主学习情况、参与小组合作学习情况、展示交流汇报情况和完成课堂检测情况。评价由学生本人、学习小组以及任课教师共同完成。课后阶段，对学生学习行为评价的指标有两项：完成课外作业情况和能力拓展情况。评价由学生家长、学生本人以及任课教师共同完成。最后取此三环节评价分数的平均值，并以此作为学生学习行为评价的最终评分。

（2）教师评价

翻转课堂颠覆了传统课堂，课内和课外的教学功能被置换了。在翻转课堂教学模式下，教师课前阶段的教学准备是整个教学活动正常开展的前提条件，课中阶段的教学行为是关乎落实各项教学目标的关键所在，课后阶段的教学行为是夯实教学目标的保障。因此，要对翻转课堂模式下的教师教学行为进行评价，就需要采用与之匹配的评价标准对教师课前教学行为、课中教学行为和课后教学行为进行全面而细致的评价。

课前阶段，对教师的教学行为评价指标有五项：教育教学理念、教学设计、制作教学视频、课前练习设计以及在线答疑。评价由学生、教师本人和学科专家教师共同完成。课中阶段，对教师教学行为的评价指标有四项：教师角色转换情况、对学生学习的组织引导促进情况、课堂精讲精练情况以及教师的个人业务素质情况。评价由学生、教师本人和学科专家教师共同完成。课后阶段，对教师教学行为评价的指标有五项：作业批阅情况、个别辅导情况、建立学生学习档案情况、课后教学反思情况和进行业务研修情况。评价由学生、教师本人和学科专家教师共同完成。最后取此三个环节评价分数的平均值，作为教师教学行为评价的最终评分。

教学案例

第五章“病毒”教学设计

一、教学背景

学生是学习发展的主体，初中生物教学必须根据学生的身心特点，关注学生的个体差异和不同需求，在充分了解学情、尊重个体差异的基础上设计教学，采用合适的教学模式，通过教师的引导、帮助和参与，让学生通过合作交流、自主探究，将课堂真正地还给学生，充分调动学生学习的主动性和创造能力。在传统的课堂教学模式下，教师在课内统一进行知识的传授，学生在课外完成知识的内化，难以真正实现以生为本、个性化教学。翻转课堂教学模式作为一种新型的教学模式，在信息技术的支持下实现了知识传授和知识内化过程的“翻转”，让学生真正成为学习的主体。学生能够在课外根据自己的情况进行自主学习，并寻求教师或同伴的个性化指导。教师通过学习任务单、自学测试、交流平台等的反馈，基于预先了解的学情制订课内知识内化方案，进一步提高了教学效果和质量。

翻转课堂实施过程中，面对学生课下自学反馈的各种问题，教师容易聚焦不够，导致课堂形式化、知识碎片化等问题。因此，本节课以思维问题为导向驱动翻转课堂教学，引导学生在多种维度的问题驱动下，积极思考、分析、解决问题。在教学过程中，课前围绕本节课的核心问题设计了学习任务单，辅助学生进行自主学习，课上围绕本节核心问题和学生自学检测反馈的问题，引导学生通过小组合作、展示交流等活动完成知识的内化和能力的提升。

二、教材分析

本节是人教版义务教育教材生物学八年级上册第五单元“生物圈中的其他生物”中的内容。在前面学习完生物圈中的植物、动物、细菌、真菌等所有具有细胞结构的生物后，再学习这种特殊生命形式，有助于学生从整体上把握生物界的几大类群。和前面学习动物的其他类群相似，教材在介绍病毒时，也是从病毒的多样性、主要特征以及其与人类生活的关系等几个方面进行介绍的。但由于病毒非常微小，需要通过电子显微镜这种专业仪器才能观察到，且有些病毒具有一定的危险性，本节课没有安排实验或者学生活动，学生难以直观形象地了解病毒。教学中需要借助大量图片、视频、动画、文字材料等逐步化解教学难点，并通过拓展提升，引导学生理性认识病毒与人类的关系，引导学生关注生命科学中的重大热点问题，形成一定的社会责任感。

三、教学目标

（1）说出病毒与细菌、动植物细胞在结构上的差异，列举病毒的种类；描述病毒的生活特点及其繁殖的特殊方式，说出病毒与人类的关系。

（2）通过课外网上自主学习，培养学生自主获取知识、加工信息、分析问题、解决问题的能力，增强学生的自主学习能力和合作精神。

（3）使学生养成关注生命科学中重大热点问题的习惯，激发学生主动探索、研究实际问题的兴趣，使学生逐步形成良好的社会责任感。

四、教学重难点

1. 教学重点

病毒的形态结构、生命活动特点，病毒与人类的关系。

2. 教学难点

病毒是一类极其特殊的微小生物，学生对它缺少感性认识。因此，病毒的结构特点及其生活繁殖方式是本章的教学难点。

五、课前准备

1. 教师活动

（1）录制教学微视频

微视频包括病毒的发现、病毒及其模型制作、病毒与人类的关系三则，每则的时间控制在5分钟以内，微视频的设计见表3-3-1～表3-3-3，其中病毒的发现以情景剧再现的形式进行录制。

表3-3-1 录制教学微视频“病毒的发现”

主题	幕次	内容	提出问题
病毒的发现	第一幕	伊万诺夫斯基研究烟草花叶病	烟草患病的病因可能是什么？
	第二幕	用细菌滤过器过滤的汁液，再去感染正常烟叶，烟叶也患病	用细菌滤过器过滤的汁液还能感染正常烟叶，说明了什么？
	第三幕	在当时的条件下，未能观察到导致烟草花叶病的病原体	用什么仪器可以观察到该种生物？

表3-3-2 录制教学微视频“病毒及其模型的制作”

主题	内容	提出问题
病毒及其模型制作	介绍病毒的结构、特点、生活繁殖	1. 病毒有哪些结构？和细菌、真菌有哪些不同？ 2. 病毒有哪些种类？ 3. 病毒如何生活繁殖？ 4. 为什么病毒是生物？
	病毒模型制作示例	病毒模型制作过程中应注意哪些问题？
	布置任务	你还能用什么材料制作各种病毒模型？动手试一试

表3-3-3 录制教学微视频“病毒与人类的关系”

主题	内容	提出问题
病毒与人类的关系	病毒对人类有害的方面	病毒都是有害的吗？
	病毒与人类有利的方面	1. 你还能列举其他病毒与人类的关系吗？ 2. 如何辩证看待人类与病毒的关系？

（2）设计并上传学习任务单、自学测试题及相关资料

教师根据在微视频中的内容及提出的问题，上传相关资料，供学生参考学习。学习任务单能为学生提供自主学习的支架，任务单的制作关键是把教学重点、难点及其知识点转化成相关的问题，它可以帮助学生发展自主学习、独立思考的能力。课前的自学测试内容应分层安排，设置通过自主学习视频内容便能完成的简单题为必做内容，设置能够拓展学生思维、发展学生能力的深度题目为选做题。这种设置既兼顾了学生的个体差异，也有利于教师收集和分析测试结果，以便教师在课内讨论交流环节有针对性地进行引导和分析。

第五章“病毒”学习任务单

1. 学习方法建议：

（1）看——认真观看微视频。

（2）思——思考微视频中提出的问题。

（3）记——记要点、记疑点、记易错点、记思路和方法。

学习任务一：观看教学微视频，完成下列学习任务。

观察视频中病毒的结构图，回答：

（1）病毒的个体微小，必须使用____________才能观察到。

（2）病毒按照形态结构可以分为______、______、______。按照寄主细胞的不同可以分为______、______、______。

（3）病毒的结构简单，由________和________组成，______（填“有”或“没有”）细胞结构。

（4）病毒只能________在_______细胞内，靠自己的______物质中的________信息，利用________中的物质，制造出新的病毒，这种繁殖方式称为____________。

（5）病毒要是离开了活细胞就会变成________________。

2. 请举例说明病毒与人类的关系（各举出两例）。

学习任务二：观看完病毒模型制作的视频后，请自主选材制作一种病毒的模型，带到课上展示。

学习任务三：学习完微视频后，同学们还有什么困惑或疑问吗？还有什么想要进一步了解的吗？请及时记录下来，课上我们一起来讨论。

课前测试

一、必做题

1. 20世纪初，科学家首次用哪种仪器观察到烟草花叶病毒？（　　）

A. 放大镜　　B. 电子显微镜

C. 低倍光学显微镜　　D. 高倍光学显微镜

2. 使人患流行性感冒的流感病毒属于下列哪种类型？（　　）

A. 动物病毒　　B. 植物病毒

C. 细菌病毒　　D. 噬菌体

3. 噬菌体属于下列哪一种病毒类型？（　　）

A. 动物病毒　　B. 人体病毒

C. 植物病毒　　D. 细菌病毒

4. 烟草花叶病毒的生存环境是（　　）。

A. 烟草根周围的土壤水溶液　　B. 烟草周围的空气

C. 腐烂的烟草叶　　D. 烟草的活细胞

5. 病毒的结构是（　　）。

A. 由蛋白质的外壳和内部的遗传物质组成

B. 遗传物质的外壳和蛋白质的核心

C. 细胞壁的外壳和遗传物质的核心

D. 由蛋白质的外壳和内部的细胞核组成

6. 下列不具有细胞结构的生物是（　　）。

A. 斑马　　B. 艾滋病病毒

C. 蘑菇　　D. 含羞草

7. 病毒在寄主细胞内的生命活动主要表现为（　　）。

A. 取食和消化　　B. 生长和发育

C. 复制繁殖新个体　　D. 游动和呼吸

8. 下列哪一项不是利用病毒为人类服务的实例？（　　）

A. 用无脊椎动物病毒制成杀虫剂

B. 给健康人注射流行性乙型脑炎疫苗

C. 用噬菌体治疗烧伤病人的化脓性感染

D. 给高烧病人注射青霉素

二、选做题

1. 图3-3-4是一个生物体的示意图，下列说法正确的是（　　）。

A. 该图是一种单细胞生物体的示意图

B. 该生物只有寄生在活细胞里才能进行生命活动

C. 这种生物能引起人和动植物的多种疾病，所以对人类和动植物只有害处

D. 这种生物具有完整的细胞结构

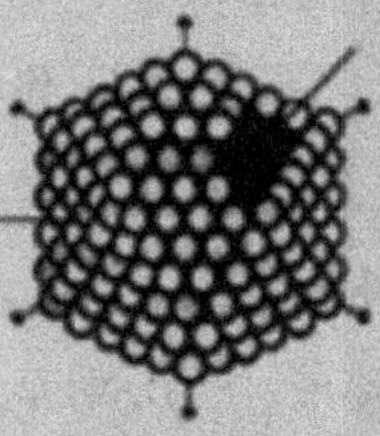

图3-3-4　生物体示意图

2. 利用病毒防治农业害虫，从生物学的角度看属于（　　）。

A. 先进的防治方法　　B. 以毒攻毒法

C. 生物防治法　　D. 农药防治法

3. 下列疾病中，由病毒引起的是（写序号）（　　）。

①艾滋病　②烟草花叶病　③禽流感　④肺结核

⑤天花　⑥脊髓灰质炎　⑦非典型肺炎　⑧口蹄疫

⑨乙型肝炎　⑩扁桃体炎

2. 学生活动

学生通过网络平台自主下载学习教师录制的微视频和资料，做好笔记和教材内容批注，对于学习中的疑问及时在班级网络平台上进行互动交流。自主学习完成后，须完成课前测试，并将测试结果反馈给老师。

六、教学环节

教师回收并分析学生的学习任务单、自学测试成绩，对学生自学过程中反馈的问题进行归纳整合，在此基础上对后续的教学环节、教学内容、教学时间做出调整。课堂的教学含以下环节。

1. 知识网络建构环节

课下安排了以病毒的发现、病毒及其模型制作、病毒与人类的关系三则视频，以学习任务单、自学测试题等材料引导学生自主学习相关内容。由于八年

级学生的受理性思维水平的限制，学生在知识的加工、网络的构建方面的能力有所欠缺，因此教师有必要利用思维导图等方式，以病毒为核心帮助学生连接起新旧知识，构建起一个相对完整的知识网络。

2. 核心问题反馈环节

根据本节课的教学任务和学生自学测试的反馈，教师确定本节课需要深入交流讨论、深入解决的几个核心问题，如为什么病毒必须寄生在特定的活细胞里？没有细胞结构的病毒为什么是生物？引导学生分组对核心问题进行讨论，并将讨论的结果进行交流，最后达成共识。

3. 学习成果展示环节

课下学生学习了病毒及其模型制作后，自主选择材料制作了病毒模型。课上请学生以小组为单位展示各自的模型，并对自己制作模型的原理、该病毒的结构及其与人类的关系等进行介绍。此环节不仅可以展示学生的学习成果，还能拓宽学生的视野，使学生了解多种多样的病毒，从多角度认识病毒与人类的关系。

4. 合作、交流、表达环节

合作、交流、表达是课中内化知识的一个重要环节，生生合作、生生交流、师生交流、师生表达等的深入程度影响了课堂知识的内化成效。

5. 拓展、深化、提升环节

展示假疫苗、基因编辑治疗艾滋病等热点事件，指导学生分析，深入了解病毒与人类的关系，逐步形成良好的社会责任感。

6. 回顾、总结、检测环节

师生共同归纳总结本节课的主要内容。课后，教师回收并分析当堂检测反馈，及时了解学生的知识掌握情况，通过问卷调查、访谈等方式了解学生对微视频及辅助学习资料、课堂内化环节的认同情况，在此基础上进一步改进教学。

七、教学过程

教学过程见表3–3–4。

表3–3–4　教学过程表

教学环节	教师活动	学生活动
课外自主学习	※通过网络发布视频、学习任务单、自学测试题等资料	※观看学习材料，利用辅助材料完成自学，将学习结果反馈给老师

续表

教学环节		教师活动	学生活动
课外自主学习		※收集学生的观点和问题，进行汇总分类，并对教学内容进行调整	※以小组为单位，查找一种自己关心或熟悉的病毒资料，从结构、生活、与人类的关系等方面进行分析，制作病毒的模式图并制作PPT，上传至班级网络平台，以便课上汇报展示
课内内化知识	课前准备	组织学生分组，讲解评价要求	完成分组，明确评价要求
	知识网络构建	※导入：基因编辑预防艾滋病热点事件。 ※组织学生以思维导图为支架构建本节课的知识网络	※观看事件，思考分析。 ※从病毒的发现、结构特点、生活繁殖、与人类的关系等方面梳理本节课的知识脉络
	核心问题反馈	※将学生课前存在的问题进行分类，结合本节课的重难点内容，展示核心问题： 问题一：病毒是如何被发现的？从中你体会到了什么？ 问题二：病毒是什么？有什么结构特点？ 问题三：如何对病毒进行分类？依据是什么？ 问题四：为什么病毒必须寄生在特定的活细胞内？没有细胞结构的病毒为什么是生物？ 问题五：病毒与人类有什么关系？如何辩证看待？ ※将问题分发给各组学生，请小组研讨后回答，教师点拨	思考问题 分析问题 交流表达 互动评价
	学习成果展示	※通过电脑随机抽取或者教师选取小组进行分享汇报。 ※借助教室网络平台组织全班学生对汇报小组进行评价，实时反馈评价结果。 ※教师点评	※从自己制作病毒模型的原理、该病毒的结构及其与人类的关系等方面进行分享汇报。 ※互动评价
	拓展深化提升	展示假疫苗、基因编辑治疗艾滋病、变种病毒等热点事件，引导学生分析材料，综合运用知识解决深层次问题，发展学生的高阶思维	思考问题 分析问题 解决问题 发展思维
	总结归纳检测	※师生共同总结本节课的重难点，引导学生辩证看待人类与病毒的关系。 ※分发并回收课堂反馈测试	※回顾本节课的重难点知识，提交组内、组间互评结果。 ※完成课堂反馈测试

续 表

教学环节	教师活动	学生活动
课外反馈评价	※分析堂反馈测试。 ※设计、实施、收集调查问卷。 ※分析问题，改进教学	※借助微视频再次查漏补缺。 ※完成调查问卷。 ※客观评价课堂效果

第三节 “真菌”教学实录

一、教材分析

本节内容选自人教版八年级上册第四章。本章第一节内容是“细菌和真菌的分布”，第二节内容是“细菌”，通过这两节课的学习，学生已经有了真菌分布十分广泛的概念，并通过对细菌的学习了解了微生物的一些特点。但是对于真菌区别于细菌的特点，真菌是怎样生活的，真菌的形态特点是怎样的等问题却模糊不清。对于这些问题，单纯的讲解难以起到好的作用。因此，通过课前的微视频学习，课上的深入探究、讨论交流，引导学生通过观察、对比来自我构建本节的知识网络。

二、学习目标

1. 说出日常生活中常见的真菌，描述真菌的主要特征。
2. 观察霉菌、大型真菌的形态结构，提高操作能力和观察能力。
3. 通过本节的学习，激发学生树立形态和结构相统一的生命观念。

三、教学重难点

1. 教学重点

真菌的形态结构、营养方式和生殖方式，描述真菌的主要特征。

2. 教学难点

真菌的形态结构及生殖方式，识别常见的青霉、曲霉等真菌。

四、课前准备

录制微视频《探秘真菌类群》，设计学习任务单、自学检测题。

第三节“真菌”学习任务单

学习方法建议：

（1）看——认真观看微视频。

（2）思——思考微视频中提出的问题。

（3）记——记要点，记疑点，记易错点，记思路和方法。

学习任务一：观看教学微视频，完成下列学习任务。

1. 自学导读。

（1）常见的真菌有使食品发霉的________，还有可以吃的________、________、________等。

（2）除了蘑菇，真菌中有个头小得多的________细胞的个体，如青霉等，还有________细胞的个体，如酵母菌。

（3）霉菌、蘑菇、酵母菌等真菌的细胞都有________，还有________、________、________、液泡等。

（4）真菌可以通过产生大量的______来繁殖后代。______只有在适宜条件下才能发育成一个新个体。

2. 科学对比。

完成表3-3-5（注意：请用“√”“×”表示有、无该细胞结构）

表3-3-5　真菌与细菌的细胞结构对比

细胞结构	细胞壁	细胞膜	细胞质	细胞核	叶绿体
真菌					
细菌					

所以，细菌属于________生物，真菌属于________生物。（填“原核”或“真核”）

学习任务二：观看完微视频后，请自主完成一种真菌模型的建构，带到课上来展示。

学习任务三：学习完微视频后，同学们还有什么困惑或疑问吗？还有什么想要进一步了解的吗？请及时记录下来，课上我们一起来讨论。

课前检测

一、必做题

1. 橘皮上生长的灰绿色的斑块通常是（　　）。

A. 黄曲霉　　B. 酵母菌

C. 细菌　　D. 青霉菌

2. 腐烂的水果发出酒味，上面微生物主要靠吸收水果中的什么来维持生命？（　　）

A. 有机物　　B. 水分

C. 维生素　　D. 无机物

3. 将成熟的新鲜蘑菇放在白纸上，轻轻敲一敲，落下的褐色粉末是（　　）。

A. 菌丝　　B. 孢子

C. 种子　　D. 芽体

4. 真菌的生殖方式主要是（　　）。

A. 出芽生殖　　B. 营养生殖

C. 分裂生殖　　D. 孢子生殖

5. 下列生物中，不属于真菌的是（　　）。

A. 大肠杆菌　　B. 香菇

C. 青霉　　D. 酵母菌

6. 在一个装片盒里有一张细菌永久装片和一张酵母菌的永久装片的标签脱落了，你可以依据什么把它们区分开？（　　）

A. 有无细胞质　　B. 有无细胞壁

C. 有无遗传物质　　D. 有无成形的细胞核

二、选做题

1. 关于真菌的以下说法，错误的是（　　）。

A. 真菌都是多细胞个体

B. 生殖方式大多为孢子生殖

C. 营养方式为自养

D. 既有对人类有益的个体，也有对人类有害的个体

2. 以下说法，描述正确的是（　　）。

A. 春天，在树林中可以看到的蘑菇是一种植物

B. 夏天，制作美味酸奶的乳酸菌属于真菌

C. 秋天，掉在地上的水果长了“毛毛”，这是霉菌的菌落

D. 冬天，食物不易变质，是因为温度低，抑制了菌类的繁殖

五、课外自主学习

学生观看《探秘真菌类群》视频，完成学习任务单和自学检测题，并将检测结果通过线上平台反馈给老师，自主完成真菌模型建构。

六、课内知识内化

1. 导入新课

展示小实验：将白砂糖和酵母菌放入盛有热水的矿泉水瓶后，瓶口套上气球，气球鼓起。

师：同学们，课前大家做了这个实验，观察到气球鼓起来了，打开气球闻到一股酒味，说明产生了气体和酒精。是什么让白砂糖发生了这些变化呢？

生：（稍做思考）酵母菌。

师：是的，酵母菌是真菌的一种，它有什么结构特点呢？如何生活繁殖呢？带着这些问题，我们一起走进今天的学习。

2. 知识网络构建

师：课外同学们已经利用网络学习平台学习了真菌的形态、结构、类别等，完成了本节课的自学任务，下面请各小组同学利用手中的平板电脑（或电子书包）合作构建本节课的知识网络，并上传至教师网络平台。任务清楚了吗？

生：清楚（合作构建知识网络、梳理本节课的知识脉络，完成后上传至平台，评价其他组的知识网络）。

师：同学们已经完成了知识网络的构建，有鱼骨图示、圆圈图示、气泡图示、树状图示、弧形图示、复合流线图示、图文并茂式，形式多样，基本都能从真菌的结构特点、真菌的种类、真菌的生活繁殖、细菌与真菌的区别等方面构建知识网络。

3. 合作探究环节

布置任务：

（1）结合课本77页内容、实物（图3-3-5），标出香菇各结构名称。

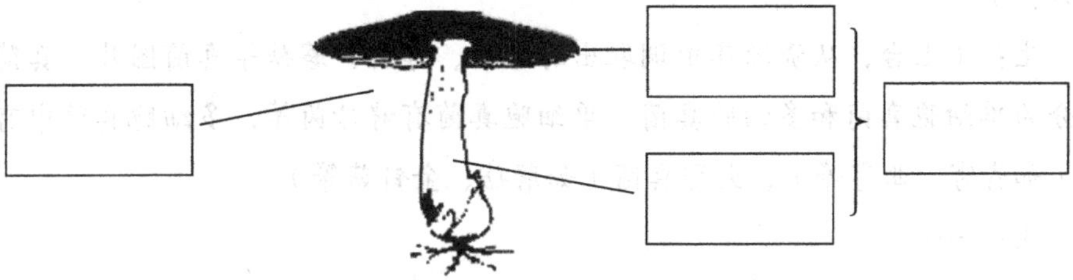

图3-3-5　真菌结构图

（2）根据香菇的结构，探究木耳、金针菇、平菇等真菌的结构。

（3）任选一种真菌，画出它的简图，并介绍它的各结构。

各小组派代表上台展示探究结果，介绍大型真菌的菌盖、菌柄、菌丝、孢子等的结构。

4. 核心问题反馈

展示核心问题集：

问题一：真菌有什么结构特点？与细菌有什么区别？

问题二：如何对真菌进行分类？依据是什么？

问题三：真菌如何生活繁殖？为什么孢子数量很多？

师：课外同学们完成自主学习，进行了自学检测，检测结果已经统计，其中5题、7题、8题等题的得分率偏低。结合同学们的检测结果和本节课的重难点内容，我整理了本节课重点要解决的核心问题集，请同学们组内研究讨论、分享交流。五分钟后我随机抽取检查解决情况。

生：合作讨论解决问题集。

师：下面请抽到的第三组来分享一下题组一（真菌有什么结构特点？与细菌有什么区别？）的研讨结果。

生：（上台，从资源库中调取出真菌细胞结构图片）真菌种类繁多，但都是由细胞构成的，具有细胞壁、细胞膜、细胞质、细胞核、线粒体等结构，与细菌最大的差别是：真菌有细胞核而细菌没有，因此真菌属于真核生物。

师：谢谢第三小组同学的分享，本组同学还有补充的吗？其他小组同学还有补充的吗?

生：……

师：下面请抽到的第五组来分享题组二（如何对真菌进行分类？依据是什么？）。

生：（上台，从资源库中调取出酵母菌、霉菌、蘑菇等真菌图片）真菌可以分为单细胞真菌和多细胞真菌。单细胞真菌有酵母菌等，多细胞真菌中有霉菌（如青霉、曲霉等）、大型真菌（如蘑菇、金针菇等）。

生：……

师：下面请抽到的第二组来分享题组三（真菌如何生活繁殖？为什么孢子数量很多？）

生：（上台，利用气球、白色泡沫代表孢子囊和孢子，模拟真菌的繁殖过程）孢子是一种生殖细胞，成熟的孢子从孢子囊中散落开来，遇到合适的环境就萌生成新的菌体。孢子数量较多，对真菌的繁殖有一定的积极意义。

师：谢谢第二小组同学的分享，本组同学还有补充的吗？其他小组同学还有补充的吗?

生：……

师：谢谢以上各组同学的分享，看来同学们对真菌的认识更进了一步，下面请几个代表小组来展示他们课前自学的学习成果。

5. 学习成果展示

师：下面有请小组派代表上台展示他们制作的真菌结构模型图，并做相应的汇报。

生1：展示用卡纸、橡皮泥制作的酵母菌模型，介绍其结构特点、所属类型、与人类的关系等，如能用于酿酒、制作面包等。

生2：展示用塑料管、闪粉制作的青霉菌模型，介绍其结构特点、所属类型、与人类的关系等，如导致橘子霉变等。

生3：展示用彩色毛根、硬纸板制作的蘑菇模型，介绍其结构特点、所属类型、与人类的关系等，如可食用等。

师：谢谢以上小组的成果分享，他们从多个方面、多个角度为我们展现了形形色色、多种多样的真菌，也让我们更加全面地认识了真菌与人类的关系。

6. 拓展、提升、深化

师：前面小组同学提到了霉菌会导致食物或衣物霉变，你能做哪些工作防止霉菌的生长?

生：思考、交流……

生1：保持干燥。

生2：保持低温……

师：（根据学生的具体生成，引导学生联系生活实际，提高运用知识解决问题的能力）……

7. 总结、归纳、检测

师：请同学们根据学习任务单以及核心题组、知识网络等材料回顾本节课内容。

生：总结归纳后完成课堂检测。

（教师回收课堂检测，课下批改并通过问卷、访谈了解课堂效果，调整后续教学）

五、翻转课堂教学模式的运用策略

（一）实施条件

1. 需要先进的信息技术作为支持

翻转课堂教学的实现需要教师按照教学核心内容、教学目标等制作好微视频、学习任务单、自学测试等并上传到网络学习空间，学生在课前利用互联网获取优质教学资源来完成知识的学习过程。教师基于学生的学习反馈及时调整教学设计，并基于教学核心内容和学生检测反馈，在课堂上通过让学生进行成果展示、合作讨论、交流分享、互动评价等完成知识的内化。这种教学模式是以互联网的普及和计算机技术在教育领域的广泛应用为基础的，它打破了传统教学方式对学习时间和空间的限制，学生随时随地可以获取学习资源并根据自身情况调整学习节奏，在一定程度上实现了个性化、差异化学习。当前，不少在线课程平台的理念和功能目标逐渐从资源展示转向为教学服务。随着慕课的发展，可供教师选择的平台和在线资源越来越多，如网易云课堂、雨课堂、传课网、慕课网、在家学习网等。面对丰富多样的在线资源，结合学校运行特点，构建起一个服务于教师、学生、教务管理者，能帮助学校实现“教、学、管、评”一体化的自适应学习云平台，这是开展翻转课堂教学的硬件基础。

2. 需要适应翻转课堂的新型教师

（1）研究大纲与教材

翻转课堂的实施主要是学习新知、内化知识两个环节时空上的“翻转”，从而引起的学习主体以及教学中心转移，但这种改变对基础的学科体系并没有产生冲击，仍需按照学科知识体系呈现教学内容。因此，教师还应该像传统教学准备那样，在研读教学大纲和教材的基础上合理安排单元教学内容，兼顾先行知识与后续知识、基础内容与拓展内容之间的有机联系与呼应，尤其要结合学科知识体系以及学生特点，判断哪些属于重难点内容，并针对这些内容，通过重构加工，以更加形象生动的形式呈现在教学资源包中。翻转课堂作为一种新型的教学模式，适合程序性知识、事实性知识、概念性知识与元认知性知识等的学习，教师需要根据知识类型特点进一步对教学材料进行分析、解构、设计，符合学生的“最近发展区”，以期更好地服务于教学。

（2）制作优质高效资源包

课前学习时，学生主要在自身原有的知识基础上，根据教师提供的微视频、学习任务单等教学资源，自主地、有选择性地进行学习，并将学习检测结果及困惑通过网络及时地反馈给教师，教师根据学生的自学反馈情况调整指导后续的课堂内化。因此，优秀的教学资源包就成了翻转课堂的物质保障。教师提供的资源包不仅要包括教学核心内容，而且教学设计要精良，教学内容要易于理解，能够启发学生思考，能够实现知识传递和个性化教学的目标。

教学微视频要突出时间短、内容精、问题聚、主题突、设计妙等特点，不仅要充分考虑到视频本身的结构、画质、音质以及吸引力等问题，还要设计生动形象的问题情境，让学生在问题情境中探索解决问题的策略和方法。此外，教师还需要设计匹配微视频学习的学习任务单及相关的检测习题并发布到网络教学平台上，为学生的自主学习提供指导和支持，针对学生提出的问题进行线上个性化辅导，同时收集学生的反馈情况，调整后续的课堂内化教学设计。总之，作为翻转课堂的设计实施者，教师设计制作视频、使用数字化软硬件等现代教育信息化素养和技能是不可或缺的。

（3）合理设计实施教学

实施翻转课堂，不少人将精力集中在教学微视频等资源包的制作上，这其实是一个误区。教学资源包固然重要，但比资源包更重要的是如何全面设计教学。教师设计翻转课堂时，需要思考如何设计课前活动、课堂教学、课后评价等，如何利用教学内容来帮助学生实现知识的内化、拓展与提升。第一，确定将什么教学内容从课堂迁移到课前活动中，合理设计、制作教学微视频、学习任务单、自学检测等；第二，如何根据反馈问题组织成果展示、小组讨论、合作交流、互动互评等环节，以更好地达到知识内化的效果；第三，如何针对学生存在的不同问题，利用时空的灵活组织性，最大限度地做好学生的个性化学习安排。总之，综合设计初中生物翻转课堂教学给教师提出了更高的要求，教师除了要负责生物教学课堂授课外，还需要担负起整个教学活动的设计。新颖的教学模式增加了生物教学的活力，但同时也给初中生物教师带来了新的挑战。

3. 需要培养适应自适应学习的学生

（1）培训学生如何使用教学资源包

翻转课堂中教师常常错误地认为学生能够按照自己的预想使用教学资源包，但在实践中发现，对于学生来说，合理观看教学微视频、完成学习任务单等并不是一件简单的事情。在如何恰当使用教学资源包上，学生需要有针对性的指导。因此，在开始实施翻转课堂教学模式初期，建议教师在课内组织面对面的培训指导，可以和学生一起观看微视频，亲自示范与微视频的互动，通过暂停与学生交流如何听、如何观看、如何思考微视频中提到的问题，如何完成视频中布置的任务，如何结合视频内容完成学习任务单，如何就视频中出现的问题与老师、同学进行互动交流，如何呈现自己的学习成果等。接着，可以在学校的多媒体教室中，让学生单独进行微视频学习，教师针对学生在学习过程中出现的问题进行及时的指导。

（2）提高学生的自主学习能力

翻转课堂教学中，课前，学生通过观看教学微视频、在线互动交流、完成自学检测等方式自主学习；课堂中，学生也不再是“安静”的听众、“孤独”的记录者，而是在讨论与深化中习得知识，在小组讨论与合作中迸发创新思维，以达到拓展和加深对知识认识与理解的目的。翻转课堂教学留给学生更多的自主活动时空，增加了师生间、生生间的交互合作，让学生在合作中完成学习任务，学生通过组成协作学习小组来相互帮助、相互学习、相互借鉴，培养互助合作精神。因此，翻转课堂对于学生参与度、自主性和自律性的要求是很高的，而且这种要求不是一两天就能够训练出来的，它包括多方面的因素，其中与心理、生理特点有很大关系。当下，翻转课堂应用到中学教学中，应该比小学要容易一点，或者推广难度相对要小一些，因为目前中学教育相对比较注重学生自主学习能力的培养，但这不是一朝一夕就能实现的。根据初中生注意力、思维品质、自律自主等特点，激发学生的学习动机，加强对学生慎独意识的培养，引导学生养成独立自主学习的良好习惯，为实施翻转课堂奠定基础。

（3）培养学生的协作学习能力

传统教学模式下，学生过分依赖教师的课堂讲授，把课堂作为接受知识最重要的途径。翻转课堂要求充分考虑学生的主体意识，跳出传统课堂以讲授为主的禁锢模式，通过组织课内的小组协作、合作探究、交流表达、成果展示等实现知识的内化。因此，新型教学模式下，教学活动的安排必须从学生的需求出发，围绕学生合理组织相关的合作探究活动。在自主学习教学微视频时，学生自由安排学习进度，独立思考，遇到问题首先要自己努力解决，也可以通过与老师、同学的合作互动交流及时得到解决。在以小组为单位的课堂内化知识的过程中，学生需要高度参与各种协作式活动，充分发挥个体的组织性、创造性、合作性，相互配合，为完成共同的任务而努力。学生在翻转课堂中通过小组间的合作交流、互动探究、展示表达等内化知识、发展能力，因此建立健全小组合作学习机制，引导学生学会与他人协作，并在协作中发展自我，有利于更加顺利地实施翻转课堂教学。

4. 需要建立多元评价体系

在翻转课堂实施的过程中，学生的知识学习是在课外完成的，在实施翻转课堂的时候，有必要制作一张详细的课堂表现评价表，建立起较为完善的形成性与终结性相结合的多元评价，从而提高翻转课堂的实效。课堂表现评价表应涵盖巩固知识、运用知识、拓展知识三个方面，既要有针对学生个体的评价，也要有针对小组协作的评价。其中学生评价主要从是否按照要求完成学习任务，学习质量如何，是否积极通过互动解决问题，是否积极呈现自己的学习成果，是否以得体的语言和态度积极参与课堂活动等方面展开；小组评价主要评估学生是否按照分配角色参与小组活动，是否高质量完成了分配给自己的任务，是否在小组活动中表现出良好的合作精神等方面进行。在课外、课内，教师可以随时随地通过网络平台实时记录学生的参与情况，从而实现以评价促进学习的目的。

（二）适用的课题

翻转课堂教学模式适用的课题见表3-3-6。

表3-3-6　翻转课堂教学模式适用的课题表

课本分册	章节	题目	微视频
人教版七年级上册	生物和生物圈	生物的特征	辨一辨：谁是生物？
		生物与环境组成生态系统	生态系统、食物链
		生物圈是最大的生态系统	生物圈、多种多样的生态系统
	生物体的结构层次	练习使用显微镜	使用显微镜
		植物细胞	制作植物细胞临时装片、植物细胞基本结构
		动物细胞	制作口腔上皮细胞临时装片、动物细胞基本结构
		细胞通过分裂产生新细胞	细胞分裂及分化
		动物体的结构层次	人体的结构层次
		植物体的结构层次	植物体的结构层次
		单细胞生物	观察草履虫、单细胞生物与人类的关系
	生物圈中的绿色植物	藻类、苔藓和蕨类植物	藻类植物、苔藓植物、蕨类植物
		种子植物	裸子植物和被子植物
		植株的生长	根尖结构、芽的结构、植物生长需要的营养物质
		开花和结果	花的结构、传粉和授精、果实和种子的形成
		爱护植被、绿化祖国	呵护绿色植被
人教版七年级下册	人的由来	人类的起源和发展	揭开人的由来之谜
	人体的营养	食物中的营养物质	六大营养物质
		消化和吸收	消化系统、消化和吸收过程
		合理营养和食品安全	合理膳食

续 表

课本分册	章节	题目	微视频
人教版七年级下册	人体的呼吸	呼吸道对空气的处理	呼吸系统
		发生在肺内的气体交换	人体呼吸的动画过程
	人体内物质的运输	流动的组织——血液	如何解读验血单?
		血液的管道——血管	人体内的“纵横交通”
		输送血液的泵——心脏	心脏的结构、血液循环
		输血和血型	血型的发现、血型系统
	人体内废物的排出	人体内废物的排出	泌尿系统、尿液的形成
	人体对生命活动的调节	人体对外界环境的感知	人体“六感”
		神经系统的组成	神经系统
		神经调节的组成	反射与反射弧
		激素调节	内分泌系统
	人类活动对生物圈的影响	分析人类活动对生态环境的影响	地球的呼唤
人教版八年级上册	动物的类群	腔肠动物和扁形动物	腔肠动物、扁形动物
		线形动物和环节动物	线形动物、环节动物
		软体动物和节肢动物	软体动物、辨一辨谁是昆虫
		鱼	它们都是鱼吗?
		两栖动物和爬行动物	青蛙PK乌龟
		鸟	为什么鸟能飞行?鸟与人类的关系
		哺乳动物	哺乳动物的特征
	动物的运动和行为	动物的运动	运动系统、运动动画
		先天性行为和学习行为	迷宫实验、动物的行为
		社会行为	走近群体生活的动物、蚂蚁的通讯
	动物在生物圈中的作用	动物在生物圈中的作用	动物之用
	细菌和真菌	细菌	细菌的发现、巴斯德实验、细菌结构

续 表

课本分册	章节	题目	微视频
人教版八年级上册	细菌和真菌	真菌	探秘真菌类群
		细菌和真菌在自然界中的作用	细菌和真菌在自然界中的作用
		人类对细菌和真菌的利用	制作发酵食品、食品保存
	病毒	病毒	病毒的发现、病毒及其模型制作、病毒与人类的关系
	生物多样性及其保护	尝试对生物进行分类	植物分类、动物分类
		从种到界	生物的分类
	认识生物的多样性	认识生物的多样性	多姿多彩的生物
	保护生物的多样性	保护生物的多样性	探秘深圳湾红树林自然保护区的过去、现在和未来
人教版八年级下册	生物的生殖和发展	植物的繁殖	植物的繁殖及应用
		昆虫的生殖和发育	家蚕的生殖和发育
		两栖动物的生殖和发育	青蛙的生殖和发育
		鸟的生殖和发育	观察鸟卵的结构、鸟的生殖和发育
	生物的遗传与变异	基因控制生物的性状	基因控制生物的性状
		基因在亲子代间的传递	基因在亲子代间的传递
		基因的隐性和显性	孟德尔豌豆杂交实验
		人的性别遗传	生男生女由什么决定?
		生物的变异	生物的变异
	生命起源和生物进化	地球上生命的起源	探索生命起源之谜
		生物进化的历程	生物进化的历程
		生物进化的原因	探索桦尺蛾体色变化之谜
	传染病和免疫	传染病及其预防	传染病及其预防
		免疫与计划免疫	人体的三道防线、计划免疫
	用药与急救	用药与急救	安全用药、急救

第四节　对话式教学模式

《义务教育生物学课程标准（2011年版）》在课程目标中提出，学生在学习生物学这门课程后，应“养成理性思维的习惯”。教学目标的达成要以师生共同建构的教学活动来实现，而以苏格拉底为代表的思想助产对话式教学，不仅体现了学生的主体性，更是在对话过程中帮助学生发展思维。在理性思维视域下，开展初中生物学对话式教学，就是要营造平等自由的教学氛围，学生作为学习主体，在知识的碰撞中发展自己的思维。

一、对话式教学模式概述

（一）定 义

对话式教学经历了以苏格拉底为代表的思想助产式的对话，以德国大学为代表的学术共同体的对话以及以杜威为代表的反思实践式的对话[①]。从基本概念出发，教学本就是一个对话和交往的过程，是师生在对话和交往中共同创造意义的过程。靳玉乐教授将对话式教学定义为“对话教学就是在平等民主、尊重信任的氛围中，通过教师、学生、文本三者之间的相互对话，在师生经验共享中创生知识和教学意义，从而促进师生共同发展的教学形态”[②]。另外一种重要的定义是“对话教学是教学过程中的主体借助有意义的交流，不断探究和解决教学中生发的问题，以增进教学主体间的理解，提升师生教学生活质量的过程”[③]。华东师范大学的沈晓敏在论文《对话教学的意义和策略》中，从课堂对话教学的特征出发，对于对话教学做了如下界定：对话教学是以解决对立

① 李遥，李雪飞.对话教学：从苏格拉底到杜威的探索［J］.西北工业大学学报（社会科学版），2016，36（2）：87-91，101.

② 段若楠.基于对话视角的小学数学课堂教学研究［D］.宁波：宁波大学，2014.

③ 贺晓雨.小学英语对话教学研究［D］.上海：上海师范大学，2015.

冲突的现实需要以及根据知识的社会性建构这一知识论为基础而进行的、以培养对话意识和对话能力以及知识建构为目的的社会互动系统。

据此，对话式教学最为重要的理念，即教学应该是师生双方的平等对话，应该是教师与学生共同的思考，以及建立在思考基础上的对话。这种教学要求学生处于积极的学习状态中，教师和学生能不断地去发现问题、提出问题，并在解决问题中发现新的问题。对话教学不应仅仅注重对话的形式，更应强调学生是参与的主体。对话式教学也不单单注重学生知识的掌握，更注重推动学生积极思维，理性思维视域下初中生物学对话式教学更是如此。

（二）特 点

从苏格拉底助产式对话教学模式，到杜威的以学生实践为核心的对话教学，都将教学的主体由教师转变成了学生。在初中生物学中开展对话式教学时，要把握以下特征。

1. 对话式教学是师生平等的活动

对话式教学要以平等为前提。也就是说，在生物学课堂的教学中，教师与学生之间是平等的，双方是学习的伙伴。如果没有平等与民主的教学氛围，就只能算是灌输式与填鸭式的教学。只有当教师把学生看作与自己相同或类似的生命个体时，他才会想办法去引导学生，也才能细心地聆听学生的发言，不断地调整并且完善自己的认知结构。同样地，学生也只有把教师看作一个平等的交流伙伴时，才能畅所欲言，充分发挥其思维潜能。只有民主平等的师生关系才具有人性化，才具有真正的教育价值。对于知识和理论的探讨都要建立在平等的基础上，站在一条平衡线上，只有这样才能迸发出灵感的火花。

2. 对话式教学是多方互动的活动

互动交往作为对话的基本手段之一，是在沟通合作的基础之上的行为。对话式教学以学生、教师、教材三者为主体，并且师生之间、生生之间、生本之间、师本之间是最为主要的对话途径。在这种教学中，学生的一切行为不仅仅是由教师引发的，还有学生与自身已有知识的互动和重新构建。师生和生生之间在互动交往过程中实现着多种视角的对话、沟通、汇聚和聚合，从而取长补短，在一定程度上使得各自的认识偏见得以克服，拓宽了视野，并产生了新的视界，对于真理的探求不断地增加新的机会和可能性。对话式教学是一种指向更新颖、更深邃和更具启发性的对话，其本身就具有一种自我生长的内在机制。

3. 对话式教学是即时生成的活动

对话式教学是不断延伸、不断挖掘的思维过程，因为问题是即时生成的，所以在这种自由、平等的氛围中，学生的思维也是开放的、即时生成的，对话式教学必然会超越传递信息的功能。通过对话，对话双方可各自吸收来自他人的信息，唤起自身原有的知识经验，创造生成新的视角，从而产生新的思想火花。在对话式教学中，学生、教师以教学资料为载体，不断发现问题、解决问题，整个教学过程都充满了创造性的色彩。通过创造性和生成性的过程，对话式教学使得学生不再仅仅是知识的容纳者和接收器，而是知识的发生器，这样对于学生的创造性品质的形成具有极其重大的作用。[①]同时，在这个过程中再发现、再解决问题，教师与学生的知识、思维都经历循环上升的过程。

二、对话式教学模式的理论依据

1. 建构主义与对话教学

从某种意义上来说，建构主义的相关理论可以为我们认识对话式教学的主导地位提供了某种视角与解释框架。维果茨基的认知发展理论就将语言视为个体认知发展的核心部分。[②]维果茨基认为，语言在个体认知发展过程中起着非常关键的作用，即语言是儿童用以认识与理解世界的一种思维工具。语言作为一种中介物，不仅能促进儿童认知的发展，还能帮助儿童建构自己有关世界的知识，并对这些知识进行自我检验与反思等思维活动。同时，语言也为儿童和通过语言与儿童进行交往的人们提供了观念分享的机会。语言在发展过程中能够使儿童与他人进行交往，从而开始人与人之间的文化交流或观念交换。

维果茨基对于语言在儿童认知发展中的作用的揭示，正为对话式教学中学生与教师对话过程中发展其认知思维提供了佐证。学生与其他人进行交往所采用的语言在其交往过程中往往表现为学生与其他人的对话。特别是在学校教育教学活动当中，学生与成年教师之间的语言交流，即对话，不仅促进了学生认知的发展，而且还为学生和教师提供了观念分享的机会。此外，维果茨基的认

① 何芳.以任务单为载体的生物学对话教学模式的建构与实践［D］.杭州：浙江师范大学，2010：20–21.

② 吴庆麟.教育心理学——献给教师的书［M］.上海：华东师范大学出版社，2003.

知发展理论中，“活动”这一概念也是其中的一个重要因素。维果茨基认为，儿童在做中学，活动提供了使对话可能发生的情境。通过活动来进行对话，个体之间相互交流思想，便得以发展。

2. 多元智能理论

霍华德·加德纳在20世纪80年代初提出多元智能理论。多元智能理论认为，人的智能是多元的，包括言语—语言智能、逻辑—数理智能、音乐—节奏智能、视觉—空间智能、身体—动觉智能、交流—交往智能以及认识自然的智能。作为个体，每个人都同时拥有相对独立的多种智能。[①]各种智能在每个人身上均以不同方式、不同程度的组合使得每个人的智能各具特点。多元智能理论强调在沟通、交流、合作、探究、互动和自我反思中发展多元智能。

在开展以任务单为载体的生物学对话式教学研究中，其涉及生生、生本、师生的沟通、互动、合作、探究和自我反思等过程，教师应该肯定每个学生的智能是多元的，而且都各自拥有相对独立的优势智能，教师在教学过程中要善于发现每个学生的智能特点，发挥学生各自的优势智能，以此作为对话式教学中小组合作的分组依据，使每个学生都能发挥其优势，真正地参与到对话中去。同时，在生生对话当中，每个学生的智能都各具特点，他们在小组合作探究对话当中通过智慧的碰撞和多种思想的交流，激发各自潜在的智能，发展多元智能，发挥各自的优势智能，充分展现每个人的个性。

3. 哈贝马斯的“交往行为”理论

德国哲学家、社会学家尤尔根·哈贝马斯提出了构建交互主体关系的对话论。“对话或者话语是交往主体存在的基础条件，是交往行为合理化的有效依据。”[②]哈贝马斯把对话看作交往的基础，把语言看作对话的媒介。对话的目的是要达成理解和形成共识，同时他还提出要保证交往过程中的真理效性、正确效性、真诚效性，必须要建立一个比较理想的对话环境。这一理论更倾向于把“对话”视作一种方法、一种途径，新的交往行为是在宽容的、真诚的、相

① 霍华德·加德纳.智力的结构［M］.兰金仁，译.北京：北京光明日报出版社，1990.

② 傅永军.哈贝马斯交往行为合理化理论述评［J］.山东大学学报（哲学社会科学版），2003（3）：11-12.

互理解的对话中才能够形成的。他认为交往行为是主体之间以符号为主而展开的交流，以言语为中介，通过对话，互相宽容，并取得共识。所以，“对话”是社会交往中最合理、有效的途径。他提出的“主体间性”概念，阐述了对话中自我和他人的这种交往，认为如果没有这一概念，就没有“规则意识”。有了“规则意识”，人与人之间就恢复了正常的交往关系，即将人与人之间的关系还原为一种“去工具理性化”的状态，而不是因工具理性而扭曲、异化的人与人之间的关系①。

哈贝马斯的“交往行为”理论的主体是两个或者更多的人，以言语作为中介，主体之间的相互理解的对话是其重要的交往方式，主体之间达成协调一致是其主要的目标。哈贝马斯在主体社会交往的过程中，提出交往主体要遵守三项要求，即真理、正确和真诚的有效性要求。这三项要求对应三个世界：客观世界、社会世界和主观世界。他认为，交往本质上就是交往主体之间真诚的、有效的对话，而言语在其中起着非常特殊的作用。课堂教学不是教师的“独白”，也不是学生的“接纳”，而是主体之间的对话，是交往主体内心世界的敞开和精神领域的碰撞。因此，在课堂教学中，对话要符合“有效性的要求”。

三、对话式教学模式的教学目标

对话式教学是一种实践训练场，教师应在对话实践中有意识地引导和培养学生的问题意识与思维习惯。②

首先，要引导学生树立科学知识起源于问题的信念，教师要在提出问题、分析问题和解决问题的整个过程中，通过对话不断强化和提示学生问题对于知识产生以及科学发现的重要意义。

其次，指引学生养成敢于质疑的性格。学生在对话中要敢于并善于质疑、不迷信权威、不唯书、不盲目听从他人，以怀疑的眼光去挖掘生活中的问题，并用批判的思维去思考问题，在不断的训练中，逐渐使质疑成为学生的思维品格与学习习惯。

① 哈贝马斯.交往行为理论［M］.曹卫东,译.上海：上海人民出版社，2005：144.

② 安世遨.基于问题的对话教学模式研究［J］.教育理论与实践，2016，36（2）：48-50.

最后，教会学生把握探究问题的内容。这里有关问题的知识既包括是什么、为什么的陈述性知识，也包括怎么做的程序性知识。学生在问题的探究中所掌握的知识，也是通过自主建构不断同化的知识。学生思考出来的知识也将会是学生能活学活用的知识。

四、对话式教学模式的操作程序

（一）对话式教学模式的一般流程

学生的思维过程贯穿整个课堂环节，因此在课堂的最初环节，激发学生对话动机的同时，要激活学生的思维活动，要让学生开始动脑子思考问题。在学生积极的思维活动中，首先，教师要以教学内容、学生的发展情况为依据，筛选对话主题，帮助学生确立学习目标；其次，通过对教学材料的挖掘、整合，师生之间、生生之间，甚至生本之间开展对话交流，在交流中，完善认知结构；最后，联系生活中的实际问题，在对话中，学生不仅能体验知识的价值，更在语言的交流过程中，外显思维，发现思维漏洞。理性思维视域下对话式教学模式的框架如图3-4-1所示。

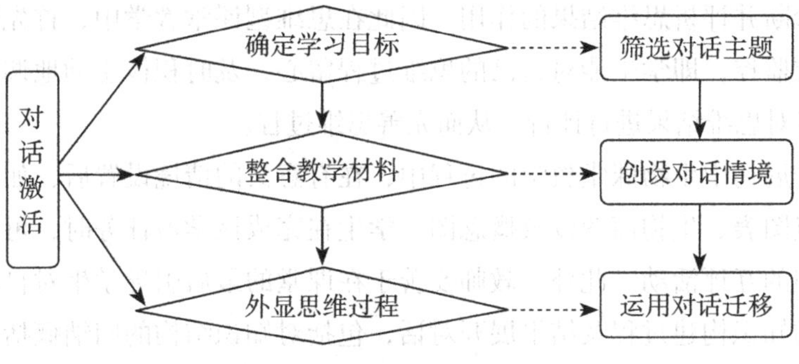

图3-4-1　理性思维视域下对话式教学模式的框架

1. 筛选对话主题

在对话式教学中，对于主题的把握应具有一定的意图，对话并不是想到哪儿说到哪儿，应有一定的目的性，为了探求知识的真相，围绕事先准备好的主题，双方各抒己见，以达到对话式教学的目的。在进行对话式教学时，双方应本着真诚的态度，面对面地进行理论的探讨和研究。筛选的主题也应是开放的，可以从多个角度去探讨。

2. 创设对话情境

对话式教学情境的设置应把握一些基本的原则，使学生认清自我，发现自身有待提升的空间，从而引发其兴趣，使学生自觉地进行对话式教学，真正实现对话式教学的目的。在对话式教学中，问题或主题设计具有较大的开放性、拓展性，往往能诱导学生积极地投入对话的过程。对话式教学的情境还要体现学生共有的经验，要能够吸引学生深入地投入对话的过程；对话式教学不仅是对话所设问题或主题的媒介，而且是教师、学生智慧碰撞、情感交流的绝好机会。

3. 运用对话迁移

知识巩固和思维发展的途径和目的都离不开现实生活中结构不良的问题。在教学中应鼓励学生在解决问题时，通过自己的语言来阐述推理，进而学会控制自己的思维过程。思维的发展与语言的组织是相辅相成的，语言不仅是思维的一种外显形式，而且学生在用语言描述思维的过程中，还能发现思维过程中的漏洞，促进思维的发展。

（二）对话式教学模式的基本环节

1. 对话激活思维

思维监控作为思维结构的最高形式，位于思维结构的顶点，具有调控思维过程、诊断并评析思维结果的作用。因此在思维型课堂教学中，首先要启动学生的思维监控，即学生能对自己的思维过程留心，及时积极主动地调控思维过程，并能对思维结果进行评价，从而完善思维过程。

在开展初中生物课堂教学的过程中，在有意义的情境设置后，如要求绘制完知识点图表、生物简图以及概念图，学生在完成该学习任务时，可开展小组成员之间的互评活动。此外，教师要善于在课堂的最后引导学生对自己在教学活动中的知识构建过程及结果展开对话，包括对知识结构的归纳概括、思维方法的整理、思维过程中出现的问题以及对问题的认识与完善。学生在教学活动中通过思维监控，在构建知识结构的同时，为思维的发展以及学科能力的提高奠定基础。

2. 确定学习目标

就生物课堂教学而言，教学目标直接或间接地决定着教学策略的设计。[①]

① 朱正威. 要更多地关注教学内容的钻研和把握［J］. 生物学通报，2011，46（4）：20-21.

据此，对话式教学模式也要规范，并且有行之有效的目标指引。对话式教学模式中的目标要以学生的思维发展、教学大纲为依据，并且由于师生之间、生生之间以及生本之间所开展的对话具有生成性和创新性，教学目标也应该要因不同的情况而有所改变，对话式教学模式的教学目标进而有了艺术性。

3. 整合教学材料

在进行生物学教学活动时，首先要保证学习材料对学生来说是可接受、有意义的。学生的学习材料大致可分为感性材料和理性材料两大类。感性材料是指学生在日常生活中，通过感觉器官获得的一手材料，而理性材料是指经过综合、归类等加工后的材料，对学生的思维有较高层次的需求。在开展对话式教学时，教师可根据学生的思维状况、教材的难易程度，有目的地选择相关材料，并以这些材料作为学生思维发展的基础。

4. 外显思维过程

语言是思维外显的工具，学生对话的过程也是学生外显思维的过程，教师在课堂上应该好好利用这一工具，对学生的思维进行进一步的完善。一方面，教师可让学生制作本节课的知识点表格或者思维导图来巩固自己的思维；另一方面，教师也可以让学生在解决实际问题中，进一步发现自己的思维漏洞，迁移并完善自己的思维过程。

教学案例

“基因控制生物的性状”教学设计

本研究以“基因控制生物的性状”一节为例，通过教学设计具体说明初中阶段生物课堂中，对话式教学模式的实施。“基因控制生物的性状”选自人教版八年级下册第二章第一节，在课程内容方面，学生在学习完该节后，要能准确地回答以下几个问题：首先，“什么是性状，什么是相对性状？”其次，“性状与基因之间的关系如何？”在对课标进行研读后，根据对话式教学模式的教学策略，对本节教学活动进行如下分析。

一、对话激活思维监控

在整个教学环节中，学生的思维应处于活跃的思考状态，而不是教师说什么就是什么的被动状态。首先，在课堂的起始阶段，运用导学案布置任务，学生有目标、有方向地进入自学状态，师生之间的对话可对学生的思维状态进行评价；其次，小组之间开展活动，在活动中明确“性状”的概念，并通过对已有案例的分析以及从自身出发的案例分析，掌握并运用“相对性状”；最后，学生通过自学材料，描述“转基因鼠”的基本流程，获得“基因控制性状”的启示，通过“萝卜”的案例，明白“生物体的性状还受环境的影响”。

二、确定学习目标

在分析阶段，可从本节教材内容、教学活动、教材地位三个方面把握。首先，在教材内容学习上，本节课主要有以下内容：①生物体的性状；②相对性状；③性状与基因之间的关系。其次，在教学活动方面，“想一想，议一议”以克隆牛的案例来导出遗传可变异；学生在“观察与思考”活动中，以自身为例，掌握“性状”与“相对性状”；“资料分析”需要学生对科学技术进行解读，并通过这一案例，发现性状遗传的本质。

据此，本节课的学习目标可确定为：在小组活动的参与中，归纳总结出“性状”的概念；能够举出有关相对性状的案例，学会分析并判断相对性状；掌握转基因技术，并能认识到基因控制性状、环境影响性状。

三、整合教学材料

本节课学生要学习的概念为“性状”“相对性状”，并要清楚了解性状遗传的本质。性状在教材中的定义包括“形态结构”“生理”以及“行为”等方面，该概念的获得可直接由学生自身出发，学生在小组活动中，获得一手思维材料，并在对材料的归类中，开展有意义的发现学习。该概念的学习为“相对性状”的学习打下基础，学生能否给出相对性状的例子，既可以作为检测学生学习效果的标准，也可以作为其他学生的思维材料。

本节课另一个重点——“基因控制生物的性状”的突破，可通过教师提供的视频资料来辅助学生自主学习。学生在对转基因鼠以及萝卜的形态特征的案例分析中，探明性状遗传的本质，在这一过程中，也可以培养学生透过现象看本质的科学思维。

四、外显思维过程

对话式教学其实就是外显学生思维的过程，在对话中发现学生的思维漏洞，通过语言对思维进行优化。在对导学案完成情况的检查中、“相对性状”

的举例中以及对转基因鼠本质的描述中，都要借助师生、生生之间的对话，在对话中巩固知识，发展思维。

“基因控制生物的性状”思维型课堂教学设计如下（表3-4-1）。

表3-4-1 教学设计表

<table>
<tr><td colspan="2">确定学习目标</td><td colspan="4">在小组活动的参与中，归纳总结出性状的概念。
能够举出有关相对性状的案例，学会分析并判断相对性状。
掌握转基因技术，并能认识到基因控制性状，环境影响性状</td></tr>
<tr><td colspan="2">板块</td><td>教学内容</td><td>教师活动</td><td>学生活动</td><td>教学意图</td></tr>
<tr><td rowspan="2">对话激活思维监控</td><td rowspan="2">整合教学材料 外显思维过程</td><td rowspan="2">遗传和变异的概念</td><td>活动1：自学任务
遗传是亲子间的＿＿＿＿＿＿＿＿。
变异是指亲子间以及子代个体间的＿＿＿＿＿＿＿＿＿＿＿＿＿＿＿。
请举例＿＿＿＿＿＿＿＿</td><td>阅读教材P24，完成导学案</td><td>自学任务唤醒学生的思维，带领学生进入积极活跃的思考状态</td></tr>
<tr><td>活动2：小组任务
1. 小组成员间相互观察或询问对方下表中的性状，完成表格。
<table><tr><td>性状</td><td>成品1（ ）</td><td>成品2（ ）</td><td>成品3（ ）</td><td>成品4（ ）</td></tr><tr><td>有无耳垂</td><td></td><td></td><td></td><td></td></tr><tr><td>单眼皮还是双眼皮</td><td></td><td></td><td></td><td></td></tr><tr><td>舌能否由两侧向中间卷曲</td><td></td><td></td><td></td><td></td></tr><tr><td>大拇指能否向背侧弯曲</td><td></td><td></td><td></td><td></td></tr><tr><td>惯用左手还是右手</td><td></td><td></td><td></td><td></td></tr><tr><td>血型</td><td></td><td></td><td></td><td></td></tr></table></td><td>完成小组任务，观察同学之间的性状，并在观察中归纳出生物体的性状是生物体的形态结构、生理和行为等特征的统称</td><td>从学生自身出发，收集感官思维材料，学生在对材料的整理中，通过归纳和总结，逐步建构知识结构，获得相关概念</td></tr>
</table>

续表

板块		教学内容	教师活动	学生活动	教学意图
对话激活思维监控	整合教学材料外显思维过程	生物的性状	2. 思考并回答以下问题： （1）有无耳垂、单眼皮还是双眼皮、舌能否由两侧向中间卷曲、大拇指能否向背侧弯曲指的是生物体什么方向的特征？ 惯用左手还是右手指的是生物体什么方面的特征？ 血型呢？ （2）你能归纳总结出性状的概念吗？ （3）性状都是看得见的吗？仅凭肉眼的观察或简单的测量就能知道自己所有的性状吗？ 3. 同种生物的同一性状在不同个体上常常有不同的表现形式，如西瓜的红瓤和黄瓤。我们把____生物的____性状的____表现形式称为相对性状。请判断下列性状是不是相对性状，并说出判断理由。 （1）人的长发和卷发。 （2）豌豆的白花和紫花。 （3）兔的白毛和狗的黄毛。 （4）牛奶产奶的多和少。 （5）妈妈的双眼皮和女儿的双眼皮	学会判断相对性状的要点： （1）同种生物。 （2）同一性状。 （3）相对性状不止一种表现形式。 小组间交流成员之间、与父母之间的不同性状	学生首先能判断什么是相对性状，之后能够举出相对性状的例子。学生所给的例子也是学生思维的结果，通过语言外显思维过程，进而对思维进行完善。学生对该概念的理解由浅入深，在掌握知识的同时，运用知识，发展思维
		基因控制生物性状	活动3：资料分析 展示“转基因鼠”视频资料，结合教材中“转基因鼠”的启示，组织学生分析“转基因鼠”的实验过程。 讨论：研究中，被研究的性状是什么？控制这个性状的基因是什么基因？ 转基因超级鼠的获得，说明性状与基因之间是什么关系？ 由此推论，生物在传宗接代的过程中，传下去的是性状还是控制性状的基因？ 展示胡萝卜实物，要求学生观察胡萝卜的地上部分和地下部分颜色的区别	进行资料分析，小组内交流并完成教师提出的问题。 了解转基因鼠的操作过程，得出基因控制生物的性状的结论。 根据生活经验分析可能原因，并举出其他相似例子	通过实例教学，学生逐步掌握“性状→转入的基因→转入基因完成后超级鼠的性状变化”三个过程。在师生对话中，对问题的思考层层深入，并展开问题分析

续表

板块		教学内容	教师活动	学生活动	教学意图
对话激活思维监控	整合教学材料 外显思维过程	基因控制生物性状	提问：胡萝卜的颜色由什么决定？为什么地上部分和地下部分颜色会不同？这说明生物性状的表现还受什么影响？	得出生物性状由基因决定，同时还受环境的影响	学会排除无关干扰，学生在挖掘事实的本质后，获得相关概念
		转基因技术和转基因生物	活动4：辩证地看待转基因 展示转基因棉花、转基因荧光猪，讲述转基因技术和转基因生物，提问：转基因生物和转基因食品逐渐走进人们的生活，你怎么看待转基因技术？又怎么看待转基因食品？	学习转基因技术和转基因生物的概念，在辩证表达的过程中，完善自己的思维	辩证地看待科技带来的利弊，认识到事物的两面性，理性对待生活中的热点生物现象，培养学生的辩证观
		小结	引导学生通过思维导图总结本节课的收获，并完成相关拓展练习	学生小结	培养自我梳理、自我省察的习惯

“两栖动物和爬行动物”教学实录

一、导入新课

师：各位同学请看老师手中拿的是什么动物？（展示宠物青蛙和乌龟）

生：青蛙、乌龟。

师：有哪位同学知道青蛙和乌龟分别属于什么动物？

生1：青蛙和乌龟都属于两栖动物。

生2：青蛙属于两栖动物，乌龟属于软体动物。

生3：青蛙属于两栖动物，乌龟属于爬行动物。

师：看来大家一致认为青蛙属于两栖动物，但是对乌龟属于什么动物存在不同见解，我们先将这些答案写在黑板上，接下来再进行判断。（将学生所说答案一一写在黑板上）

二、师生对话

师：我们先找同学来说一下你认为青蛙属于两栖动物的依据。

生1：小学科学课中学习过。

生2：青蛙既可以生活在水中又可以生活在陆地上。（多数同学以此为依据）

师：那么乌龟属于什么动物呢？

生3：也属于两栖动物。

师：为什么呢？

生3：因为乌龟也是既可以生活在水中又可以生活在陆地上，所以我认为它也属于两栖动物。

师：还有没有同学对乌龟的种类有不同的见解？

生4：我认为乌龟属于软体动物，它和软体动物中的石鳖长得很相似，它的身体也很柔软。

师：我们学过的软体动物的特点你还记得吗？

生4：柔软的身体表面有外套膜，大多具有贝壳，运动器官是足。

师：软体动物是脊椎动物还是无脊椎动物呢？

生4：无脊椎动物。

师：乌龟是脊椎动物还是无脊椎动物呢？

生4：脊椎动物。

师：所以你还认为乌龟属于软体动物吗？

生4：应该不属于软体动物，看起来相似并不代表是同种动物。

师：是的，所以在生物学中我们要秉承严谨的科学态度，不能根据自己的认知去判断。还有同学有其他的想法吗？

生5：乌龟应该属于爬行动物吧，我看到乌龟运动时都是爬着走的，不像青蛙那样跳。

师：同学们各自都有自己的想法和观点，到底哪些同学说的才是正确的呢？接下来，老师会给大家下发一些关于两栖动物和爬行动物的资料，大家也可以将自己提前准备好的关于两种动物的资料拿出来，然后同学们先阅读手中的这些资料，了解更多两栖动物和爬行动物的特征，稍后我们再进行下一步的判断。

三、生本对话

学生开始阅读手中关于两栖动物和爬行动物的资料。

一段时间之后，师：通过刚才的阅读，相信大家对两栖动物和爬行动物有了新的认识，我们找同学来与大家分享一下自己的收获。

生6：青蛙幼体生活在水中，成体生活在陆地上。

生7：青蛙需要靠皮肤辅助呼吸，即使成熟的青蛙也不能彻底离开水生活。

生8：青蛙繁殖时，雌蛙把卵产于水中，雄蛙将精液洒在卵子团周围，进行体外授精，受精卵在水中进行自我孵化，变成蝌蚪后再逐步发育成青蛙。

生9：乌龟在陆地上产卵，小乌龟是从蛋里破壳而出的。

生10：乌龟背的壳可以防止体内水分蒸发。

生11：乌龟是用肺呼吸的。

师：看来同学们刚才从资料中收集到了很多关于青蛙和乌龟的特点，小学科学课上大家已经学习过了青蛙属于两栖动物，并且同学们刚才也用各种资料进行了验证。乌龟有和青蛙相似的特点又有一些独特的地方，那么接下来请同学们来讨论以下问题："乌龟到底是否属于两栖动物呢？你的依据是什么？"如果其他同学有不同见解可以直接向该同学提问。

四、生生对话

生12：我认为乌龟属于两栖动物，因为它既能生活在水中又能生活在陆地上。

生13：乌龟有很多种类，有些是生活在陆地上的，有些是生活在水中的，有些是既可以生活在陆地上又能生活在水中，因此我觉得用生活环境来判断它是否属于两栖动物不够严谨。

生12：但是乌龟和青蛙都是用卵进行繁殖的啊。

生14：昆虫、鱼等也是用卵进行繁殖的，但是他们属于两栖动物吗？

生12：它们当然不属于两栖动物。

生10：我刚才在阅读资料的时候发现乌龟的卵表面有卵壳，青蛙的卵是直接裸露在外面的，乌龟在陆地上产卵，青蛙在水中产卵，所以我觉得这两种动物是有本质区别的。

生15：我认为乌龟属于爬行动物，因为它完全用肺进行呼吸，青蛙需要靠皮肤辅助呼吸。

生16：蜥蜴和蛇都属于爬行动物，但是它们的形态结构和乌龟有很大的差异。

生17：你还记得前面乌龟和石鳖外形相似却不属于同类动物的例子吗？

生16：是啊，不能通过外表判断，也不能通过生活环境判断，那我们要通过什么方式进行区分？

生18：我也赞同乌龟属于爬行动物，虽然它与蛇和蜥蜴相比在外形上有很大区别，但是它们有很多相同的特征，如用肺呼吸、在陆地上产卵、卵表面有卵壳等。

生19：书中说爬行动物是真正适应陆地环境的脊椎动物，可是乌龟既可以生活在水中又可以生活在陆地上，也没有完全地摆脱对水的依赖。

生20："摆脱对水的依赖"指的是生殖和发育过程，并不是单纯地指的生活环境。

师：看来同学们已经可以从本质上对两栖动物和爬行动物进行区分了，通过相互的追问解决一个个难题，我们在学习中就需要有这样的态度，不断发现问题、提出问题、解决问题。

五、师生总结

师：通过刚才同学们的种种论证，我们再看看黑板上大家在上课初时对两种动物的判断，是不是有些答案可以轻松地排除掉了，因此我们共同的总结是，青蛙和乌龟分别属于什么动物？

学生：青蛙属于两栖动物，乌龟属于爬行动物。

六、两栖动物和爬行动物的主要特征

师：现在已知青蛙、蝾螈、大鲵属于两栖动物，乌龟、蜥蜴、蛇属于爬行动物，你们可以通过对比来进行两栖动物和爬行动物主要特征的总结吗？

学生经过小组讨论和对比，总结出来两栖动物和爬行动物的主要特征。

两栖动物主要特征：幼体生活在水中，用鳃呼吸；成体大多生活在陆地上，也可在水中游泳，用肺呼吸，皮肤可辅助呼吸。

爬行动物主要特征：体表覆盖有角质的鳞片或甲；用肺呼吸；在陆地上产卵，卵表面有坚韧的卵壳。

七、两栖动物和爬行动物与人类的关系

师：在生活中两栖动物和爬行动物是比较常见的，与我们人类之间也有着密不可分的关系，哪些同学可以来说一下你所了解的它们与人类之间的关系？

生21：我知道鳖甲可以入药。

生22：我们家养了蜥蜴，可供观赏。

生23：我去泰国的时候看到很多卖蛇药的，据说可以治疗一些疾病。

生24：变色龙可以捕食昆虫，有些危害林木的昆虫可以让变色龙消灭它们，我们可以大量饲养变色龙，把那些危害林木的昆虫全部消灭掉。

生25：那样不会破坏生态系统的平衡吗？

生24：我怎么忽略了这个问题，确实不能把危害林木的昆虫全部消灭掉，就像老鼠虽然有害，但是从生态系统平衡的角度来看，也是不能让它灭绝的。

教师：同学们都很博学，大家说得已经很全面了，凡事都具有两面性，我们应该辩证地去看待所有的问题。

八、课后拓展

师：通过我们本节课的学习，同学们对两栖动物和爬行动物有了新的认知，同时也知道了两种动物的本质区别和主要特征。现在随着生活水平的提高，大家对生活质量的追求也随之高了起来，刚才也听说有的同学家为了陶冶情操养了青蛙或者乌龟，我们能否利用本节课所学的知识来总结一下在家养青蛙或者乌龟的时候有哪些注意事项呢？

生3：青蛙的生活离不开水，应该像养金鱼一样将它们放入鱼缸即可，再多放一些水草。

生25：如果是这样，为什么青蛙属于两栖动物而不属于鱼类呢？

生3：你说的有道理，鱼缸里面应该有一块陆地较好。

生5：我们家养的是水栖型青蛙，它生活环境里水的比例特别多，陆地部分只要很少就可以了。可以使用一些石头垒在一起，使石头的顶高出水面，让青蛙能在上面呼吸和休息。青蛙需要一些能够躲避的地方，让它们有安全感就可以解决不吃食的问题，可以用板状石头搭建简易洞穴，让青蛙能快乐地生活。

生22：喂青蛙时像投放鱼食一样直接撒在鱼缸中就可以了吗？

生23：我查阅资料发现青蛙的眼睛十分灵敏，但是它不能够发现不动的东西，所以我认为给青蛙投活食会更有利于它进食。

师：同学们从环境和进食方面已经做了具体的介绍，大家想想有没有忽略什么问题呢？例如，到了冬季，有些动物要进行冬眠，青蛙是否需要冬眠呢？如果需要冬眠又有哪些需要注意的主要事项呢？

生8：我在书中看到过如何帮助青蛙人工冬眠。大致就是：当环境温度低于15℃时，把青蛙放进装满泥土的容器里，因为天气冷，青蛙的本能会使它钻进泥土里冬眠。青蛙冬眠时不要将容器移到更温暖的地方，否则会让青蛙错误地醒来，打扰青蛙冬眠。青蛙冬眠时要多向泥土中喷水保持湿润，不要让青蛙干死了。待到春天气温回升，青蛙从泥土里爬出来，把青蛙重新转移到缸内饲养。

师：为什么在青蛙冬眠时要多向泥土中喷水呢？

生24：我们本节课学习过青蛙用肺呼吸，同时皮肤辅助呼吸，所以向泥土中喷水可以保证它的呼吸。

生13：那么青蛙冬眠的时候呼吸主要依靠的仍然是肺部，皮肤只起到辅助作用吗？

生15：青蛙冬眠时呼吸主要靠皮肤。

师：通过同学们的相互提问及解答，我们已经对家养青蛙有了全面的了解。我们通过知识的学习可以更好地对它们进行养殖，那么乌龟的养殖又需要注意什么呢？

生1：乌龟的养殖环境与青蛙很相似，同样需要在水池中放置石块、砖头等露出水面的平台，以供乌龟晒背、休息。乌龟喜欢躲在洞里，因此可用砖头给乌龟搭个龟窝，以提高乌龟的安全感。

生26：乌龟吃什么呢？

生21：乌龟喜食荤腥食物，小龟以荤为主，大了可以吃些素的，一般可投喂小鱼、小虾、蚯蚓、泥鳅、动物内脏、蜗牛、蟋蟀、少量红肉、香蕉等。

生13：养殖过程中是否需要换水呢？

生16：当然需要换水，经常更换饲养池的水，保持池水洁净，做好饲养池的卫生，以防乌龟生病。

生14：乌龟是否像青蛙一样需要冬眠呢？

生3：我知道乌龟需要冬眠，但是不知道为什么需要冬眠。

师：这个问题问得特别好，涉及的知识点是我们下节课要学习的恒温动物和变温动物。乌龟属于变温动物，当水温降到10℃以下时，喜欢静卧水底沙石中或找个遮挡物开始冬眠。乌龟冬眠的时间一般从11月到次年4月初，当天气回暖，水温再次升到15℃时，就会结束冬眠出穴活动，当水温达到18℃到20℃时开始摄食。所以，大家推测一下，乌龟冬眠时我们需要给它们提供什么样的环境呢？

生2：我认为，乌龟冬眠的容器应该放在一个安静无光线照射的地方，在乌龟冬眠期间尽量不要去打扰它。

师：通过本节课的学习我们已经掌握了两栖动物和爬行动物的主要特征，并且通过这些主要特征可以将两种动物进行更好的区分，以走出认知的误区。这也同时告诉我们，科学是严谨的，我们不能根据自己的猜测去对待科学，要用实例和实验去证明科学。

五、对话式教学模式的运用策略

（一）实施条件

教学模式的实施条件是指能使教学模式发挥效力的各种条件因素，如教师、学生、教学内容、教学手段、教学环境、教学时间等。

1. 学生是对话式教学模式的原动力

传统教学中以教师“讲”和学生“听”为主，这样的模式虽然有一定的优势，却是以传授知识为首要目的，而对话式教学不应仅仅注重对话的形式，更要以人的发展为首要目的，教师和学生双方都是主体，为共同的目的进行交流。对话式教学也不单单注重学生掌握知识的情况，更注重推动学生积极思维，理性思维视域下初中生物学对话式教学更是如此。

（1）有备而来

学生在对话式教学模式上课前要做好充足的准备工作，为高效课堂奠定基础。对话式教学模式以交流、对话为主，这就要求学生和教师是平等的关系。人格上的独立、平等，不是领导与被领导的关系，而是合作的关系；学术思想和真理平等，学生不必不如师，教师也可以向学生学习，双方相互促进，共同探讨、研究；学生和教师双方要接纳彼此，可以对观点有不同见解，但是从内心接受彼此对高效课堂做出的努力。

要想将对话式教学模式充分应用，还需要学生具有开放的视野，不局限于教师给定的范围，主动阅读相关资料以找到更多的“突破口”。同时在做准备工作时要有问题意识，一边准备一边发现问题，为课堂上的“对话”做好前置性准备。只有准备工作做好了，在接下来的教学过程中才会有“高效”可谈。例如，学生在学习人教版生物八年级上册“人类对细菌和真菌的利用”这一节，看到“抗生素”这个概念时，除了要知道它对人类有利的一面之外，也要思考是否它对人类还有有弊的一面，通过查阅教材中“科学、技术、社会”这一板块中的“‘超级细菌’近在咫尺”，了解抗生素的滥用已经给人们生活带来了严重的负面影响。提前了解这些可以让学生在学习过程中更辩证地去看待所学知识。

（2）过程使然

关注学习过程是高效课堂的核心，在此阶段学生需要做到以下工作。在“对话”中大家会产生思想、思维、智慧火花的碰撞，将自己的想法分享给他人，同时认真倾听他人的想法和观点。此阶段的重点是要积极参与其中，为“对话”形成一种积极的氛围；学生能不断地去发现问题、提出问题，并在解决问题中发现新的问题，大家共同形成相互追问的良好学境；要进行理论探究和实践思考。生物学科作为自然科学学科，在学习过程中要秉承严谨治学的态度。在多重“对话”后再依据自己的知识积累、人生体验形成自己对知识的理解。例如，在学习人教版教材八年级上册“两栖动物和爬行动物”这一节时，学生基于已有认知会将乌龟划分到两栖动物中，认为既可以生活在水中又能生活在陆地上的动物就是两栖动物。在学习过程中，随着对两栖动物概念的逐渐清晰，学生会发现乌龟的其他特征并不符合两栖动物的主要特征，然后会逐步地利用实例来验证“乌龟属于两栖动物”这句话的真实性。有学生通过青蛙和乌龟都是卵生的判断它们是同类动物，其他学生会反问鱼类也是卵生为什么不属于两栖动物；有学生会发现两栖动物将卵产在水中，而乌龟将卵产在陆地上；有学生会发现青蛙用肺呼吸的同时需要皮肤辅助呼吸，而乌龟不需要皮肤辅助呼吸。通过学生之间的相互追问和推敲，使得“乌龟属于两栖动物”这个概念逐步瓦解，建立新的概念——“乌龟属于爬行动物”。

（3）收获丰富

对话式教学模式可以使学生的各种能力得到发展。从显性角度来看，通过“对话”这种交流方式可以使学生的对话能力得到提升。尤其对于那些性格上内敛的学生来说，前期是被动与老师、同学交流，后期随着提问能力的发展，可以化被动交流为主动提问。从隐性角度来看，在发现问题、提出问题和解决问题的过程中有利于学生创造性和生成性思维的培养。因为只有认真思考他人的问题才能从中提出自己的疑问，反之完全认同他人的想法就无法发现问题。

所以，这样的过程能刺激学生的大脑根据已有认知主动构建事物而非被动接受事物，从而必定有新的东西产生。

对话式教学模式的目的是让学生可以利用教材却不局限于教材，甚至超越教材，以实现主观能动性的发展。在“对话”后要进行自我反思，总结自己的不足，学习他人的优点，“取其精华，去其糟粕”地完成自我知识的建构。唯有这样的“对话”才是有效的对话，才是有意义的对话。

2. 教师是对话式教学模式的加速器

传统教学模式是教师一个人传道授业解惑，而对话式教学模式中教师的角色是多样的。

（1）教师是“合作者”

在对话式教学模式中，教师和学生双方是主体，双方为了共同目的而交流，是一种合作的关系。教师和学生在人格上是独立的、平等的，在学术思想上没有高低之分，只有先后的区别，追求真理是教师和学生共同的目标。教师应该做到谦虚，相信学生，接受学生的观点，与学生共同确立有价值有意义的问题，与学生共同解决问题，与学生共同克服遇到的种种困难。

（2）教师是“先行者”

虽然对话式教学模式是以“对话”的形式展开的，但是在“对话”前教师要做好充分的准备工作。例如，教师要将教学内容进行整合、丰富或者减少。教师要对课程进行开发，在模式开展的初期可以进行内容节选，“先点后面”循序渐进进行，当模式基本成熟后，可以进行模块化、系列化知识的学习。教师要注意将理论和现实进行有机结合，使得生物学学科核心素养的几个维度得到良好贯彻。最重要的是教师要做好充分的备课，用“要想给学生一碗水，自己就得有一桶水”的陈旧思想已无法应对新模式下的课堂，教师应该做的是“要想给学生一碗水，自己要成为一眼活泉”。例如，可以将人教版八年级上册第五单元第一章第三节的“软体动物和节肢动物”与人教版八年级下册第七单元第一章第二节“昆虫的生殖和发育”组合为一个板块进行教学，将人教版八年级上册第五单元第五节“两栖动物和爬行动物”与人教版八年级下册第七单元第一章第三节“两栖动物的生殖和发育”组合为一个板块进行教学，将人教版八年级上册第五单元第六节“鸟”与人教版八年级下册第七单元第一章第四节“鸟的生殖和发育”组合为一个板块进行教学。

（3）教师是“导演”

教师在对话式教学模式的课堂上不再是“主角”，而是“导演”。教师要起到点拨作用，在“对话”过程中学生难免会遇到困惑，教师要适时进行指导以辅助学生突破问题；在学生有一些问题出现时，教师要及时地纠正错误，以保证“对话”有效进行；同时教师要起到激励作用，通过创设情境等方式充分调动学生的积极性，激发学生对教材强烈的探究欲望，在学生迷茫的时候给予学生肯定与激励，让学生披荆斩棘继续前行。

（4）教师是“主持人”

有人说在一场会议上，主持人起到穿针引线、承上启下的作用，就如同珍珠项链，表面的荣耀被珍珠掩盖，但是主持人是那根离开了就会散掉的线，因此可以看出主持人的重要性。而在教学过程中，教师就起到了主持人这样的作用。将课堂还给学生，教师选择做一根默默无闻的“线”，可是教学过程中少了这根“线”可能又会杂乱无序，效率低下。因此教师要起到引导作用，教师的阅历和经验相对学生来说丰富一些，在整个“对话”过程中要负责把控方向，使学生的“对话”能够有效进行，引导学生发现结论中的疑点以进一步“对话”。在每个阶段性“对话”结束后，教师还要进行点评和小结，以使知识清晰明确。

（5）教师是“反思者”

教师要不断对自己的教学进行反思和评价，分析其中的不足，提出改进方案；另外，教师还要从事一些与自己的教学有关的科学研究，从理论上提高自己的业务水平。一名成功的教师一定是一名善于不断自我更新观念的学习者。教师只有在及时地汲取当代最新教育科研成果的基础上，在学习、实践中完成自我知识的建构，才能立于不败之地。例如，作为一名初中生物教师，不仅要将本学段的知识掌握好，还要了解高中生物的教材，以便在教学过程中做好初高中衔接。教师也要了解一些大学教材中相关的知识及最近学科技术的手段，从而为教学起到更好的辅助作用。另外，教师不能只是熟悉本校使用的生物学教材版本，为了更好地在课堂上渗透知识，需要同时了解其他版本的教材是如何编排的。

3. 材料是对话式教学模式的助推器

对话式教学模式如果想要达到良好的效果，拓展材料的作用不可忽视，同时对材料的要求也提出了更高的要求。材料的内容以开放式为主，没有唯一标准，对课本知识相关内容都可以起到辅助作用；材料的内容要进行合理的优化，简单的内容可以让学生自学完成，重点内容和难点内容作为课堂上“对话”的重点，化繁为简地使材料可以被充分利用；材料的展示形式不局限于文字形式，可以多种多样，如图片、视频、音频、幻灯片等。

总之，每种教学模式都有各自的优势与弊端，建议教师将多种模式合理搭配，以保证高效课堂的真正落实。

（二）对话式教学模式的适用内容

初中生物学从课程性质上来讲属于自然学科中的基础学科，学生在接受义务教育阶段的生物教学后，能提高自身的科学素养。因此，学生在学习中，不仅要掌握知识，更要亲身感受科学发现的过程，作为探究的主体参与问题的解决。通过对初中阶段生物学课本的筛选，对话式教学模式在初中生物学中适用于以下课题（表3-4-2）。

表3-4-2　对话式教学模式适用课题表

课本	课题	概念
人教版七年级上册	生物的特点	生物的特点
	生物与环境的关系	生物对环境的适应和影响
	植物细胞	制作并观察植物细胞临时装片
	动物细胞	观察人的口腔上皮细胞
	细胞的生活	细胞核是控制中心
	藻类、苔藓和蕨类植物	藻类、苔藓、蕨类植物生活的环境、特点及其作用
	种子植物	区分裸子植物和被子植物
	绿色植物与生物圈的水循环	植物的蒸腾作用
	绿色植物是生物圈中有机物的制造者	有机物用来构建植物体
人教版七年级上册	光合作用吸收二氧化碳释放氧气	光合作用原理在农业生产中的应用
	绿色植物的呼吸作用	绿色植物呼吸作用的过程

续 表

课本	课题	概念
人教版七年级下册	人类的起源和发展	从猿到人的进化
	青春期	青春期的身体变化和心理变化
	消化和吸收	食物的消化
	呼吸道对空气的处理	呼吸道的作用
	发生在肺内的气体交换	肺与外界进行气体交换时各结构的变化
	输送血液的泵——心脏	血液循环的途径
	人体废物的排出	尿的形成和排出
	人体对外界环境的感知	视觉的形成、听觉的形成
	神经调节的基本方式	区分简单反射和复杂反射
	激素调节	多种激素的产生及作用
人教版八年级上册	腔肠动物和扁形动物	认识腔肠动物和扁形动物
	线形动物和环节动物	认识线形动物和环节动物
	软体动物和节肢动物	认识软体动物和节肢动物
	鱼	认识鱼类
	两栖动物和爬行动物	认识两栖动物和爬行动物
	鸟	认识鸟类
	哺乳动物	认识哺乳动物
	动物的运动	动物运动的产生
	先天性行为和学习行为	区分先天性行为和学习行为
	细菌和真菌的分布	区分细菌菌落和真菌菌落
	细菌	细菌的形态和结构
	细菌和真菌在自然界中的作用	举例说明细菌和真菌在自然界中的作用
	人类对细菌和真菌的利用	人类在生产生活中对细菌和真菌的利用

续 表

课本	课题	概念
人教版八年级上册	病毒	病毒的结构和繁殖，病毒与人类生活的关系
	保护生物的多样性	生物多样性面临的威胁及其原因，保护生物多样性的主要措施
人教版八年级下册	植物的生殖	区分有性生殖和无性生殖，无性生殖的应用
	昆虫的生殖和发育	区分完全变态和不完全变态
	基因控制生物的性状	辨别相对性状
	基因在亲子代间的传递	基因、DNA和染色体之间的关系
	基因的显性和隐性	孟德尔的豌豆杂交实验
	生物的变异	认识变异及引起变异的原因
	地球上生命的起源	推测生命的起源
	生物进化的历程	探究生物进化的历程
	生物进化的原因	自然选择
	免疫与计划免疫	人体的三道防线，免疫的功能
	用药与急救	了解多种急救方式
	选择健康的生活方式	了解健康的生活方式

第五节 学案导学教学模式

一、学案导学教学模式概述

（一）定 义

《中国教育改革和发展纲要》提出，基础教育“要由‘应试教育’转向全面提高国民素质的轨道”。因此，我们的教育必须完成从应试教育向素质教育的真正转轨，随着新的课程标准的实施，新课改对课程的性质、功能、内容、实施以及评价都进行了重新定位。新课程强调教学过程是师生交往、共同发展的互动过程。在教学过程中要处理好传授知识与培养能力的关系，注重培养学生的独立性和自主性，引导学生质疑、调查、探究，在实践中学习，使学习成为学生在教师指导下主动的、富有个性的过程。课堂教学改革势在必行，20世纪末，我国许多学者为了对课堂教学模式进行改革，更好地促进素质教育的实施，真正解决教与学的矛盾，在“导学”式的基础上提出了构建学案导学教学模式，并对课堂教学的改革与发展起到了一些积极的作用。

学案导学教学模式是我国特有的教育国情下的一个本土化的教育模式，对这一问题的研究起始于2000年左右，在2010年以后呈现蓬勃发展的趋势。导学案是教师根据课程标准、教学要求和学生原有的学习经验，站在引导学生自主学习的角度，对教材深度发掘后编写的，适合学生每节课自主学习的文本。也就是说，导学案是教师在学习理论、教学理论的指导下，依据教学目的和学生认知结构的特点，以课时或课题为单位，把教材严谨的、逻辑性极强的、抽象的知识“翻译”成学生能读懂的、通俗的、易接受的、具体的知识，帮助学生确定适当的学习目标，并给出达到目标的最佳途径。学生根据导学案去学习，减少了学习的被动性和盲目性，找到了自主学习的支点，有助于其提高自学能力，养成自主学习的习惯，从而实现减负增效的目标。

学案导学教学模式是指以导学案为载体，以导学为方法，教师为主导，学生为主体，师生共同合作完成教学任务的一种教学模式。教师利用导学案指导学生学习，教师教学的过程就是依据导学案进行“导学”的过程。教师教学的重点在于“导”，要“导”好，就需要设计好导学案。教师在深入研究教材的基础上，针对学科学习内容编制出导学案，学生根据教师设计的导学案，认真阅读教材，了解教材内容，根据导学案要求完成相关内容，学生也可以提出自己的观点或见解，师生共同努力研究学习。

导学案是实现教学思想的载体，是沟通教与学的纽带，不仅有着“导学”的作用，还有着“导教”的功能，通过学生的自主学习、合作交流、展示点评、当堂检测、复习总结，引导和培养自主学习的能力。

（二）特点

学案导学教学模式重视学习的过程，强调学法指导，能够很好地帮助学生形成学会探索、学会合作、学会交流的学习能力，提高学生分析问题、解决问题的能力，使学生体会到师生平等、生生合作交流的人文关怀，体验学习的过程和乐趣。学案导学教模式具有以下几方面的特点。

1. 体现以学生为主体的新课程理念

学案导学教学模式要求做到正确处理教师与学生的关系。在进行学案导学教学过程中，要以学生为主体，教师为主导，充分体现学生是学习主人的理念，为学生创设适合自学的条件，挖掘学生自身对学习的渴望和潜能，建立起一套适合学生自主学习的导学机制。

（1）培养学生的学习能力

学案导学要求正确处理知识与能力的关系，充分认识知识是学生发展的基础，但绝不是教育的终极目的。教育的根本目的是促进学生能力的发展和综合素质的提高。学案导学教学在传授学生知识与技能的同时，更注重培养学生的能力，树立教会学生"掌握学习的方法"比教给学生有限的知识更为重要的教学观念。

（2）落实素质教育，促进学生的终身发展

在教学过程中，要培养学生的"问题意识"，培养学生独立思考的习惯，使学生形成"善思""会学"的能力，深入研究和探索培养学生创新精神和创造能力的方法和途径，全面提高学生的素质。

2.学案导学教学模式对教师角色进行了重新定位

新课程理念强调，教学是教师与学生的交往、互动的过程，师生双方在相互交流、相互沟通、相互启发、相互补充的过程中分享彼此的思考、经验和知识，交流彼此的情感、体验与观念，丰富教学内容，求得新的发现，从而达成共识，共享、共进，实现教学相长和共同发展。学案导学教学模式对教师也提出了新的要求，在实施学案导学教学的过程中，教师应该积极转变自己的教学观念，重新定位自己在课堂教学中的角色。

（1）作为学生学习的参与者、合作者

学案导学教学模式的实施，要求教师更多地去扮演"导学"的角色。在进行教学时，教师要努力为学生创设良好的教学情境，引导学生进行探索。在实施学案导学教学时教师要设法调动学生的学习积极性，引导学生自主探索。

（2）作为课堂教学活动的组织者、引导者

在学案导学教学过程中，教师的主要功能是组织课堂教学，搭建良好的学习交流平台。在教学过程中，教师要根据教学进度，组织学生开展各项小组学习活动，如在合作探究阶段，教师可将全班学生分成若干学习小组，然后引导各小组组织自己的合作探究活动，小组中的学生可以就自学教材中遇到的问题相互探讨、讲解、交流，让学生充分发表各自的见解，之后各组可以推选出一名学生来发表各自小组的总结陈述。在整个小组讨论交流过程中，教师的组织工作做得越好，学生的学习就越有收获，学案导学教学模式就越能更有效地促进学生的发展。

（3）作为课堂活动的促进者

“学生的教师和教师的学生不复存在，代之而起的是新的术语：教师式学生和学生式教师。教师不再仅仅去教，而且也通过对话被教，学生在被教的同时，也同时在教。他们共同对整个成长负责。”在学案导学教学过程中，教师成为教学活动的参与者，教师应积极主动地参与学生的学习活动，根据教学目的和学生在自主学习、合作探究中出现的难点问题进行点拨，引导学生思考、理解消化知识。教师适时地参与一些小组的活动，引导学生的思考，不断激发学生的学习热情，探索解决问题的办法。

3. 面向全体学生，促进学生共同发展

导学案的设计体现了新的教育教学理念，紧扣教材和考纲，贴近学生实际生活，明白易懂，梯度适当，富有创新性、导向性和实践性。导学案设计分为基础知识部分、巩固强化部分和拓展创新部分，目的在于使各层次的学生都能在各自掌握的知识基础上参与并获取知识，培养学生的学习个性和习惯，使不同水平的学生都能有所发展。

4. 注重培养学生合作交流的学习意识

“合作学习”是新课改所倡导的一种教学方式，学案导学教学模式注重合作交流的学习方式。导学案强调在经过学生独立阅读、思考之后，对一些存在的问题要进行小组讨论或全班交流，培养了学生互相协作、共同进取的精神，增加了全班学生从不同层面参与学习的机会，使不同的学生在合作学习中都有所收获。

二、学案导学教学模式的理论依据

理论是构成教学模式的核心和灵魂，它决定着教学模式的方向性和独特性，它渗透于教学模式的各因素中并制约着它们之间的关系，是其诸因素建立的依据和基础。正如乔伊斯和威尔所说，“每一个模式都有一个内在的理论基础。也就是说，它们的创造者向我们提供了一个说明我们为什么期望它们实现预期目标的原则”。学案导学教学模式建立的理论基础主要基于以下几个方面。

1. 布鲁纳的发现学习理论

布鲁纳的发现学习理论强调由教师提出问题，学生根据现有的材料，自己探索性地发现知识。布鲁纳认为发现学习有助于学生掌握学科结构，培养学生的独立思维能力和习惯。在发现学习中，教师的作用主要是为学生创建发现学习的情境，激发学生的学习兴趣，给予学生信心，帮助学生建立与已有知识的联系，培养学生建立一种科学的思维模式。发现学习理论要按知识的逻辑顺序编排教学内容，它非常重视学生的知识结构以及它在学生学习中的作用。

2. 建构主义理论

建构主义（constructivism），也译作结构主义，最早提出建构主义的是瑞士的皮亚杰。他认为儿童是在与周围环境相互作用的过程中，逐步建构起关于外部世界的知识，从而使自身认知结构得到发展的。儿童与环境的相互作用涉及两个基本过程，即同化与顺应。个体儿童就是通过同化与顺应这两种形式来达到与周围环境的认知平衡的。儿童的认知结构就是通过同化与顺应过程逐步建构起来，并在“平衡—不平衡—新的平衡”的循环中得到不断丰富、提高和发展的。

建构主义理论认为，知识不是通过教师传授所得到的，而是学生在一定的情境下，即一定的社会文化背景下，借助于他人（如教师和学习伙伴）的帮助，利用一定的学习材料等，通过学习主体的“意义建构”而获得的。同时又不能忽视教师的主导作用，认为教师是学生进行“意义建构”的帮助者和促进者。建构主义流派众多，但其共同强调的是：

（1）学生是学习的中心。

（2）学习是学生主动建构内部心理表征的过程，是学生通过原有的认知结构，与从环境中接受的感觉信息相互作用来生成信息的意义的过程。

（3）学生以自己的方式建构对事物的理解，不存在唯一的标准。

（4）教学要加强学生之间的合作。

从建构主义理论的角度看，学案导学教学是建构主义理论与当前教学改革的共同产物，它的各个环节都体现出建构主义理论在教学中的实际指导和应用。

3. 有意义的学习理论

奥苏贝尔关于有意义的学习理论包含讲解教学的一个原理，他也说明应如何组织教学去讲解一门学科的结构，使学生学得更有意义，“大多数课堂学习，特别是在年龄较长的学生方面，都是有意义地接受学习”。根据奥苏贝尔的看法，有意义的学习的前提条件有两个：第一，有意义的学习只能发生于具备有意义学习倾向的学生，即表现出一种以恰当意图，在新的学习内容之间建立联系的态度；第二，就是把新的学习任务（生物概念、原理）与先前学过的生物结构联系起来（以一种有意义的方式），就能够把新的材料同化到旧的智力结构中去。任何学习只要符合以上两个条件，都是有意义的学习。认知结构是指学生已有知识的数量、清晰度和组成情况，由学生能够立即回想起来的事实、概念、命题、理论等构成，所以，导学案的设计，体现了增强学生的认知结构中与新知识有关的概念，不断促进学生对新知识的学习。

4. 最近发展区理论

维果茨基的“最近发展区理论”认为，学生的发展有两种水平：一种是学生的现有水平，另一种是学生可能的发展水平，两者之间的差距就是“最近发展区”。教学应着眼于学生的最近发展区，为学生提供带有一定难度的内容，调动学生的积极性，发挥其潜能，超越其最近发展区而达到一定的水平，然后在此基础上进行下一个发展区的发展。“发展的过程就是不断把最近发展区转化为现有发展区的过程，即把未知转化为已知、把不会转化为会、把不能转化为能的过程。”要做到这点，就必须如奥苏贝尔说的，要了解学生的认知结构，也就是教师在教学前首先要了解学生已经掌握了什么，要对学生的知识有底，如此，才能在这个基础上，让学生走向最近发展区。

5. 尝试教学理论

尝试教学理论的基本观点是：学生能尝试，尝试能成功。尝试教学理论的实质是让学生在尝试中学习，在尝试中成功。它改变了传统的教学方式，不是先由教师讲解，把什么都讲清楚了，再由学生做练习巩固知识，而是先由教师提出问题，学生在掌握旧知识的基础上，自学课本和互相讨论，依靠自己的努力，通过尝试练习初步解决问题，最后教师根据学生在尝试练习中的难点和教材的重点，有针对性地进行讲解。在现代的教学条件下，该种教育理论能把教师的主导作用和学生的主体作用有机地结合起来，使学生的尝试活动不断取得成功。尝试教学是一种特殊的尝试活动和教学活动，它有教师的指导，是有指导的尝试；学生尝试任务主要是解决教师根据教学内容所提出的问题，完成教材中一定的教学目标，而导学案是按照由浅入深、循序渐进的原则编排的，这就为学生在原有的知识基础上尝试解决新课题创造了条件。

6. 素质教育理论

《中共中央国务院关于深化教育改革，全面推进素质教育的决定》指出："实施素质教育，就是全面贯彻党的教育方针，以提高国民素质为根本宗旨，以培养学生的创新精神和实践能力为重点，造就有理想、有道德、有文化、有纪律的德智体全面发展的社会主义建设者和接班人。"由此提出了"素质教育"的概念。素质教育不仅是一种教育模式，也是一种现代教育思想，具有以下几大基本特征：①全面性和全员性；②主体性；③个体差异性；④创造性。

为了体现素质教育的特点，我们必须对以往的教学模式进行全面改革。以往的教学模式下，学生主要是在教师的指导下消极被动地学习，学生一般没有自己选择的余地，常常依赖教师从事学习活动。在这个过程中学生所学知识不能转化为学生的基本素质，这是与素质教育背道而驰的。学案导学是让学生"主动学习、深刻理解、积极思维"，从而能对记忆持久性产生影响的教学模式。此教学模式下，学生在教师的激发诱导下，自己积极主动地探求知识，此教学模式强调学生的学习兴趣，让学生体会到学习的乐趣，从而全身心地投入探求知识的活动中，学习由被动变主动，由消极变积极，由被迫变成自愿。当然，尽管初中生思维有较大的发展，但分析判断能力还不够成熟，不能放任自流，因此还需要教师的有力指导。

三、学案导学教学模式的教学目标

教学目标是教学模式中的核心因素，决定着模式的操作程序、师生活动及评价标准等。学案导学教学要实现"三维目标"：在培养学生能力方面，做到使学生能力和意识全面发展；在育人目标上，发挥学生主体作用，提高学生能力，培养学生良好的学习品质和习惯，具有创新精神和能力，实现学生整体素质的提高；在工作目标上，提高生物教师素质，培养具有教育科研能力的新型教师。学案教学模式努力实现“教为主导和学为主体、学会与会学、个性发展与全面发展”的统一，最终目的是带来教师和学生的共同发展。

学案导学教学模式应努力实现以下目标。

1. 引导学生自主学习知识

在传统的课堂中学生习惯了被动地接受，对于知识的掌握以背诵为主，没有真正参与课堂教学。现代课程理念要求学生自由参与课堂活动、独立思考、自主探索。学案导学教学模式有利于让学生在“导”中积极参与，投入课堂教学，发挥学生的主观能动性。

2. 驱动学生自觉完成任务

教师在教案与导学案之间进行探索和研究时，应将关注点从“教学目标”更多地向“学习目标”转移。导学案的编制原则是以学习任务为活动中心，以学生认识水平为活动载体，以提高学生能力为目标。

3. 提高学生的探究能力

学案导学教学模式是以学生自主探究为基础的教学模式，导学案的设计应注重学生探究能力的培养，以达到提高学生核心素养的目标。

4. 培养具有合作精神的人

学科教学不能以知识落实为唯一目标，更应注重培养全面发展、人格健全的人。具有合作精神是对未来人才的必然要求，在学案导学教学模式中也应着重以小组探究、多元评价的方式提升学生的合作能力。

5. 促进师生间的交流、学习

导学案是教师个人与集体共同的智慧结晶，导学案的设计编写极大地促进了集体备课，教师之间增强了合作交流意识，并形成了研讨问题和自我反思的教研氛围；学生之间因小组合作、共同评价等方式实现了共同学习、相互促进；导学案的设计和使用促进了师生间的交流沟通，有利于顺利完成教学任务。

四、学案导学教学模式的操作程序

（一）学案导学教学模式流程图

学案导学教学模式的教学流程如图3-5-1。

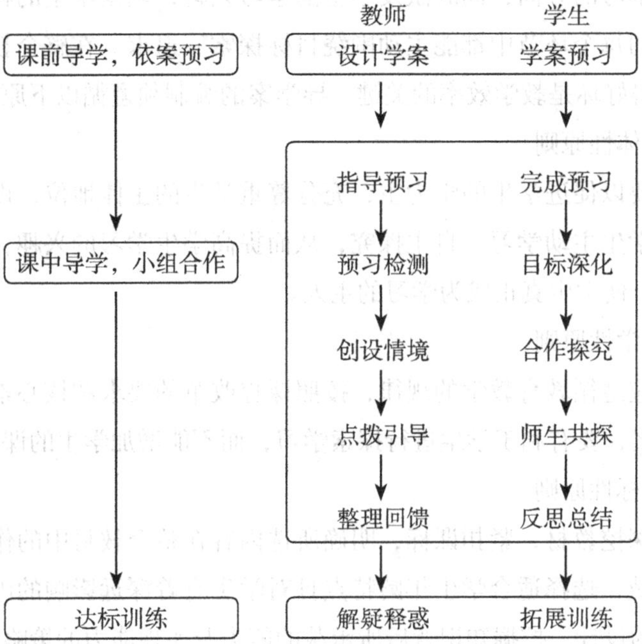

图3-5-1 学案导学教学模式教学流程图

（二）基本环节

1. 依案预习，课前导学

导学案是高效课堂的前提，教师要依据教学的目标，教学的内容，学生的认识水平、知识经验、学法特点、心理特征等设计，为指导学生进行主动的知识建构而编制，供学生在学习中使用。它不是教师使用教案的学生版，它是学生学习思维的路线图，通过学案导学，学生不仅了解到我要学什么而且明白学什么、怎么学、学得怎么样。它也不是简单的练习册或者试题册，它是以学生为主体而设置的一种导学方案，它的导向是调动学生学习的主动性和思维性，对提高学生学习能力大有裨益。

采用导学案教学，教师由单一角色变成多个角色：由满堂灌输者变成学生学习的引导者，从被动教育者转变为创造性教育者，改变了教师教的方式，也改变了学生学的方式。学生成为课堂的主体，学习是舞台，它们可以自由地交流，展现不同观点和疑问，在思维的碰撞中从不同走向一致，再从一致走向各异。导学案最大的功能是导学，要立足于学生课前预习、课中交流互动、课后延伸拓展进行精致的设计，在“导”字上狠下功夫，使学生在上课开始就明确学习目标和学习的方向，同时激发学生的学习兴趣，调动学生的积极性，促使学生在以后的每个环节中都能主动围绕目标探索、追求。在整个教学过程中，导学案设计得好坏是教学效率的关键。导学案的编制须遵循以下原则。

（1）主体性原则

导学案要以促进学生的学为主，充分尊重学生的主体地位，设计要安排充足的时间让学生主动学习、自主探究，从而提高学生学习的兴趣，调动学生学习的积极性，使学生真正成为学习的主人。

（2）科学性原则

导学案应遵循教育教学的规律，按照课程改革的要求和核心素养目标的达成来设计学案，要有利于学生进行探索学习，而不能增加学生的课业负担。

（3）目标性原则

教师要深挖教材，紧扣课标，明确所选内容在整个教材中的作用、地位，搞清拓展领域，选择适合学生年龄特点且对学生有着深远影响的内容，做好学生成长能力的设计，挖掘知识背后所承载的能力及实现能力的策略和方法。

（4）整体性原则

教师要根据上课安排分课时进行设计，这样学生更加明确每课时学习的重点和难点，更能体现课时内容的目的性、条理性、系统性，最大限度地提高课堂的有效性，即使是分课时设计导学案也要注意从整体上构建知识的体系，注意前后的联系，突出重点——区分哪些是能力的训练，哪些是思维的锻炼，还要注意单元整体性设计的需求。

（5）层次性原则

教师在设计导学案的时候，要注意按照学生思维螺旋式上升的特点将凌乱无序的知识和难易程度不同的学习内容整理成层次清楚、分类有序的学习方案。导学案的层次，要引导学生由浅入深，由简入难，层层深入地认识教材、理解教材，引领学生的思维不断深入。还应该注意考虑不同层次学生的学习需求，因层制宜，因人制宜，让每个学生都能尽可能地从中获取学习的机会，调动学生的积极性，提高学生的自信心。

（6）差异性原则

生物课内容不同，班级的学情不同，设计导学案的形式内容、设计重点都应该有所区别。单一、枯燥、缺少变化和创新的导学案无法起到想要或应有的作用。所以教师一定要根据不同的情况，创造性地设计出符合学情、班情，有效并新颖的导学案。

（7）问题性原则

教师在设计导学案中的问题时，要注意突出学科特点，精心研究课标要求，重点突出，难易适中，切实引导学生自学、讨论，拒绝简单化、习题化。设置的问题要考虑学生的认知水平和理解能力，由浅入深，小步伐、低坡度上升，把知识点设计成一个又一个具有探索性的问题点、能力点，通过对知识点的设疑、质疑和释疑，激发学生主动思考，培养学生善于思考的能力，并通过问题情境的设置让学生学习的过程具有外显性，为学生创造深度学习的机会。学生在解决一个个小问题的同时逐步发现大问题也可以迎刃而解，或者学生自己不能解决时在同学和老师的帮助下，通过发现问题、提出问题、分析问题和解决问题体会到成功的喜悦，进一步调动学生求知的积极性，使学生更加深刻地了解知识的产生和获得过程。

（8）及时性原则

导学案要提前编制，提前下发，有指导，有要求，有收有批，有评有究。要对当下出现的一些社会热点问题给予关注，也要对学生学习过程中出现的盲点和学法等问题进行深入的研究，及时有效地对教育教学工作进行调整。

（9）创新性原则

教师要注意开放性问题的设计，创设与固有思维有矛盾冲突的场景，或者能培养学生情感、态度与价值观的问题，提高学生解决实际问题的能力，让学生思维更开阔，视野更宽广，解决问题的方法更多，这样才能进一步发挥学生的能动性，学生的思维不受限，才能在探索中不断创新。

（10）反思性原则

导学案的设计在实际的使用过程中要注意反思，成功的经验要继续保留并发扬光大，不好不当之处要组织备课组和教研组精心分析和研究，寻找问题解决的方法以便更好地使用。要努力让导学案的内容决定形式，形式服务于内容，体现教学的灵活性。

2. 指导预习，完成预习

（1）教师活动

①分组。

按照优劣互补的原则，将不同层次的学生以4人为单位划分成一个小组，每个小组设立小组长和副组长2个岗位，组长的候选人要求有责任心，学习有方法，成绩相对突出，能带领本组成员争当全班学习最佳小组。小组长是全组的核心，负责主抓小组与生物学科相关的事务，要有担当，并且要有能力和方法不断激励自己的组员勇于为组争光。副组长要全力配合小组长履行自己的职责，并及时给予组长适宜的建议，帮助小组长更好地管理小组并促进小组成员更上进，表现更出色。小组长缺席，副组长要全权代替小组长执行所有职权。两位组长每人各带一位“徒弟”，在组内开展良性竞争，促使组内同学努力学习，不断上进。组员进步组长也有荣誉。组长要负责提醒每一位组员课前准备好下一节课要使用的教材、导学案和文具等。提前预习导学案，回顾所学的内容，组织成员每节课确定小组目标和每个人的个人目标，确保课堂上组员能够大胆展示自我，踊跃参与点评，争当最佳小组和班级最佳学习个人，为自己争光，也为小组争光。

②指导预习。

教师要有效地组织学生课前预习，课前充分的预习是高效课堂顺利进行的前提和保障，对教材的预习越充分，对导学案越熟悉，课堂的效果就越好。教师要指导学生利用课前10~15分钟的时间自主学习，认真钻研教材，查阅相关材料，静心思考课本内容，在此基础上完成导学案。不会或者看不懂的内容要标注记号，找出难点和疑点，明确本堂课所学的重点，提高课堂学习的针对性和有效性。预习的过程中，要组成学习小组，小组的组长要做好调控和组织工作，组织同学进行简单讨论。教师还要认真检查每位学生的导学案，确保自学的效果和质量。此环节实现的前提是，教师要详细批阅每位学生的导学案，针对学生预习过程中遇到的种种问题，科学设计学习的目标，设计课堂上学生需要讨论的问题和展示的内容，预测学生展示和点评过程中可能出现的问题，并设计检验相应的检验目标是否达成的检测题目。在这个过程中，教师要做好充分的准备，要考虑到课堂上的每个细节，熟练驾驭课堂，也要多设几个预案，灵活处理课堂新生成的问题，并在课前培训好小组长，让他们成为教师的得力助手，成为课堂教学组成中重要的部分。教师抓住了这个重要环节，良好的课堂就有了有力的保障。教师要高度重视小组长的培训工作，要让他们了解这堂课的整体设计、目标要求，如何组织小组讨论，讨论哪些问题是重要问题，小组要推选哪些同学进行课堂的展示和点评。课前的培训既是培养学生学习的过程，也是因层制宜、因人制宜理念的体现，有利于学生学习能力和组织能力的培养。教师要高度重视，并确保每节课前都要有培训，保证培训的效果，提高培训的效率。还应注意改变培训的方式，既要少占用学生学习的时间，又不能走过场不注重效果。

（2）学生活动

学生按照教师要求认真完成预习。学生利用课前10～15分钟的时间根据导学案完成预习，掌握预习的方法和老师的要求，明确本节课的教学目标，并根据教学目标来确定自己的学习目标，培养良好的预习习惯。首先要明确教材的编排顺序和设计意图，回顾教材中哪些知识是已经学过的，哪些是还未学过的。遇到不懂、不理解和有疑问的地方，可以用记号笔及时做好标记。在此基础上再做导学案，导学案做完要及时上交。这个过程教师一定要要求学生独立完成，不讨论，不对答案，不抄袭，认真审题，认真作答，规范作答。导学案上有疑问的地方也要做好记号，课前可以在小组内进行简单的交流，能组内解决的尽量组内解决，解决不了的可以在课堂上和同学讨论，或者向老师提问。这样既能解决生物课一周课时少、容量大的矛盾，又能为学生留下充分思考的时间。学生清楚老师上课会提出的问题，做到心中有数，有备而来，并能把预习过程中产生的疑问和困惑带到课堂，使课堂真正成为师生互动、解疑释惑的场所。

（3）设立和培养教师的助教

从学生中进行选拔和培养，设立教师助教岗位，助教要有高度的责任心并热爱生物这门学科，要及时了解班级小组同学的预习自学情况，并及时收集同学们反馈的意见，为老师指出哪些地方是同学们自学过程中遇到的问题和疑惑等。导学案中是否出现问题，有哪些成功之处，学生期待用什么形式进行课上的学习，用什么方式来评价，如何奖励，等等。另外，助教要积极组织各小组组长参与课前培训。学生只有真正认为学习是自己的事情，才可能有高度的责任感，高效积极地参与课堂学习。基于此，教师要通过适合而有效的措施激励和鞭策学生不断挑战自己，向更高的目标发起冲击，从而让每一位学生都能以学习的主人的身份积极投入学习。为了达到这个目标，学生要积极响应老师的安排，完成老师布置的任务，并积极向老师提出合理的建议，帮助老师为课堂保驾护航，优化教学方案和过程。对于课前培训人员，还应该实行轮流制，确保班上每一位学生都有组织、指导、帮助和监督其他同学的机会，增强学生的荣誉感和主人翁意识。

（4）预习的基本成果

学生初步形成本部分内容的学习目标，明确学习的重点和难点，把握本部分内容的基本框架和相关的知识，能够自己解决所给出的问题。经过预习发现学生存在的共性的问题，经过整合带到课上展示，在检查预习环节和生生互动、师生互动环节集中解决。学生通过预习不断提高自己的学习能力和自主性，培养独立思考的意识和小组合作的意识，不断提升合作、包容的良好品质。

3. 教师课中导学，学生小组合作

（1）教师活动

① 预习检测，目标深化。

备好课，设计出学生不清楚的问题的解决方案。课上展示学生的预习成果，及时进行评价。评价的内容可以是学生预习的态度，预习的完成度和正确率，书写的情况，表现出来的情感、态度与价值观，等等。评价的形式可以多样化，可以是口头的鼓励褒奖，可以是同学们热烈的掌声，也可以进行评比并开展竞赛，设置一定奖项，激励学生认真参加，提高学习的效率。对于一些要抽背的内容也可设置一定的比赛鼓励学生积极参与，尤其对中下层的学生，教师应该为他们提供更多有效参与课堂的机会，让他们体会到成功的喜悦，提高他们对生物学科的自信心，能够让这部分学生对这门学科建立良好的学习态度和习惯，这有利于他们成绩的提高和建立持久的动力。预习检测的过程还有一个重要的目标就是帮助学生进一步明确本节课学习的目标是什么、怎样确定自己的目标已经达成、如何评价自己目标达成的过程。基于此，教师必须营造合适的情境，引发学生就预习的问题产生深入的思考，并获得进一步想要探究获知的欲望。

②创设情境，合作探究。

《义务教育生物学课程标准（2011年版）》要求，“生物教学活动，课堂教学应激发学生兴趣”“鼓励学生的创造性思维”“生物教学应根据具体的教学内容，从学生实际出发，创设有助于学生自主学习的情境，不断提高学生自主发现问题、提出问题、分析问题和解决问题的能力，实行启发性教育”“创设情境，设计问题，引导学生自主探索，合作交流”。生命科学是研究生命现象、生命活动规律以及人类认识生命世界的思维方式和探究过程的一门科学，其所有的知识实质上都是在回答生命世界中是什么、为什么以及怎么样的问题，因此生物教师传授生物知识实质上就是帮助学生回答生命世界中的这些问题。同时，学生理解这些问题之后的一个重要的表现就是能够应用所学的知识去解释生命世界的这些问题。所以从帮助学生解决问题的角度设计课堂教学，有针对性地设计教学活动，引导学生通过自己的思考回答这些问题，帮助学生实现对所学知识的深入理解。学习情境既是学生学习活动开展的依托，又能体现知识发现的过程，还能为学生提出问题、分析问题和解决问题提供相应的信息。情境创设是有意义学习的条件，应用情境教学可以丰富生物课堂，快速吸引学生的注意力，激发学生学习兴趣，最靠近学生的“最近发展区”，使学生能够在课堂中充分调动情绪，活跃思维，提高动手和自主探究的能力。

情境创设的原则是契合学生学习目标，关注学生的主体体验，提高实施过程和方法的科学性，采取丰富而多样的形式，重视灵活性和创新性。

创设情境时教师要根据实际情况随时进行调整，可以使用的情境创设方式有：

一是以生活现象作为学习情境。生活中各种现象中包含着各种丰富的学习资源，学生易于接受，感受深刻。这种方式从学生已有的生活经验出发，教师要创设与此阶段学生认知水平相符的生活情境（太难不利于活动开展，太简单又不利于学生思维锻炼也无法引起学生的求知欲），如后附课例中，鱼类可以在水中自由自在地生活，为什么人不可以？从而引发学生强化对鱼类适于水中生活的特征的理解。教师通过创设真实而复杂的情境，让学生将知识与生活实际联系起来，这样知识才具有迁移性，具有迁移性的知识才能让学生触类旁通，使学生具有解决类似问题的能力，从而促进学生核心素养的养成。

二是以实验现象作为学习的情境。生物实验是生物学科的重要组成部分，教师可以通过演示实验或者分组探究实验，让学生在亲自观察和亲自动手实验的基础上，思考现象发生的来龙去脉，有利于学生兴趣的培养和思维活动的调动。如后附课例中通过实验观察鱼类适于水中生活的特征，并通过对比金鱼和泥鳅的不同特征，让学生不但理解了鱼类适于水中生活的一般特征，而且进一步发现由于生活的环境不同，不同的鱼类也会有不同的特征，从而建立生命与环境相适应的观念。

三是以模型作为学习的情境，通过虚拟和实际的模型帮助学生构建生物学的相关概念，如讲到细菌和病毒时可以通过自制的细菌和病毒模型，营造学习情境，引导学生产生探究的欲望，或者提供学习情境开展让学生按照课本图片自制细菌和病毒模型的探究活动。这不但能激发学生学习的热情还能通过活动让学生自主发现问题、分析问题和解决问题。对于动态发生的过程还可以通过动画或者视频展示过程，引发学生思考并提出问题，最终解决问题，提高能力。

四是以类比的方式作为学习的情境。有的教学内容对于初中生来说比较复杂，很难用语言解释清楚，这时需要教师通过类比的方式进行情境的创设，引导学生通过对比分析，利用图形和表格的形式，归纳总结出异同点，提高学生分析解决问题的能力。例如，通过给汽车的发动机加油类比生物体内的线粒体和有机物，从而加深学生对生物知识的理解。

五是以生物学史、科学家的故事、动植物的趣闻等作为学习的情境，通过故事激发学生强烈的学习兴趣，如生物科学史是生物科学家们发现问题、解决问题的一部史诗，生物学科学史为创设情境提供了绝佳的学习资源，如在“甲状腺激素的产生与作用”这一知识点的教学中，甲状腺激素的发现有这样一段历史，“科学家为了研究甲状腺的功能，破坏了蝌蚪的甲状腺，发现蝌蚪停止了发育，不能发育成蛙。科学家在饲养缸的水中放入甲状腺激素，发现被破坏了甲状腺的蝌蚪又发育成蛙，但蛙只有苍蝇大小”。在此基础上，笔者问了三个问题：①为什么切除甲状腺后，蝌蚪就停止了发育？②甲状腺激素产生的部位是哪里？③它有什么作用？通过这一生物科学史的三个问题，学生能够很快地分析得出甲状腺激素的产生及其作用。这个过程可以让学生体验当初科学家曾经经历的困境。体验类似的心理冲突，可以帮助学生了解知识的来龙去脉，感受知识的产生和发展过程，有利于学生的知识从感性到理性的飞跃，增强学生解决复杂问题的自信心。

六是根据学生的认知心理，创设矛盾型学习情境。皮亚杰的建构主义认为，学习者只有在特定问题的情境下仔细思考才会产生有意义的学习。认知的矛盾情境包括学生学习过程中产生的不同意见和看法所引发的矛盾冲突和激烈辩论，还有与原有旧知识经验相矛盾的新知识经验，如茎是植物的营养器官，但为什么有的植物的茎可以用来繁殖？这时学生就会质疑原有的知识，从而引发认知的冲突，激发探究新知的欲望。也可以利用已有的知识顺势引导创造矛盾情境，激发学生兴趣，从而有利于问题的解决，如讲授后代染色体的数量保持不变的过程，实际过程在形成精卵细胞过程中染色体会先减半从而使后代染色体数量保持恒定不变，但是学生初次学习容易形成定向思维，认为染色体数量的变化是简单的加法，精子和卵细胞与体细胞具有相同数量的染色体，即后代染色体数量是精卵细胞传递时染色体的叠加，后代染色体数量应该加倍，而不是保持不变。学生在此有疑问，怎样才能保持不变呢？精子和卵细胞中的染色体数量是否和体细胞一致？等等。学生在自相矛盾的过程中以己之矛，攻己之盾，激发内心强烈的矛盾冲突，有利于思考的深化，不知不觉加深了对知识的内化。再如讲消化和吸收的过程，胃能分泌强酸性物质盐酸，强酸可以溶解很多物质，并对很多物质产生腐蚀性，但为什么胃自己本身没有被自己溶解掉呢？通过上述方式学生认知心理创设的矛盾冲突大大调动了学生的积极性和创造性。

此环节中通过创设的情境，组织学生通过小组合作学习、自主探究发现新的问题，并针对自主预习过程中所产生的疑惑进行小组讨论交流。学生参与度高，思维活跃，并在小组活动中积累经验，取长补短，形成丰富的学习经验。

③点拨引导，师生共探。

在教学中，教师应采用灵活有效的教学方法，注重对学生的点拨引导。所谓的“点”就是引导，所谓的“拨”就是帮助学生恍然大悟，明了自学中的疑问，明了老师突出问题的出发点和意图，明了小组讨论过程中产生的不同意见，帮助学生掌握规律，启迪智慧。教师可以在导学案设计中进行点拨，可以在情境创设中进行点拨，可以在自主预习过程中进行点拨，在学生共有不同见解的时候点拨，在超出学生接受的能力处进行点拨，在学生陷入困惑时进行点拨。教师在点拨过程中要进行及时有效的评价，对生成性问题和重点、疑难点进行启发、引申、拓展、追问，对知识进行深化提升。评价不但要评价知识还要评价情感态度、过程方法和语言表达等。教师的点拨引导强调从效果出发，点重点，点规律方法，点透，点到位，注重整合，要有前后的联系，要有单元整体教学的思想，要围绕三维目标和核心素养的实现集中用力，并加强对学生的学法指导。学生点评时教师也要认真倾听，做到尊重学生，使学生在被尊重的感受中体验高效课堂的魅力和精彩。对于精彩的点评，要引导学生报以热烈的掌声以示鼓励和赞扬，激发学生的学习热情。非点评的学生，教师应要求学生做好笔记，迅速记录问题要点。展示和点拨环节要尽量全员参与，严防课堂教学变成几个学生的独角戏。课堂教学要想办法创设一种安全的心理环境，让每一位学生敢于展示，勇于点评，不怕想错或者说错。

④ 整理回馈，反思总结。

教师要组织学生认真整理，反思总结当堂学习的内容，构建清晰的课堂知识网络，同时学生要对自己在课堂上的表现进行反思，明确自己的目标是否达成，还有没有未解决的问题以及下一步的改进措施。小组内和班级内在下课前要对本小组和班级内同学在学习过程中的表现进行评价，评出本节课最佳学习小组、最佳学习个人等，并号召所有同学向他们学习。

⑤ 解疑释惑，拓展训练。

教师设计选取少而精的题目，要基本涵盖教学重点并且有较高的启发性，让学生进行当堂训练，巩固所学知识，检验学习效果，明确自己是否已经达到了学习目标。题目设计要科学，有层次性，量要尽量控制在5~7道，内容应该包括当堂训练和适量拓展。拓展可以适当进行知识的迁移，如鱼类用鳃在水中呼吸，那么鱼能不能用鳃在陆地呼吸？为什么？反过来人能不能像鱼一样在水中呼吸？为什么？如果人想要像鱼一样在水中自由自在地游泳，应该怎么办？通过具有层次性的问题设置引发学生思考，将刚刚学习的知识积极应用于生活情境中，这样学生容易接受并提出自己的看法。这时教师就可以适当拓展，顺理成章抛出最新科技发现——人类鱼鳃呼吸器，由问题到深入的思考，学生很容易就能够理解新科技的原理，真正将知识应用于实际，开启学生的思维。在这个环节中教师要善于在学生与问题之间架设一座桥梁，引导学生由浅入深，从具体到抽象，由现象到本质的思考和探究，最终通过科学的推理和验证，得出正确的判断，从而获取事物的本质规律和属性，锻炼学生学习的能力和思维的深度与广度。

4. 评价机制构建

评价机制的构建是高效课堂得以实现的催化剂，是高效课堂得以顺利实施的重要保障，接下来笔者将从评价内容和原则方面浅谈学案导学教学模式评价机制的构建。

评价的内容和原则：根据教学基本环节的需求，学案导学教学模式的评价内容应该分为两个部分：一是对课前预习情况的评价，二是对课中导学情况的评价。评价的原则是学生主体性原则、科学性原则、层次性原则、及时性原则和鼓励性原则。

（1）课前预习的评价

课前预习既是一种科学的学习方法，同时也是一种良好的学习习惯。养成良好的预习习惯有利于提高听课效率。所以学生预习效果怎么样、是否达到了真正预习的目的、通过预习掌握了哪些知识、积累了哪些方法等方面，都是教师对学生预习情况进行评价应该关注到的。

课前预习情况的评价可分为三个部分：一是对学生预习案的完成情况进行评价；二是通过检查预习情况的正确率以及书写情况，如是否工整，是否有错别字，是否有知识上的错误等；三是通过抽查背诵检查学生预习消化情况，检查背诵的内容要以基础知识，或者预习学案中出现的内容为主，抽查对象应偏重中、低层次的学生。

（2）课中导学情况的评价

课中导学情况评价，教师应该按照因材施教、面向全体、公平激励的原则，针对学生学习中的困惑或者难题进行有效的预设，如根据学生的学习基础与能力，选择合适的展示点评内容，为每位学生提供展现自我价值的机会。教师对展示和点评的内容、地点、人员在课堂教学流程设计中要有科学合理的安排，并用PPT给学生展示。展评的容量根据班级层次及内容的难易程度来设置，一般不超过五个。展示内容是教学中的重难点和课堂上小组共同探究的内容，学生能够自主解决的问题不再作为展示内容。展示评价是对学生书面展示的内容的评价。书面展示要求学生迅速到达展示地点，要用白色粉笔书写，字迹工整，字体够大，概括要点；口头展示要求学生面向同学，面带微笑，站姿挺拔，语速声音适中，言简意赅并力求能够脱稿演讲。点评要在学生展示完成后再开始，点评的程序是：评对错→讲述理由→小结方法→再评书写→打分。

点评的学生也要求迅速到达点评地点，用红粉笔标注错误，然后说明理由并做书面纠正。评价时言简意赅，语言连贯，如“我不同意某某同学的观点，但是……”“我给某某同学纠正一处错误”等。学生点评遇到困难时教师要及时给予帮助，可鼓励其他学生参与点评，或让全体学生思考探究，最后教师点拨讲评。疑难问题也可由教师直接点评，重要概念形成或者原理产生过程教师应该板书示范。

学生点评出现问题时，教师不要急于讲解，应该让学生点评完毕，再引导学生去发现问题，分析问题、帮助纠正。对学生的点评教师要酌情打分，并对表现较好的学生给予表扬和鼓励。展示点评期间教师要加强对非展示点评学生的管理，巡回检查导学案完成情况，督促他们学会倾听，认真思考、提出质疑。因此课中导学情况的评价应该根据实际教学过程进行细化量化，在学习小组内设置常规考核、预习和课堂表现评价、检测与效果评价、由组长和助教共同进行打分。预习展示课堂参与和表现分等级评价由教师负责，助教负责登记加分、统计。合作学习小组的总体评价统计与公布由助教负责。一周由教师进行一次总结点评。

教学案例

第四节“鱼类适于水中生活”教学设计

一、教材分析

本节课是人教版八年级上册第五单元第一章动物的主要类群第四节“鱼”的内容，本节内容是由无脊椎动物过渡到脊椎动物的第一大类群，与前面的无脊椎动物相比，脊椎动物的结构更为复杂，进化地位更高，与人类的关系更为密切。

鱼是脊椎动物中比较低等的、种类数量最多的一个类群，也是学生学习脊椎动物的第一个类群。针对生物学学科核心素养中对结构与功能相适应的相关理解，本章节内容教学的重点为鱼适于水中生活的特征。它能加深学生对于生物与环境相适应的生命观的理解，也能锻炼学生思维，为后面学习鸟类适于飞行的特征、恒温动物适于环境的特征打下良好的方法和能力的基础。

二、学情分析

1. 知识储备

学生已能认同动物特征是与生活环境相适应的观点，也能从多方面去了解认识动物的一般特征，如外部形态、内部结构和一定的生理功能、生活环境，以及与人类的关系等。

2. 认知特征

初中学生抽象逻辑思维开始由经验型向理论化转型，思维品质独立性和批判性有了很大的发展，但也很容易出现片面性和表面性。初中也是学生观察力和概括能力发展的一个转折点。观察细节、辨别事物差异的准确性，理解事物的抽象程序均在不断发展。

3. 学生突破

学生的学习只有通过自身感知和实践才能出真知，学生思维的发展经历从一般到特殊，再从特殊到一般的螺旋前进才最有效。

三、教学目标

1. 知识目标

（1）通过直观感知、对比观察，学生能描述鱼类适于水中生活的特征。

（2）比较金鱼和泥鳅适于水中生活的不同特征，能说出生物的形态结构是与生活环境相适应的观点。

（3）观察鱼鳃，了解鱼鳃的结构特点，观察红糖水进出鳃的情况，能说出鱼在呼吸方面适于水中生活的特点。

2. 能力目标

通过小组合作探究鱼类适于水中生活的特征，提高小组合作探究的能力、动手操作的实验能力和语言表达能力。

3. 情感目标

在小组合作探究过程中培养学生乐于探索、实事求是的科学态度和团队合作的精神，培养学生爱护生命的情感。

四、教学重难点

1. 教学重点

通过观察比较，探究鱼类在外形、运动方式和呼吸方式上与水中生活相适应的一般特征。

2. 教学难点

通过“观察与思考”活动认识鱼类的呼吸特点。

五、教法和学法

教法：自主探究式、启发式、问题情境式。

学法：预习初探—情境深入—直观感知—思辨论证—类比总结—构建知识体系—体会成功的喜悦。

六、教学资源

学生用导学案（预习案+探究案+训练案）+金鱼和泥鳅+多媒体设备。

七、教学过程

教学过程包括课前导学、课中导学、当堂训练三个阶段，以小组合作学习为教学方式，导学案为学习的路线图，以自主预习、合作探究、展示点评、精讲点拨、总结反思、拓展提升、当堂训练为课堂的教学环节，突出学生的主体地位，培养小组合作的探究精神，提升学生自主学习、解决问题和整理表达的能力。

1. 课前导学

上一节下课前提前把预习学案发给学生，要求学生在规定时间内自学教材，根据预习案完成预习的内容，熟悉教材，标记疑问。教师收集助教的反馈意见，核对每位学生预习案的完成情况，组长检查落实组员的导学案完成情况并进行评价打分。

课前导学：预习案

一、学习目标

（1）认真阅读课本，自主归纳总结，能够说出鱼类有哪些基本特征。

（2）能概述鱼类特征中哪些是适于水中生活的。

二、使用说明与学法指导

（1）带着预习案中的问题认真阅读教材，不但要注意教材中的文字介绍还要结合图片进行思考和理解。

（2）回答预习案中提出的问题，并在疑惑处填上自己不懂的知识或者与鱼有关并且感兴趣的知识。

（3）熟记鱼类的基本特征。

三、认真阅读课本，总结出鱼类的形态结构和生理特点

（1）体色：背面________色，腹面________色。

（2）体形：呈________形，可以减少游泳时的阻力。

（3）体表：覆盖着________，________。

（4）鱼鳍：成对的有________和________，单个的有________、________、________。

（5）呼吸：用________呼吸。鳃的结构包括______、______、______。

（6）骨骼：体内有一条由许多的________组成的________，所以鱼类属于________动物。

四、通过鱼类这些形态结构和生理特点的分析，思考这些特征和鱼类适于水中生活有什么关系？

五、通过预习同学们还有什么疑惑吗？还有什么想进一步了解的吗？请及时记录下来，课上我们一起来讨论。

课前检测

1.“水中大世界，动物添精彩”，下列只能生活在水中，用鳃呼吸、用鳍游泳的动物是（　　）。

A. 蚯蚓　　B. 草鱼

C. 青蛙　　D. 猎豹

2. 鲫鱼不容易被敌害发现，因为它的体色是（　　）。

A. 背面深黑色和腹面白色　　B. 背面灰色和腹面黑色

C. 背面黑色和腹面灰色　　D. 背面深灰色和腹面白色

3. 俗话说“鱼儿离不开水”，这主要是因为（　　）。

A. 鱼的体形与水中生活相适应　　B. 鱼繁殖时，在水中受精和发育

C. 鱼用鳃呼吸，用鳍游泳　　D. 鱼有鳞片和侧线

课中导学：课堂流程示意图

预习检测→情境导入（3分钟）→合作探究（20分钟）→精讲点拨（10分钟）→总结反思（4分钟）→拓展提升（3分钟）→当堂训练（5分钟）

课堂流程见表3-5-1。

表3-5-1　课堂流程表

教学环节	教师活动	学生活动
课前导学 依案预习	提前下发预习案，课前对助教和小组长进行培训，组织好学生完成课前预习；收集学生预习问题和观点，针对学生问题对教学进行调整	阅读课本，自主预习，完成预习案，将学习结果反馈给组长，组长反馈给助教。 以小组为单位展开简单的讨论，自己能解决的问题尽量自己先解决，不能解决的做好笔记留到课堂上共同解决
预习检测 目标深化	从多角度展示预习成果（完成情况、学习态度、字迹是否工整等），展示学生预习的基本情况，并有针对性地点评一些问题	学生认真倾听，并对其他同学的预习成果给予评价。根据老师引导对问题进行深入理解，并通过预习检测明确本节课学习的目标是什么，还有哪些问题需要深入了解
情境导入	“天高任鸟飞，海阔凭鱼跃”，为什么鱼儿可以自由自在地在水中游泳，而人类却不行？	学生结合预习内容思考分析得出结论。鱼类形成了适于水中生活的特征，而人类没有，那么鱼类有哪些适于水中生活的特征呢？学生进而明确本节课的学习目标
合作探究 精讲点拨	1. 出示探究学案，引导学生分组观察金鱼的外形、运动和呼吸，比较金鱼和泥鳅在外形、运动和呼吸方面的异同点。 2. 播放视频资源。 3. 指导学生有序地进行观察探究，并对探究中出现的问题及时进行指导和纠正。 4. 组织学生进行展示，并对重难点进行精讲，从而更好地突破	小组探究金鱼的外形、运动和呼吸；比较金鱼和泥鳅的差异，构建生物体的形态结构与生活环境相适应的观点。 1. 各小组按照所选的观察内容进行认真细致的观察，将观察结果进行整理，填写学案。 2. 各小组交流观察结果，通过实物投影讲解金鱼的外形特征，演示金鱼的运动方式和呼吸特点。 3. 比较金鱼和泥鳅在外形、运动和呼吸方面的异同点，构建生物体的形态结构和生活环境相适应的观点

续表

教学环节	教师活动	学生活动
合作探究 精讲点拨	设计意图：通过学案导学，指导学生有目的地进行观察，避免观察的随意性；通过展示观察结果，明确鱼在外部形态、运动方式和呼吸方面与水生生活相适应的特点；通过比较金鱼和泥鳅的异同点，构建生物体的形态结构和生活环境相适应的观点	
总结反思	1. 引导学生梳理知识，形成连贯的知识脉络。 2. 德育渗透：对实验用的小鱼该如何处理？	1. 理清思路，梳理知识。 2. 整理实验装置，形成爱护生命的情感
	师生总结。鱼在外形方面适于水中生活的特点：体色背深腹浅，是一种保护色；体形流线型，适于在水中游泳；体表覆盖鳞片，表面有黏液，可以减小水的阻力，有利于鱼在水中游泳。鱼的运动方式是游泳，主要是通过躯干部和尾部的摆动以及各种鳍的协调作用来完成的。鱼的脊柱支撑着整个身体，两侧附有发达的肌肉，对运动起着重要的作用。鱼用鳃呼吸，鳃由鳃丝构成，鳃丝又多又细，含有丰富的毛细血管，增加了与水的接触面积	
	设计意图：学生通过知识梳理，形成完整的知识脉络，建构概念；通过对实验材料的处理形成珍爱生命的情感	
拓展提升	1. 教师设疑：鱼离开水后，很快就死亡了，这是为什么？在水中生活的其他动物都是用鳃呼吸的吗？ 2. 引导学生思考。 3. 出示毛笔在水中和离开水后的现象，引导学生理解鱼离开水后无法呼吸的原因。 4. 鱼类无法适应离开水的环境进行呼吸，同样人能否适应完全是水的环境？ 5. 展示科技最新发明，韩国专利制造鱼鳃呼吸器，解决了人类在水中无法自由呼吸的缺陷。拓展思维，迁移情感，加深学生对知识的迁移和运用	1. 思考并回答问题，做出自己的判断。 2. 观察教师的演示实验，理解鱼离不开水的原因。 3. 巩固所学知识，并应用于实际

续 表

教学环节	教师活动	学生活动
拓展提升	设计意图：让学生学会用所学知识解决生活中的实际问题，发散学生的思维，提升学生素质	
当堂训练	1. 出示随堂练习。 2. 错题讲解	1. 独立答题。 2. 全班展示
	设计意图：用适当的练习及时巩固所学知识，检测学生对知识的掌握程度，同时教师通过学生的展示反馈，对教学进行查漏补缺	

探究案

探究一：鱼的外形特征

看一看：

金鱼的身体分为哪几个部分？你能标注出来吗？

金鱼的外形有什么特点？金鱼体表有什么覆盖物？这些特点有什么好处？

摸一摸：

用手摸一摸鱼的体表，有什么感觉？这对鱼的运动有什么好处？

比一比：

金鱼和泥鳅在外形上有什么异同？你得出了什么结论？

探究二：鱼的运动

看一看：

金鱼的运动器官是什么？结合课本第20页图片认识金鱼的鳍，比较金鱼和泥鳅鳍的差异。

金鱼和泥鳅在水中是如何运动的？这说明了什么？

想一想：

有人说：鱼只靠鳍进行运动，通过你的观察，这种说法全面吗？

探究三：鱼的呼吸

看一看：

金鱼的口和鳃盖后缘是同时张合还是交替张合的？

试一试：

用吸管取一滴红糖水，慢慢滴在金鱼口和泥鳅口的前方，你看见了什么现象？这说明了什么？

做一做：

将金鱼放在培养皿中，轻轻掀起鳃盖，观察金鱼鳃的形态、结构、颜色。鱼鳃有什么特点？这种特点有什么好处？

想一想：

流入的水和流出的水，溶解的气体成分会有哪些变化？

比一比：

金鱼和泥鳅的呼吸有差异吗？你能得出什么结论？

知识巧归纳：

鱼适于水中生活的特征

拓展提升：

1. 鱼离开水后，很快就死亡了，这是为什么？
2. 在水中生活的其他动物都是用鳃呼吸的吗？
3. 鱼也有“救生圈”吗？
4. 人类实现遨游海洋的梦想——了解人工鱼鳃呼吸器。

训练案

1. 下列动物中，属于鱼类的是（　　）。

A. 章鱼　　B. 带鱼

C. 墨鱼　　D. 鱿鱼

2. 鱼在水中游动时，产生前进动力的主要结构是（　　）。

A. 鳍　　B. 头部

C. 尾部　　D. 躯干部和尾部

3. 鱼在水中总是不停地大口吞水，再由鳃盖后缘排水，这是鱼在进行下列哪项活动？（　　）

A. 进行呼吸　　B. 摄取食物

C. 平衡身体　　D. 散发体内热量

4. 图3-5-2是鱼鳃的结构图，请根据图回答：

（1）填写图中下列标号的名称：①________；②________。

（2）鱼的鳃是红色的，这是因为鳃里含有丰富的________________有利于进行________________。

（3）当血液流出鳃部毛细血管后，血液成分的变化是________________。

（4）由鳃流出的水与由口流入的水相比，________________的含量增多了。

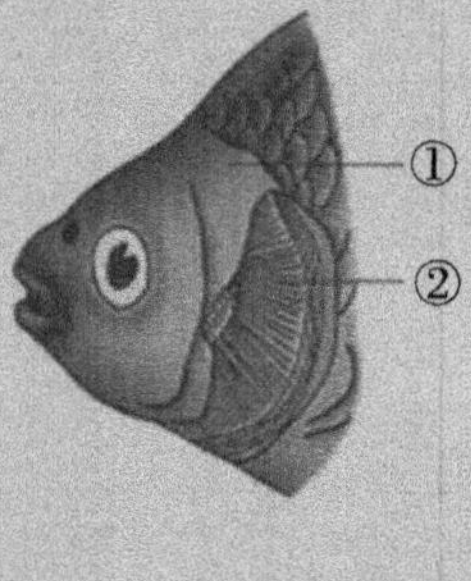

图3-5-2　鱼鳃的结构图

八、教学评价

（1）对学生的评价，要把教师评价、自我评价、学生评价三者结合起来，努力引导学生正确认识学习的目标，产生积极的学习态度，充分利用评分制度来调动学生学习的积极性，评出最佳表现个人、最佳学习小组。

（2）对教学设计的评价：本节课以学生为主体，通过预习自测、合作探究、展示点评、课堂检测等环节，层层深入，不断地分析处理问题，教师在其中起引导和点拨的作用。培养了学生分析探究问题的能力。课堂气氛活跃，学习效率高，真正使课堂成为学生主动参与学习的场所，体现了学案导学教学模式的核心，把课堂还给学生，使学生成为真正的主人，培养了学生合作学习、终身学习的能力。

"珍妮·古道尔与黑猩猩交朋友"教学实录

一、教学目标

1. 知识目标

学生能说出哺乳动物的主要特征、运动、先天性行为和学习行为、社会行为。

2. 能力目标

通过教学，提升分析资料的能力、语言表达能力、小组合作的能力。

3. 情感、态度与价值观目标

通过珍妮·古道尔的环保行为感染学生，让学生自觉形成热爱自然、保护环境的情感。

二、教学过程

1. 新课导入

教师展示黑猩猩笑容照片，问学生这是什么动物？学生看到图片，开怀大笑，因为这只黑猩猩太可爱了。教师进一步向学生提问：你知道哪些关于黑猩猩的知识？

生：黑猩猩是哺乳动物。

生：黑猩猩是胎生哺乳。

生：黑猩猩是具有社会行为的动物。

生：黑猩猩和人类有相同的祖先。

复习黑猩猩是与人类亲缘关系最近的类人猿，因此研究黑猩猩的行为对研究人类起源有着重要意义，引出珍妮·古道尔对黑猩猩的研究，然后介绍珍妮·古道尔，自然过渡到新课的学习。

2. 预习检测，目标深化

（过渡）你们有谁知道珍妮·古道尔的故事吗？课前安排学生收集整理关于珍妮·古道尔的故事。检查预习，请学生来分享。

生：珍妮·古道尔是一位值得尊敬的生物学家，她大半生都致力于黑猩猩的研究，为人类积累了大量的宝贵的关于黑猩猩的资料。

生：听说珍妮·古道尔很善于和黑猩猩打交道。

生：珍妮·古道尔还来过中国。

生：珍妮·古道尔是黑猩猩的朋友，她不但研究它们，还致力于保护它们，并为了保护它们而四处奔波、演讲，号召世界人民一起保护黑猩猩……

师：你们说得很好，能从多个角度描述了对珍妮·古道尔和她所做的事情，证明大家都进行过认真的预习，珍妮·古道尔（Jane Goodall）是在世界范围内拥有极高声誉的动物学家，她致力于野生动物的研究、教育和保护。她20多岁时前往非洲的原始森林，为了观察黑猩猩，在那里度过了38年的野外生涯。美国《时代》周刊称其为20世纪最杰出的野生动物学家，为了奖励她对世界动物保护的突出贡献，联合国颁发给她马丁·路德·金反暴力奖（此前该奖项仅有两位人士获得过——南非前总统曼德拉和前联合国秘书长安南），这些都足以证明这位女士为人类所作出的突出的贡献。

3. 课中导学

活动1：播放有关珍妮·古道尔与黑猩猩的画面，以及研究黑猩猩的起因的相关视频，复习哺乳动物黑猩猩的主要特征。

师：是什么让一位女士放弃城市优渥的生活将人生最美好的时光都奉献给了野生动物保护事业？你怎么看？（播放珍妮·古道尔为什么研究黑猩猩的相关视频。）

生：因为她从小喜欢小动物，并把研究和保护动物作为自己人生的追求。我想这和她的兴趣是分不开的。

生：我还看到她虽然没有上过大学，但是这不能阻挡她追求自己的梦想的步伐，她坚持自学，为自己的非洲之旅做准备。每个人都要有梦想，这样活着才有意义。

生：我看到她为了攒够去非洲的差旅费，自己跑去酒店当招待，那时她还很年轻，为了梦想不依靠别人，什么都靠自己努力，我很佩服她的勇气。

生：珍妮·古道尔通过不断坚持，最后终于得到了动物考古学家路易斯·里基的资助，说明功夫不负有心人，天道酬勤。

师：故事发展到这里，珍妮·古道尔和黑猩猩的故事就此开始了，下面我们回顾一下故事里面的主人公黑猩猩。刚才我们说了，黑猩猩属于什么动物？

生：哺乳动物。

学案展示，完成黑猩猩的主要特征的总结：

（1）黑猩猩属于__________动物。

（2）哺乳动物的主要特征：

①体表被__________。

②__________，哺乳。

③牙齿有门齿、犬齿和__________的分化。

学生回答，教师点评。

师：那么大家觉得珍妮·古道尔刚开始研究黑猩猩顺不顺利？为什么？

生：丛林生活太苦了，一名年轻女子只身前往非洲丛林要面临的困难可想而知。

生：黑猩猩是野生动物，它不可能配合珍妮·古道尔。

生：课本上说野生黑猩猩生性多疑、凶暴，不可接近。

师：是的，黑猩猩生性多疑，一开始是无法靠近的，所以在一开始长达15个月的时间里，珍妮·古道尔只能站在500米以外的地方用望远镜观察黑猩猩，但是由于她的耐心和长期努力不懈与黑猩猩进行交流，和黑猩猩打交道，吃黑猩猩的果实，她完全把自己当成了一只母的黑猩猩，渐渐地，黑猩猩就把原来认为的这名白色皮肤的人类侵略者当成了朋友。当珍妮·古道尔偶尔坐在它们旁边的时候，它们就像没人一样，因此，珍妮·古道尔就有了重大的发现。那么珍妮·古道尔有了一个什么重大的发现呢？

活动2：播放有关珍妮·古道尔研究黑猩猩时的重大发现，通过屈肘取食蚂蚁、复习运动系统的组成、运功的产生以及运动需要其他系统配合的知识。

生：黑猩猩能使用工具。

生：因为在它们之前只有人类才能使用工具。

师：不是它们，是人类自己认为只有自己才能使用工具，因为人类意志是高高在上的，认为只有自己才能使用工具而动物是不可能会使用工具的。因此珍妮·古道尔的这个发现打破了人类对动物的偏见，也让我们重新审视对人类的定义。刚才大家看到的黑猩猩用树枝钓蚂蚁吃的时候做的这个动作（教师演示动作），这个动作需要黑猩猩的什么系统完成呢？主要是哪个系统？

生：运动系统。

学案展示：完成黑猩猩运动系统的特征。

黑猩猩的运动系统包括__________、__________和__________。

骨骼肌受（　　　）传来的刺激收缩时，就会牵动骨绕（　　　）活动，于是躯体的相应部位就会产生（　　　）。

黑猩猩屈肘吃树枝上蚂蚁的时候，肱二头肌_______，肱三头肌_______。

黑猩猩的运动并不是仅靠__________系统来完成的，还需要其他系统如_________系统的调节。运动所需的能量有赖于_________系统、_________系统、________系统等的配合。

小组合作探究，完成学案内容，学生进行展示，教师精讲点评。

师：那么关于黑猩猩取食蚂蚁，这是一种行为，是不是？那么谁还记得动物的行为按照获取的途径可以分为哪两种行为？

生：先天性行为和学习行为。

活动3：教师出示黑猩猩钓取食物、哺乳、拥抱、记数字四张图片，学生小组合作判断四种行为所属的类型，并根据先天性行为和学习行为的特征讨论完成学案中的所有连线（图3-5-3）。

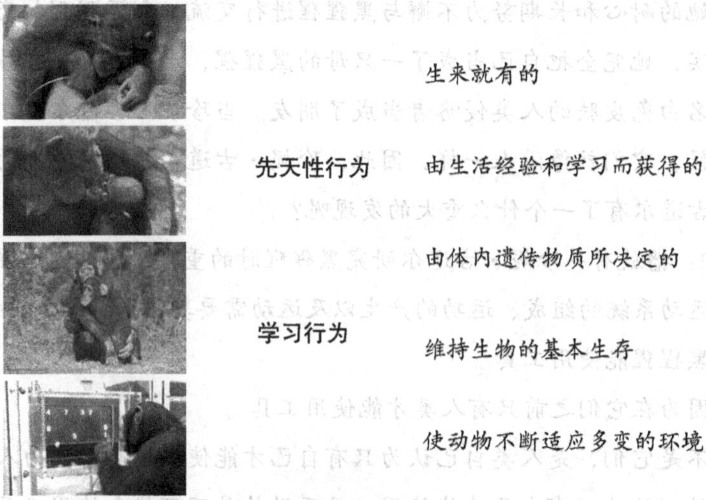

图3-5-3　判断练习图

教师巡视，根据各小组的完成情况，推选一名小组代表上台展示，教师进行点评。

活动4：学生阅读教师所给的相关资料，了解黑猩猩的社会行为特征，以及它们群体间的交流方式。请三名学生模拟黑猩猩发现香蕉后相遇时的情景，形象展现黑猩猩的等级制度。然后完成社会行为特征以及交流方式的复习题。

师：黑猩猩具有和人类一样的情感，有母爱，会哺乳，会拥抱，等等。黑猩猩在野外生活是像老虎一样还是像狼一样营群居生活呢？

生：狼。

师：所以黑猩猩也营群居生活，那么营群居生活的黑猩猩还具有什么特征呢？

生：社会行为。

师：请同学们阅读学案上关于黑猩猩的行为的资料。我将请三位同学上来通过自己的动作和行为给同学们展示一下黑猩猩有哪些社会行为。

生：三人按高矮站成一排。

师：（介绍背景）故事是这样的，在非洲刚果河畔一座茂密的原始森林里生活着一群幸福的黑猩猩。在这一群黑猩猩中我们发现了三只非常引人注意的黑猩猩，请你们介绍一下自己吧！来吧！

生：大家好，我叫戈利亚，这里面我的地位是最高的！

师：黑猩猩群体里面首领一般是最强壮、个头最大的。

生：大家好，我是黑猩猩威廉。

生：大家好，我是黑猩猩大卫。

师：一天，它们都在大森林里面寻找食物，相遇了。

学生根据所学知识进行表演。当表演结束时教师要求所有同学掌声鼓励，给予表演者最高的荣誉。

师：同学们根据他们三人的表现，可以知道黑猩猩具有社会行为的哪一个特征呢？

生：等级分化。

师：当地位较低的大卫和威廉与地位较高的戈利亚相遇时，大卫和威廉都向戈利亚表现出了顺从和卑微的态度，说明黑猩猩是具有等级现象的。黑猩猩既然是社会行为的动物代表，群体间必然具有一定的社会交流的方式。那么黑猩猩之间是通过什么样的方式来进行交流的呢？

生：可以通过动作、声音和气味。

师：在资料中你发现是用哪句话来说明是通过动作来交流的呢？

师：（进一步指明，）一般情况动物之间交流是通过动作、声音和气味来进行交流的，但是在学案中哪些行为反映了黑猩猩之间的交流方式，分别是什么方式？谁来说说看？

生：使用各种各样的姿势和手势来表达复杂的情感是黑猩猩使用动作来进行交流。

生：在与同类相遇的时候会发出大声地吼叫，还一直欠身，捶胸顿足，有时还互相拥抱，拥吻和互相抚摸脸。大声吼叫是通过声音进行交流，互相拥抱等是通过动作进行交流。

师：所以说黑猩猩群体之间的交流主要是通过什么方式呢？

生：主要是通过动作和声音来进行交流的。

学案展示，小组完成练习，学生代表展示，教师点评。

黑猩猩的社会行为的特征：黑猩猩是具有社会行为的动物，群体内部往往形成一定的________，成员之间有明确的________，有的群体中还________形成。群体中的信息交流方式有________、________等。

师：珍妮·古道尔在长期与黑猩猩打交道的过程中也学会了和黑猩猩打招呼的方法。（播放珍妮·古道尔模仿早晨相遇的黑猩猩相互之间是如何打招呼的视频，请学生之间相互用黑猩猩见面打招呼的方式交流一下。）

活动6：拓展延伸，情感升华。

师：故事到这里并没有结束，后来珍妮·古道尔做出了一个重大的决定，她决定不在野外研究黑猩猩了，她干什么呢？是什么让她决定放弃半生的对野生动物的保护呢？（播放有关珍妮·古道尔保护黑猩猩、创建根与芽组织的相关视频，了解珍妮·古道尔在环保领域所做的贡献。讲述珍妮·古道尔和中国野生动物保护者黄泓翔在朗读者节目讲述的故事，激发学生的环保意识。）

生：我发现黑猩猩生活的环境正日益减少？

师：黑猩猩生活在什么样的环境里面？

生：热带雨林。

师：对，热带雨林，热带雨林的数量正在减少，于是珍妮·古道尔不得不离开了自己热爱的非洲森林，开始了她的环保事业。从此之后珍妮·古道尔一年有300天都在路上，来进行她的演说。那么她创立了刚才我们说的什么组织？

生：根与芽组织。

师：她创建的根与芽组织已经遍布130多个国家。在我国也有根与芽组织，它们分布在北京、上海和成都，我相信以后会有越来越多的城市会成立该组织，希望有机会的同学可以积极加入该组织，为野生动物和流浪动物奉献爱心，做出自己的贡献。珍妮·古道尔的环保行动一直在进行，今年她已经84岁了，2018年5月18日，在央视《朗读者》第二季以“生命”为主题词的节目中，84岁的珍妮·古道尔与我国野生动物保护志愿者黄泓翔隔空朗读《寂静的春天》，继续她的环保事业。下面介绍黄泓翔的故事。黄泓翔，哥伦比亚大学毕业，华尔街高管，放弃优渥的生活代表联合国以亚洲人的面孔扮演购买犀牛角的买家卧底非洲，用时间和生命赛跑，搞清了非洲野生动物交易的巨大黑幕，并冒着生命危险露脸参与保护动物的宣传片制作，为的是证明中国人不只有钱，也是世界野生动物保护的重要一员。他们的事迹都让我们感动。我相信他们的行为将激励更多的年轻人投身于爱护环境和保护野生动物的行列中去。

活动7：通过“我是黑猩猩××，我想对人类说”的活动让学生换位思考，最终上升到“生而为人，生而为众生”的人生观、价值观。

学案展示，请以“我是黑猩猩××，我想对人类说”为原型，说明如果你是黑猩猩你有什么想向人类表达的？

生：我是黑猩猩大卫，我提出的建议一是少吃方便面，因为制作方便面的调料是棕榈油，棕榈树是黑猩猩栖息的场所；二是要减少纸张的使用。

生：要爱护树木，要多做环境保护的呼吁。

生：我是黑猩猩戈利亚，在我们群体中是通过动作和声音交流信息的，但是我们现在生活的领地越来越小了，我们不得不为了争夺领地而展开激烈的斗争。

师：最后我想用一句话来总结今天的课，“生而为人，生而为众生”。

4.课堂检测

教师反馈结果，解惑释疑，加深理解。

五、学案导学教学模式的运用策略

（一）实施条件

1.需要先进的教育理念作为支持

要彻底改变传统的教师教、学生学的教学方式，就要改变教师一案在手、一统天下的教育现状。学案导学的目标达成包括由重传授向重发展转变，由重教师教向重学生学转变，由重结果向重过程转变，由单向信息交流向综合信息交流转变。

面对新课程标准，教师和学生不是“材料员”而是“建筑师”，他们是材料的主人，更是新材料和新教学智慧产生的主体。作为教师，该如何创造性地使用教材，需要教师有很高的教学智慧，包括教育学、心理学的修养，还需要学科素养。新课程标准要求教学过程中应充分体现教师的主导作用和学生的主体作用。教师要转变角色，做学生学习的组织者、引导者和评价者，引导学生积极思维，培养学生创新思维和创新能力。布鲁纳的发现学习理论也指出，学生只有在相关的情境中，根据有关的学习材料自主发现知识，主动总结归纳，在掌握原理的基础上逐渐形成良好的情感体验，才能形成完善的价值观，最终实现对所学内容的内化。

对于学生来说，在一开始进行学习的时候，头脑中并不是空的，而是先前的生活经验在头脑中保存着自己特有的认知图示，在学习过程中，通过与外界环境的相互作用，建构新的认知图示，这种新的认知图示是创造性的，在性质上不是原有图示的延续。所以，与行为学派的理论相比，建构主义理论认为学习的过程是一种质的变化，一种主动建构的过程，而不是被动的刺激反应模式的建立。笔者所在学校教师的理解：教学不能无视学生的先前经验，另起炉灶从外部装进新知识，而是要把学生现有的知识经验作为新知识的生长点，引导学生从原有的知识经验中“生长”出新的知识经验。教学不是知识的传递，而是知识的处理和转换。

教师不是简单知识的呈现者，而应该重视学生自己对各种现象的理解，倾听他们的意见，洞察他们这些想法的由来，并以此为根据，引导学生丰富或调整自己的理解。这不是简单的“告诉”就能奏效的，而是需要与学生共同针对某些问题进行探索，并在此过程中相互交流和质疑，了解彼此的想法，彼此做出某些调整。

合作交流（对学）的基础：由于学生经验背景存在的差异，学生对问题的理解常常各不相同，他们可以在一个学习的共同体中相互沟通、相互合作，对问题形成更丰富的、多角度的理解。因此，学生经验世界的差异本身便构成了一种宝贵的学习资源。教学就是要加强学生之间的合作，使他们看到那些与自己不同的观点，从而促进学习。基于发现学习理论和建构主义理论，生物课学案导学教学模式只有真正地让学生在学习过程中，通过依托学案、自主预习、自主探究和自主总结的发展性学习才能真实有效地促进学生真正的学。

2. 需要适应新教学模式的新型教师

（1）认真研究大纲和教材

学案导学课堂是师生共同以学案学习为主线开展学习的课堂，教师必须深入挖掘教材并紧扣新课标，合理安排教学内容，兼顾先行知识和后续知识有机的联系，体现教材的体系，搞清拓展的领域，挖掘知识背后承载的能力和能力实现的方法，要做到用教材但不一定全用教材，由重知识向重能力转变。编写和使用学案导学的教学过程中，应充分发挥教师个人备课和集体备课的优势，深入开展二次备课。同时，教师个人再结合本班学生的学情，发挥各自的主观能动性，对学案进行修改、补充，对教学环节进行再加工。

（2）在导学案的导学作用上狠下功夫

教师要始终把学生健康成长和和谐发展放在第一位。编写的导学案要突出导学和引领的作用，既要目标明确、突出学科特点，又要做到重点突出、难度适中，并着力立足于学生的实际情况，贯彻分层学习、分层达标的原则，切实引导学生自学、讨论、探究，为了不让每一位学生掉队，也应该在导学案上设计格外关注中下层学生的指导和要求，让所有学生都能够在自己的能力范围内使用好导学案。

（3）善于整合资源

教师要善于开发来自学生的、生活的、媒体的、环境的各种教学资源，善于捕捉课堂学习过程中随机出现的学生资源。例如，对于讨论不积极的小组，马上指导他们进行讨论；对点评的学生在肯定优点的同时还要委婉指出他们的不足，如“这样点评是不是更好”，培养自主高效的学生管理团队，保证高效课堂的实现。教师要善于将各方资源整合，向生活开放，向课外延伸，向学生精神层面和人文素养的深度拓展，能有跨学科的资源整合或不同媒体的资源整合等。

（4）合理的课堂引导

① 多方关注。

教师要既能面向全体，又能面向每一个学习小组的每一名个体；既能关注结果，更能关注学习过程、合作交往；既关注知识智慧，更关注学生的注意力、相融性和生命性。

② 调控有度。

认真倾听，巧妙点拨；能根据学情与反馈信息对进度、难度进行适当调整；能处理临时出现的各种情况，化腐朽为神奇；内容安排上，疏密相间；节奏把握上，舒缓有致。每节课规定教师讲课时间最多不超过15分钟，保证学生有更多的连续的自主学习的时间。

③ 关注参与态度。

课堂上生生之间、组组之间、师生之间是否共同参与、合作交流，有无歧视、冷落、嘲笑等不利于团结进步的现象存在，小组是否互帮互助，是否态度积极，都是关注和重点。

④ 关注参与深度。

学生个体或学习小组能否提出有意义的问题或能否发表独特见解，动手操作过程是否有出乎意料的精彩呈现，练习完成速度如何？方法多吗？答案新颖吗？这些都是教师要注意关注引导的。

3. 需要培养适应导学的学生

（1）培训学生如何使用导学案

首先学生要明确导学案的使用者是自己，导学案是为学生量身打造的指导学生进行自主学习的方案。为了提高导学案的针对性，学生要明确导学案不是教材或者教辅的替代物，所以学生在利用导学案预习导课的同时，不能把教材丢在一边，必须在认真阅读教材的基础上再来完成导学案，与同学讨论的结论要查证后再记录在导学案上。学生也要明确导学案不是作业，不是练习册，而是代表一个学生学习的心路历程，是学习的路线图。学生通过导学案要快速了解本节课的学习目标，以便检查对本节课的知识的达成度。学完这堂课后学生要回看学习目标，看看是否达成。

（2）提高学生自主学习的能力

传统的教学模式存在的明显的问题之一：学生在上课前预习不够或者不到位，甚至有些人根本不预习，由此造成学习效率低、效果差。而且学生的自学能力得不到培养进而怕学畏学。学案导学教学模式可以解决这个问题：学生要依照导学案要求在规定的时间内根据学习目标及重难点进行预习，依照导学案中问题的导引，能静下心来，动起脑来，全面阅读教材之后再自主独立完成导学案中的预习。依照导学案预习使学生知道预习该做什么、不该做什么，如何抓重点，这样学生才愿意学，且在不知不觉中如果坚持适应自主预习的学习方式，就能逐渐培养自己的自学习惯，提高自学能力。

（3）提高学生合作学习能力

传统的教学模式存在的明显的问题之二：上课学生参与度不高，教师提问始终就几个人回答，教室靠后靠边的学生基本不参与。学生在课堂上合作探究人人参与，能让学生学会倾听，克服胆小心理，增强信心，敢于表达自己的观点，学会补充。合作探究是学生相互学习、共同促进的关键环节，在这个环节生生互助、组组互助，学生的思维打开，畅所欲言，长期坚持，学生的能力自会提升。

（4）提高学生书面及口头表达能力

目前传统教学模式存在的明显的问题之三：学生经常会出现书面及口头表达能力不强，书写方面字迹潦草，错字百出，词不达意，整体布局混乱，口头表达声音太小，说话断断续续，前言不搭后语等情况。通过展示，学生将深思熟虑的、书写尽量工整、基本没有语病的内容展示出来，不但不会丢面子，还能赢得尊重。即使有问题暴露出来，如果能当场解决，学生也会欣然接受。点评的好处是加深学生对知识的理解，使学生养成深思的习惯。因为人人都是要求进步的，都希望得到别人的夸耀，所以学生要想在点评别人的时候能出彩就必须多动脑、多钻研，这样就能加深对知识的理解，也养成了遇事深思的习惯。想要自己展示的时候得到他人好评，就必须认真准备，不出纰漏，必然也要认真对待。由此互相竞争，互相进步，也加深了同学之间的情谊。

（二）适用的内容

问题导学教学模式适用的课题见表3-5-2。

表3-5-2　问题导学教学模式适用的课题表

课本分册	章节	题目	导学案
人教版七年级上册	生物和生物圈	生物的特征	预习案“辨一辨：谁是生物？”探究案、训练案
		调查周边环境中的生物	预习案、调查案
		生物与环境组成生态系统	预习案、探究案、训练案
		生物圈是最大的生态系统	预习案、探究案、训练案

续表

课本分册	章节	题目	导学案
人教版七年级上册	生物体的结构层次	练习使用显微镜	预习案、实验案
		植物细胞	预习案、探究案、训练案
		动物细胞	预习案、探究案、训练案
		细胞通过分裂产生新细胞	预习案、探究案、训练案
		动物体的结构层次	预习案、探究案、训练案
		植物体的结构层次	预习案、探究案、训练案
		单细胞生物	预习案、探究案、训练案
	生物圈中的绿色植物	藻类、苔藓和蕨类植物	预习案、探究案、训练案
		种子植物	预习案、探究案、训练案
		植株的生长	预习案、探究案、训练案
		开花和结果	预习案、探究案、训练案
人教版七年级下册	人的由来	人类的起源和发展	揭开人类的由来之谜
	人体的营养	食物中的营养物质	预习案、探究案、训练案
		消化和吸收	预习案、探究案、训练案
		合理营养和食品安全	预习案、探究案、训练案
	人体的呼吸	呼吸道对空气的处理	预习案、探究案、训练案
		发生在肺内的气体交换	预习案、探究案、训练案
	人体内物质的运输	流动的组织——血液	预习案、探究案、训练案
		血液的管道——血管	预习案、探究案、训练案
		输送血液的泵——心脏	预习案、探究案、训练案
		输血和血型	预习案、探究案、训练案
	人体内废物的排出	人体内废物的排出	预习案、探究案、训练案
	人体对生命活动的调节	人体对外界环境的感知	预习案、探究案、训练案
		神经系统的组成	预习案、探究案、训练案
		神经调节的组成	预习案、探究案、训练案
		激素调节	预习案、探究案、训练案
人教版八年级上册	动物的类群	腔肠动物和扁形动物	预习案、探究案、训练案
		线形动物和环节动物	预习案、探究案、训练案
		软体动物和节肢动物	预习案、探究案、训练案
		鱼	预习案、探究案、训练案

续 表

课本分册	章节	题目	导学案
人教版八年级上册	动物的类群	两栖动物和爬行动物	预习案、探究案、训练案
		鸟	预习案、探究案、训练案
		哺乳动物	预习案、探究案、训练案
	动物的运动和行为	动物的运动	预习案、探究案、训练案
		先天性行为和学习行为	预习案、探究案、训练案
		社会行为	预习案、探究案、训练案
	动物在生物圈中的作用	动物在生物圈中的作用	预习案、探究案、训练案
	细菌和真菌	细菌	预习案、探究案、训练案
		真菌	预习案、探究案、训练案
		细菌和真菌在自然界中的作用	预习案、探究案、训练案
		人类对细菌和真菌的利用	预习案、探究案、训练案
	病毒	病毒	预习案、探究案、训练案
	生物多样性及其保护	尝试对生物进行分类	预习案、探究案、训练案
		保护和认识生物的多样性	预习案、探究案、训练案
人教版八年级下册	生物的生殖和发育	植物的繁殖	预习案、探究案、训练案
		昆虫的生殖和发育	预习案、探究案、训练案
		两栖动物的生殖和发育	预习案、探究案、训练案
		鸟的生殖和发育	预习案、探究案、训练案
	生物的遗传与变异	基因控制生物的性状	预习案、探究案、训练案
		基因在亲子代间的传递	预习案、探究案、训练案
		基因的隐性和显性	预习案、探究案、训练案
		人的性别遗传	预习案、探究案、训练案
		生物的变异	预习案、探究案、训练案
	生命起源和生物进化	地球上生命的起源	预习案、探究案、训练案
		生物进化的历程	预习案、探究案、训练案
		生物进化的原因	预习案、探究案、训练案
	传染病和免疫	传染病及其预防	预习案、探究案、训练案
		免疫与计划免疫	预习案、探究案、训练案
	用药与急救	用药与急救	预习案、探究案、训练案

第六节　问题导学教学模式

一、问题导学教学模式概述

（一）定　义

问题导学教学模式是指以问题为学习中心的一种新型教学模式。在实际课堂的运用过程中，问题导学教学模式主要是采用提问的方式来引导学生对问题进行一定的思考与研究，进而让学生在探究的过程中学习相关知识，获得思维和能力的发展。

心理学家梅耶（R.E.Myaer）从心理学的角度出发，给出问题的定义：当问题解决者想让某种情境从一种状态转变为另一种不同的状态，而且问题解决者不知道如何消除这两种状态之间的障碍时，问题就产生了。他还指出，问题包括三个基本成分：给定状态、目标状态和阻止给定状态转换成目标状态的障碍。正确的问题解决方法不是直接的、显而易见的，必须间接地通过一定的思维活动才可以找到，达到目标。皮格弗德和鲍尔认为：问题是团体或者个人接受某项具有挑战性任务时的一种情境，而且这项任务没有非常明显的解决方法。上面两种的不同定义只是从不同的角度去归纳“问题”的定义，但其主旨思想是一样的，问题是一个人在有目的地追求某种目标，而尚未找到适当手段时所感到的心理困境。

目前，生物新课标中明确指出了初中生物的课程性质：生物课程是以提高学生生物学学科核心素养为宗旨的学科课程，是树立社会主义核心价值观、落实立德树人根本任务的重要载体。课堂的一切教与学的活动都要从“生命观念”“科学思维”“科学探究”和“社会责任”等方面发展学生的学科核心素养。据此，初中生物学课堂的中心是问题的提出、建构及解决的过程，基于核心素养的教学应该是基于问题的探究性教学。虽然现在教育界都已经意识到问题意识和问题提出能力是学生创新思维的重要组成部分，对培养学生的提出问题的能力给予了高度的肯定和重视，但是由于传统教育观念长期以来的影响，以教师为中心、教师教即学生学的教育思想仍然禁锢着许多教师，更为不合理的是，有些初中生物教师将初中阶段生物学科错误地定位为记忆性的副科，在实际的生物教育教学工作中，学生发现问题和提出问题的能力并没有得到应有的关注，学生的问题意识仍然很薄弱，问题提出能力普遍偏低。由于种种原因，在实际的教学中，大多数教师仍然采用“满堂灌，教师唱独角戏”的教学方式，课堂上的每一个题目和问题都由教师提前预设，为了节约课堂时间，很少给学生充足的思考时间，问题的解决方法也是教师直接讲给学生，甚至有的课堂上“所有问题干脆都由教师自问自答”的现象。由于这种不良的授课习惯，学生根本没有一点独立思考和自主提问的空间，渐渐变得懒惰起来，在课堂上不动脑子思考，依赖教师给的答案，一味相信课本中的答案。苏霍姆林斯基说过：“真正的学校应该是一个积极思考的王国。”孔子云：“学而不思则罔。”由此可见，思维对于学生的发展至关重要，而任何思维活动都产生于问题。本次研究立足于学生核心素养的培养，尝试提出初中生物课堂问题导向式教学模式。

问题导学教学模式是以问题作为驱动教学过程的核心要素，以学生已有的知识和经验为基础，在教师创设的最佳情境下呈现问题，或启发学生提出问题，师生共同探索从而解决教学中的重点、难点，达到教学目的的教学模式。问题导学教学模式体现了教师的主导地位和学生的主体地位，充分调动了学生学习的积极性和主动性，提高了学生的自主学习、合作探究能力，建构符合学生认知发展的知识体系，发展学生的高层次思维能力和创新能力。问题导学教学模式既突出学生的主体地位，也强调了教师的引导和点拨作用。它强调通过创设一定的问题情境，引导学生发现问题，并在解决问题的过程中主动获取知识、运用知识，最终在获取知识的同时，提高学生的学习兴趣、问题解决意识、自我学习能力、思维能力和知识建构能力等。生物是一门与生活联系非常紧密的学科，初中阶段生物问题导学教学模式的关键之处就在于从生活中提炼问题，学生在解决问题之后建构知识体系，完善思维结构，并能将所学的理论知识运用于生活中，在课上和课下都能够学生物、用生物。教师要发现生物学知识在日常生活中的独特魅力和功能，将生物课堂由教室延伸到校园，渗透学生的日常生活，努力提高学生的生物学学科素养。

（二）结 构

问题导学模式倡导学生在课堂中发现问题、形成问题、解决问题。在此模式中，教师和学生以问题为载体，合作、探究、学习。教师把教学目标和教学重难点设计成问题，围绕主问题设计问题串，师生共同在问题的引领下进行学习实践，在师生共同探究下培养学生的自学能力，使其树立正确的价值观和人生观。①与传统的教学方法相比较，问题导学教学模式不仅将传统的教学重点转变为培养学生的思维能力，且重视了问题导学教学模式的巧妙应用，通过引导学生思考问题从而实现有效学习的目的，这对提升生物教学的质量也起到了事半功倍的作用。新课程改革要求我们在初中生物教学中培养学生的科学精神，拓展学生的思维，而问题导学教学模式正适应了这一改革的趋势，为初中生物课堂指明了新方向、新目标。

在初中生物学课堂上开展问题导学，就是要改变传统教学中教师与学生的角色关系，以学生为主体、教师为主导来开展双方互动的教学活动。教师在课堂上将“问题”作为师生开展教学活动的主线，用“主问题”以及其下分支出来的“问题串”引导学生自主学习，以“问题解决”为教学活动的主要任务，让学生在发现问题、探究问题以及解决问题的过程中，获得知识的建构以及思维的发展。此外，在具体实施方面，问题导学教学模式贯穿课前、课中以及课后的各个环节。教师与学生在不同阶段面临着不同的教学任务，为了使问题导学教学模式能够更好地运用到初中生物学课堂中去，教师要在课前创设好问题情境，让学生在情境中自主学习，发现并解决问题，在课堂上充分发挥学生的主体作用，激活学生的思维，发挥教师的主导作用，使他们对课堂进行掌控，对问题进行总结、归纳。课后，教师还要及时对教学活动进行反思，完善教学设计。

（三）特 点

1.以“问题”为主线

在问题导学教学模式下的生物学课堂中，“问题”作为师生开展教学活动的主线，用“主问题”以及其下分支出来的“问题串”引导学生自主学习，实

① 朱玲.以“问题导学”为载体的高中语文教学实践探究［J］.语文教学通讯·D刊（学术刊），2017（12）：34-36.

现教材内容、教学活动的“问题化”。例如，在学生学习人教版七年级上册生物学教材中的“种子的萌发”这一节时，教师根据学生基本学情、课程标准和教材内容，首先找出教学目标中的“主问题”：①种子的萌发需要什么条件？②种子在萌发的过程中，经历了哪些变化？接着，将教材内容围绕教学目标设计成“问题串”。例如，针对第一个问题，可设计以下问题：①俗话说，清明前后，种瓜点豆，根据生活经验，你知道种子的萌发受哪些因素影响吗？②阳光、温度、水分、空气、土壤的肥沃程度等都是影响种子萌发的条件吗？③你如何证明你的观点？④如何设置对照实验？……学生围绕“问题串”，积极参与、主动思考，在完善认知结构的同时，不断对自己的思维提出质疑。

在问题导学教学模式指导下的课堂中，学生不但对教材内容有了更清晰的了解，而且能活跃自己的思维，在教师的引导下，一步步自主突破问题。问题导学教学模式能够有针对性地、高效地达成学习目标，使师生活动实现预期的目标。

2. 以学生为主体

问题导学模式下的生物课堂强调以学生为主体、教师为主导，实现教学重心的转移。问题导学教学模式从发展学生思维的角度出发开展教学，由于课堂中的知识都隐藏在以“主问题”为主线的“问题串”的答案中，学生要想在课堂中有所收获，必须转变原有的“学习者”的角色，把自己设定为“探究者”，在对问题自主探究的过程中，也就是在问题解决的过程中积累知识。这种教学模式革新了传统的事实符号传授、单项知识灌输的模式，学生的思维被激活。在问题的引导下，学生主动寻找问题答案，尝试运用已有知识或生活经验解决问题，甚至运用科学方法对问题进行探究。

在学生给出问题答案之后，教师作为引导者，要及时对学生的思维过程以及思维结果进行评价、纠正和完善，并引导学生用课堂知识解决生活问题，学会举一反三。在问题导学的课堂中，一切教学目的实现的主体都是学生，教学任务的完成与否也取决于学生能否达到教学目标所期望的状态，将课堂由以“教”为重心，以教师为教学的主体，转变为以“学”为重心，以学生为主体的轨道上，最终实现“教是为了不教”。

3. 以“解决问题”为主要任务

问题导学教学模式下的生物课堂强调以“问题解决”为教学活动的主要

任务，学生在问题的解决中，思维经历困惑、专研、顿悟的过程，不断完善和发展，思维能力得到提高。问题导学教学模式革新了传统课堂的教学任务，从传统的教学任务即教师对学生进行的单项知识的灌输转化为在教师的引导下，学生自主发现问题—探究问题—解决问题，进而发现科学规律、既定事实。思维源于问题，思维的发展也有赖于对问题的分析、加工，个体在解决问题的同时，思维也得到了很大的锻炼。①问题导学教学模式下的课堂教学以“问题解决”为主要任务，课前教师就要针对问题设置问题情境，学生在情境中发现问题，在课上师生之间围绕“问题”一起探讨，并对“问题”的答案进行总结归纳，整个过程中，学生的思维处于活跃状态。

在问题导学的生物学课堂中，学生在解决既定问题的同时，获得了对生物学基本概念的认识，解决了生物学问题。但更为重要的是，学生在解决既定问题时，可能会面临新的问题，进而产生认知冲突。为了跨越思维障碍，学生就要对原有的思维结构进行重组、完善，因此，学生在课堂上对“问题”的解决，实际上是发展自己的思维。

二、问题导学教学模式的理论依据

（一）“最近发展区”理论和“脚手架”理论

苏联著名心理学家维果茨基在研究教学与个体的发展关系时，提出了个体在发展的过程中认知发展经历的两种相关却又不一样的水平：现有发展水平和“最近发展区”。现有发展水平即个体目前已经具备的、在一定程度上已经成熟的发展系统所建构的心理及认知机能的发展水平。“最近发展区”是指个体在外力的帮助下，借助成人或教师的支援可以达到的解决问题的水平，与个体在独立完成活动中所达到的解决问题的水平之间的差异。教师要充分认识到学生现有的发展水平，并帮助学生顺利到达“最近发展区”，即在学生有认知冲突的情况下，教师才给予学生一定的指导。赞可夫在维果茨基的基础上，将“最近发展区”理论落实到真实的课堂情境中，在实践的基础上，创设性地提出了发展性教学法。赞可夫认为，教学首先要认清学生的现有发展水平以及教

① 黄法祥.“问题导学”课堂教学模式初探［J］.江苏教育研究，2009（17）：79.

学所要求的个体应该达到的水平。在教学中当两者产生矛盾时，教师应利用两者之间的矛盾，通过引导学生解决矛盾，帮助学生顺利跨越认知障碍，使学生获得自主发展。

“脚手架”理论的提出，正是帮助学生顺利获得“最近发展区”所要求的个体发展水平。[①]学生在学习过程中遇到矛盾，往往是因为现有认知发展水平受到限制，或者没有相应的知识体系，这个时候教师应为学生的认知活动提供帮助，可以通过问题不断引导学生，学生在一个个小问题的解决中获得目标性的发展，最终完成学习任务。而这里的教师适时的帮助，即帮助学生搭建认知结构的脚手架。学生的学习过程究其根本就是不断突破“最近发展区”的过程，是不断解决问题，完善原有知识结构的过程。[②]教师在这一过程中，不是对学生进行简单的知识灌输，因为这样学生认知深层根本无法被触碰，更不是不闻不问，让学生毫无目标地发现学习。教师在学生遇到认知矛盾时合理地创设问题并加以引导，正是在学生原有认知和新情境之间搭起了“脚手架”，在“脚手架”的帮助下，学生突破了矛盾。在实际的教学中，由于学生个体的差异，教师所面对的学生的“最近发展区”也存在着多样性和层次性。[③]这就要求教师在教学活动前，对每一个学生的“最近发展区”进行合理的预设。教师对学生已有认知的把握，以及对目标水平的把握直接影响着课堂活动的效果。

通过对“最近发展区”理论和“脚手架”理论的研究，在生物学课堂中，为了使问题导学教学模式更为合理，进而完成学习任务，达到预期的目标，在创设问题时，问题的难度、深度尤为重要。一方面，问题要具有普遍性，要面对全体学生，照顾到每一位学生；另一方面，问题也要有针对性，要为思维发展层次较高的学生精心设计较高水平的问题，而为有发展障碍的学生设计更为基础的问题，争取让每位学生在课堂上都有所收获。这就要求课堂首先是建立在了解学生现有发展水平的基础上的，之后，以现有发展水平为起点，创设学

① 李鹏鸽，冯宇，任淑芳.支架式教学策略在化学教学中的应用——以《对人体吸入的空气和呼出的气体的探究》教学为例［J］.教育理论与实践，2012，32（8）：59-61.

② 孟祥军.最近发展区理论的教学启示及相关教学形式［J］.黑河教育，2017（5）：5-6.

③ 俞国良，侯瑞鹤. 问题提出、认知风格与学校教育中的创造力培养［M］.北京：教育科学出版社，2004.

生“垫一垫脚”就能解决的问题。[①]教师在课堂上要认真关注不同发展水平的学生的课堂反应情况，了解他们的“最近发展区”，在此基础上，利用不同水平、不同指向的问题来搭建“脚手架”，从而调动每一个学生积极参与课堂教学活动，进而使每一个学生获得最大发展。

（二）建构主义理论

建构主义强调关注学生作为学习主体的参与性，认为学习过程是学习主体对客观世界进行主观的思维构造的过程，是主体在以客观世界为思维对象的自主活动中，由自身的认知、智力参与并产生个体经验、建构认知结构的过程。[②]建构主义特别强调知识是发展的，学习知识的本质是学生主动进行内在建构的心理表征过程；强调在学习活动中，教师仅仅扮演着引导者的角色，学生才是学习活动真正的主体。教师在学生学习的过程中，通过问题不断地启发引导，学生在自主思考中，获得知识的积累以及认知结构的发展；强调在学习活动中激发学生的学习兴趣，使学生形成强烈的学习动机；强调体现学生的主体地位，发挥学生的主动精神，培养学生的探究能力。代表人物赞可夫也主张在教学过程中充分调动学生的学习积极性，培养学生的主动探究精神和独立思考能力，让他们“独立地探求问题答案”，“鼓励和激发学生探求真理的志向”。[③]

从建构主义理论出发，在问题导学的生物课堂教学中，教师扮演引导者的角色，学生作为探究者，要充分发挥主动性，使自己成为学习的主体；教师要利用适时的问题、恰当的点拨、生活化的情境，为学生构建主动的学习环境，引导学生自主学习；要帮助学生在已有知识的基础上进行自主构建和思考创新，完善已有的知识结构，发展思维能力。初中生物学问题导学教学模式以建构主义学习理论为依据，强调以学生为主体，以学生的学为教学活动的重心，强调以学生原有的知识经验为基础，探明学生的“最近发展区”，以设计合理的问题为支架，激发学生学习生物学的兴趣。师生之间通过交互活动，开展交流、讨论与合作，营造一种轻松、愉快的教学氛围，最终学生通过问题解决完

① 罗雯文.“支架式教学模式”在高中生物学中的实践研究［D］.成都：四川师范大学，2018：1-19.

② 吴庆麟.教育心理学——献给教师的书［M］.上海：华东师范大学出版社，2006：5-7.

③ 王菊芝.建构主义学习理论与课堂教学设计［J］.中国校外教育，2018（36）：144-145.

善认知，建构系统的知识体系，发展思维能力。

（三）认知心理学

认知心理学认为，学习者是活生生的人，学生存在各种各样的差异，他们在思想、情感、兴趣、能力等方面都存在不同，并且，学习者的心理成分在不同程度上主导着学习者的学习过程。[①]据此，真正学习的发生，是让学习者作为真正的学习主体，亲身经历知识的发生和发展过程，主动去探索知识的本质。认知心理学的代表人物皮亚杰从建构主义的观点出发，认为个体的学习是相互作用的过程，是一个复杂的交互过程，“没有任何一种行为不是以情感因素为动机的”[②]。个体认知的建构不是对外界客体的简单复制，也不是主体内部自然发生、预先形成的结构，而是一个由主体与外部世界不断相互作用、相互补充，不断完善，逐渐形成的结构的集合。

因此，学生主体的自主活动是学生获得发展的必要途径。教师要在教学活动中充分考虑学生的认知结构，及时关注学生的情感因素，让主体自主参与思考、提问和探究的实际活动，发挥学生作为学习者的主体作用，从而产生真正的学习。基于认知心理学，教师在培养学生的问题提出能力的过程中，结合学生不同发展阶段的心理发展特点，鼓励学生积极主动地参与课堂教学活动，敢于表达自己的想法，亲身体会知识的发生、发展过程和科学探究过程；鼓励学生用眼睛去观察、用手去触摸，在自主发现的过程中，积极思考，主动质疑和提问，通过自己的探究活动真正获取知识。在一个充满探索的过程中，教师通过“问”和“导”，让已经存在于学生头脑中的生活常识再一次产生问题，深度剖析，进而得到更完善的理解，让学生真正成为课堂的主体。

基于以上教学理论，初中生物学问题导学教学模式改变了传统教学模式中以教师为中心、以课本为中心的教学方法，它是一种突出学生的主体地位，发挥教师在教学过程中的主导作用的新型教学方式。此外，问题导学教学模式还强调在师生互动的过程中，教师在学生产生认知障碍时，作为问题的“脚手架”的必要性。学生学习的发生是在“脚手架”问题的导引作用下，教师设计

---

① 顾明远.教育心理学［M］.北京：人民教育出版社，2004：41-110，182-245.

② 孔凡哲，曾峥.数学学习心理学［M］.北京：北京大学出版社，2009：11.

贴近学生真实生活经验的、具有现实意义的问题情境中进行的，是在学生发现问题、探究问题以及解决问题的过程中发生的。根据维果茨基的“最近发展区”理论，并遵循建构主义和认知主义的学习观，问题导学课堂要不断激发学生在与生活相关的情境中思考，进而发现问题、解决问题，并将所获得的新知识进行迁移，运用到生活中去。在这个过程中，学生实现对知识的积累和建构，掌握科学方法，最大限度地发展自己的思维能力。

三、问题导学教学模式的教学目标

相对于传统教学中既定事实、规律简单记忆的学习方式，“问题解决”是课堂教学中更为高级的学习方式。问题导学教学模式下的教学目标主要是让学生在解决问题的过程中学习知识、获得各种思维技能，更为重要的是发展学生的问题解决能力。具体来说，该模式的实施主要是想达到以下目标。

初中生物学中包含大量的有趣的生物学概念、基本科学规律等事实性知识，但这些知识对于学习任务繁重的初中生来讲，如果不经过学生的自主构建，即没有经过思考，对学生来说，学习知识只是机械地对文字符号进行累加。为了使学生逐步达到高水平的学习，应该让其进行有意义的学习。有意义的学习的核心任务，要求学生的学习是主动的、建构的、与他人协作获得的。要使有意义的学习发生，学生要主动建构知识，而不是被动接受数字、符号。一般可将课堂设计为师生一起发现问题、解决问题的活动。在人教版生物学八年级上册，中学生将学习细菌、真菌以及病毒的形态结构、营养方式、繁殖方式以及与人类的关系，这些知识点与生活密切联系，但知识体系相对繁多、杂乱，三者很容易混淆，如果仅仅采用老师讲、学生听的教学方式，很难完成既定的教学任务，达到教学目标。但如果设置学习任务，让学生列表对比、归纳细菌、真菌以及病毒的相关内容，学生在完成任务，解决问题时，便会动用思维，自主构建知识体系。此外，在生物课堂中采用问题导学教学模式，可根据学生的参与程度、自主学习成果及对问题的问答情况，对学生的学习过程进行表现性评价。通过评价不仅使学生对自己的表现有一个清楚的认识，帮助学生查漏补缺，还可以增强其自信心，优化自主学习成果，使学生学会正确提出问题和解答问题。

1. 提高思维能力

相对于成熟的个体，初中生的思维依旧不够成熟，仍有很大的发展空间。而从生物学的学科性质来看，生物学作为基本理性科学学科之一，承担着发展学生科学思维的任务。问题导学教学模式的一大特点就是以“问题”为主线，有利于学生在获得知识的同时，培养自身的问题意识，获得思维的发展。在问题导学的课堂中，学生的思维首先是被激活的。随着问题的提出和解决，学生的思维一直处于积极的状态。不仅如此，随着知识结构的欠缺与补足，学生的思维还会不断地被质疑、完善，再被质疑、完善，直到问题完全被解决。学生在学习人教版生物学七年级上册“生物圈中的水循环”中的蒸腾作用时，为了完成教学任务，在问题导学的教学模式中，学生首先要掌握什么是蒸腾作用，之后探究绿色植物为什么会发生蒸腾作用，接下来讨论蒸腾作用对植物、对生物圈有什么意义，最后探讨在生活中，蒸腾作用有什么应用。相比传统教学模式中存在的、学生对知识的机械记忆的学习行为，在问题导学的课堂中，学生历经有关事物“是什么 → 为什么 → 怎么样 → 怎么办”的思考过程，在获得知识的同时将知识进行变式练习，并运用到生活中去。在对问题的探究中，学生的思维虽然可能会遇到障碍，但最终思维呈螺旋上升发展的趋势。

2. 提高对生物的学习兴趣

生物学科本身就是一门十分有趣的学科，里面包含了许多有趣的生物学现象，隐藏在日常生活的基本原理中，甚至每一个生物学规律背后都蕴涵着的一波三折的科学家的故事中。单纯的知识记忆对学生来说，只是在加重学业负担，学生所学到的知识也是无意义的知识。就光合作用的反应式来说，光合作用的原料、产物、反应场所以及反应条件都是由科学家一步步探究出来的，每一项都可以由教师带领学生在发现学习中逐步探究出来。在探究过程中，学生不仅能自主构建相关知识体系，尝试科学探究方法，更为重要的是能在这一过程中，感受思维的峰回路转，发现科学的魅力。但是一味地让学生死记硬背只会让学生对生物学产生反感，并将生物学错误地认为是记忆性的学科，错失在生物学科中发展思维的可能。问题导学教学模式要求教师引导学生带着问题重走科学家的探究之路，学生在亲历探究的过程中，体验科学背后的挫折与喜悦。此外，学生在教师创设的情境中，发现问题、解决问题，本着严谨的科学态度对问题进行一步步地梳理和挖掘。长此以往，在巩固练习中，总结科学的探究方法，形成良好的习惯，这些对于学生解决日常实际问题，也有着重要的帮助作用。[①]因此，问题导学教学模式不仅对培养学生的探究意识和实践能力有重要的促进作用，更为重要的是，学生能真正作为学习的主体，并体验探究者的快乐，提高学习生物学的兴趣。

3. 提高学生创新能力

在初中生物教学过程中，问题导学教学模式的运用不仅可以利用解决问题的方式来帮助学生更好地掌握生物学知识，而且还能在一定程度上提高学生对生物学现象的分析能力和问题解决能力，从而完成既定的学习任务，达到有效教学的目的。在采用问题导学教学模式的过程中，问题的设计一般以学生的现实生活为背景，教师所提出的问题又是与学生的实际生活息息相关的，这又能有效地激发学生的学习兴趣，并可通过与实际生活相联系来有效地解决生物学问题，这不仅对加强学生的记忆具有一定的作用，能够使学生对所学的知识印象深刻，而且学生将所学的生物学知识创造性地应用于生活，如学生在学习完苔藓可以作为环境质量的指标植物后，在自己的卧室里将苔藓作为景观植物，以此来判断室内环境的好坏，进而改善生活质量。由此可见，问题导学教学模式对提升初中生的创新思维能力和解决问题的能力也有着极大的促进作用。因此，对于生物学教师来说，在采用问题导学教学模式的时候不仅要遵循教学目标，对教学材料进行认真的研究，而且还需要对提出的问题进行精心的设计，从而能够使初中生更好地融入问题导学的教学情境中去，并有效地引导学生去分析、探究和解决相关性问题。

① 蔡丽萍.高中生物“问题导学”教学模式的实践研究［D］.福州：福建师范大学，2015：10–14.

四、问题导学教学模式的操作程序

（一）问题导学教学模式流程图

采用问题导学教学模式的教学流程如图3–6–1所示。

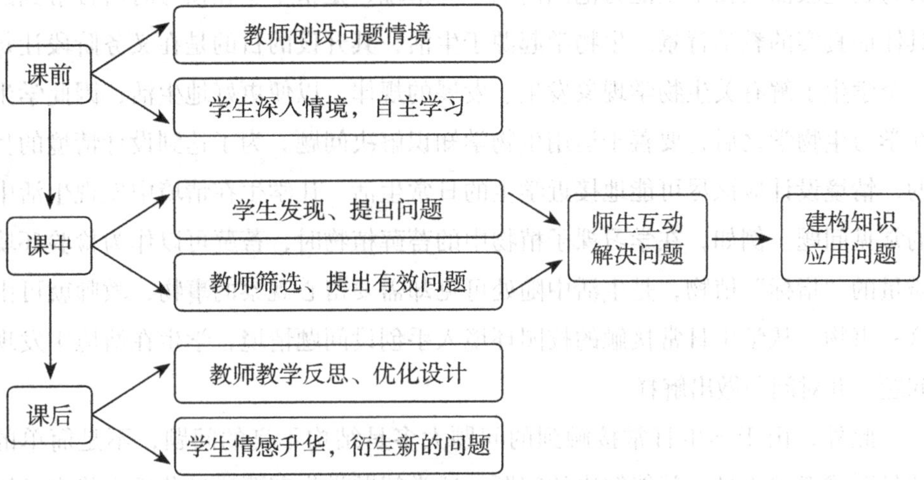

图3–6–1　采用问题导学教学模式的教学流程图

本书所研究的问题导学教学模式主要包括课前、课上以及课下三个阶段，教师与学生在这三个阶段分别有不同的教学任务和学习任务。为了更好地将生物学科与学生的生活联系起来，在课前，教师可从生活中常见的生物学现象出发，发现与本节教学任务相关的案例，在激发学生兴趣的同时，让学生感受到生物源于生活并可回归于生活，还可以提高生活质量。学生在课前也可以对所要学习的内容有所准备，养成主动学习的习惯，有利于启动思维，更高效地参与课堂。在课堂中，学生是问题的发现者以及探究者，教师在课前做大量的准备不是以唱“独角戏”的形式将知识灌输给学生，而是在学生所提出的问题中，抓住与教学任务相关的主要问题，把握课堂的重心。当学生提出的问题在小组合作探究后依然无法给出答案时，教师要适时搭建“脚手架”，给学生指出问题解决的关键所在，帮助学生跨越思维障碍。在课堂上，问题的解决不代表教学任务完成，教师还要带领学生对问题解决的方法、解决问题所用到的知识、解决问题的规律等做出总结，帮助学生发现思维的漏洞，及时更新和完善知识框架。

（二）问题导学教学模式的基本环节

1. 课前预习

（1）教师创设问题情境

按照现代认知心理学的解释，问题情境就是一种具有一定困难，需要学生努力去克服而又在学生能力范围内的学习情境，是指学生在预习时所接触到的具体而真实的教学背景。生物学起源于生活，其开设的目的是在义务阶段让每一个学生了解有关生物学现象发生、发展的规律，以便更好地生活，因此学生在学习生物学之后，要善于运用生物学知识解决问题。为了达到设计情境的目的，情境设计应该尽可能地接近学生的日常生活，让学生在情境中发现生活中的常见问题。例如，在学习裸子植物中的苔藓植物时，苔藓可以作为检验环境质量的“指标”植物，是生活中随处可见却需要留心观察的事物，教师就可由这一事物，从学生日常接触的校园环境入手创设问题情境，学生在情境中发现问题，并对问题做出解释。

此外，由于学生日常接触到的问题大多是结构不良的问题，不是简单的“是”或者“不是”就能解决的问题，这类问题学生需要通过分析来找出已知条件，并有可能运用多门学科知识去解决。为了提高学生分析问题、解决问题的能力，问题导学模式下的课堂，问题情境的设计也应该包含结构不良的问题。例如，在学习完植物的光合作用和呼吸作用之后，想知道在一个密闭的温室大棚中，什么时候可以通过提高二氧化碳浓度来提高植物的产量？为了解决这一问题，学生首先要明白提高作物的产量就要提高植物的光合作用效率，那该如何提高光合作用的效率？其次，二氧化碳的含量与什么有关？什么时候二氧化碳含量最低？等等。在这一问题中，数学中的坐标图也可以很好地帮助学生解决问题。教师要依据教材内容和教学目标设计有效的问题情境。越是与学生的生活联系紧密，学生越容易参与到课堂中去，让学生在愉快的氛围中学习，激发学生学习的欲望，从而更积极主动地探求知识。

（2）学生深入情境，自主学习

学生深入问题情境，进行课前预习，自主学习课程内容或者自己查找资料，对课程内容做简要的理解和分析，发现解决问题的思路或提出新的问题。教师应该鼓励学生对原有知识框架进行查漏补缺，对自主学习中的问题进行收集。在学习人教版八年级上册生物学中的“尝试对生物进行分类”时，为了达成教学目标，教师在创设问题情境并且学生明确问题（如“如何对生物进行分类？对生物分类有何意义？”）之后，学生还需要课前对植物和动物的种类进行回顾。自然界中的动物和植物的种类就是本节课问题的已知条件，学生要想解决问题，首要条件是在脑海中储存相关知识，但由于裸子植物以及被子植物是七年级上册的学习内容，大部分学生存在遗忘的现象，因此，为了解决新的问题，学生首先要唤起原有知识，或及时补充新的知识。

此外，学生在回顾旧知或者通过其他途径补充知识时，也是学生自主发现问题的好时机。在问题导学教学模式中，学生是学习的主体，问题的出发点和问题解决的目的最终都指向学生的发展。因此，问题的发现不单单是教师预设的问题，更应该是在学习的过程中遇到的问题。学生在课前的情境中也要善于提出“是什么”“为什么”等问题，及时发现自身的认知障碍或思维漏洞。[①]学生在课前提出的问题在同学之间讨论不出结果时，往往表明大多数学生在这一知识点上存在思维障碍，需要教师给予“脚手架”的帮助，教师应该对这些问题进行收集，按照问题的重要性，在课堂上开展师生之间的探讨。

2. 课中互动

（1）提出问题

问题是问题导学模式下教学活动的中心，是学生学习的主线，激发学生自己提出问题，是问题导学的关键。从问题的本质上来说，问题的生成来源于学生思维受到阻碍，在思维碰撞中产生的火花。[②]因此，为了使学生能自主提出问题，教师做了大量准备工作。通过文字阅读、多媒体、表格、图片、模型等，给学生提供充足的资源，学生通过对这些资源的分析，自己主动提出问题。当然由于学生的知识、能力、方法、习惯等个体差异较大，生成的问题五花八门，教师需要根据教学目标筛选值得深入探究的有效问题，对于其他问题，可以让学生课后继续讨论，不能置之不理，避免打击学生提出问题的积极性。

如果学生提出的问题不够系统不够深入，需要教师提出问题进行补充。对

① 杨红梅.浅谈初中数学自主探究式教学［J］.学周刊，2019（9）：96.

② 秦晓文.科学探究中提出问题的教学策略［J］.课程·教材·教法，2016，36（5）：118-121.

于教师来说，问题不应仅仅是简单的“问话”，它包括情境的创设、文化的设计、问题的提出、问题的解决等一系列丰富而有序的过程，通过系列问题把学生引向独立思考、积极探索、合作学习之路。[①]所以教师要明确教材的地位、作用，细致解读教材内容，挖掘其中的精华，提供有探究价值、能激发学生兴趣、有利于联系现有知识和技能的问题，引起学生对问题解决的迫切追求和期望。有些相对复杂抽象的知识，可以围绕教学内容和教学目标，遵循由浅到深、从感性到理性的原则，精心设计有较强的逻辑性、启迪性和针对性的问题群，串成问题链，激发学生思考，引发讨论，帮助学生形成较为完整、系统的知识脉络。

（2）解决问题

让学生自主学习、自己提出问题是为了让学生在解决问题的过程中锻炼自己的思维、发展创新能力。学生自己提出问题，是问题的“主人”，会增强学习的积极性，自然会积极主动地解决问题。教师要及时利用学生的好奇心、求知欲，带领学生一起探究。[②]有些逻辑性强、体系庞大的问题需要小组合作解决，如概括显微镜成像特点以及成像规律时，需要在大量观察的基础上才能由学生自主探究出来，对于个人来说，任务比较繁重。在这种情况下，教师在开展教学活动时，把学生分成不同的学习小组，但分组时也要充分考虑各种因素，如学生学习能力的差异、男女比例的协调、学生性格的不同特征等，而且要选择有威望、有能力的学生做组长。小组分配合理，才能提供更好的氛围，小组成员才可以更协调地开展探究活动。教师在学生讨论的过程中，要及时关注各个小组合作探究的组织是否有序有效；问题解决的思路、方法是否正确；各小组成员的参与是否积极，是否出现问题或者错误，并及时给予提醒、点拨、引导。

有些问题可开阔学生的思路，发展学生深层次的思维，需要学生独立思考，如针对显微镜成像出现偏差时如何使物像移到视野中央等需要深入思考的问题，一定要给学生预留出充分的时间，鼓励学生自主探究，激发学生深入思

---

① 高静，潘碧霞.基于“问题导学法”培养科学探究能力的教学建议［J］.中小学实验与装备，2018，28（5）：9-11.

② 王莉.探究“导学互动”教学模式对初中数学教学的作用［J］.中国农村教育，2018（24）：112.

考，对问题进行整合，发现问题的关键所在。这类问题一旦学生能自己找出解决的方法，那么在今后遇到类似的问题也能轻松解决。但学生如果只是听明白了而没有实际分析解决，那依旧处于混沌状态，在遇到相似问题时，就会依旧不知所措。针对有代表性的问题，教师也可以多找几个学生回答问题，学生之间对问题的解决思路、解题的关键，相互对比、借鉴，相互交流、评价，在思维的碰撞中可能会产生新的问题，教师做好引导，敏锐捕捉有价值的问题，环环相扣，解开问题的面纱，将学生的思维一步步向前推进。

（3）应用问题

学以致用是一节新授课的关键，是学习的目的，是学生能力的体现。学生能否将所学知识运用到其他情境中解决新的问题，也是衡量知识是否有意义的标准。在问题导学的课堂中，学生解决问题之后，所涉及的教学内容就基本呈现出来了。然而，因为问题的答案是学生口头表述的知识内容，并且是针对一系列问题串的答案，所以在问题初步解决阶段，涉及的知识点散乱，根本无法用于新情境中问题的解决。因此，问题的解决还不能表示完成了教学任务，教师要引导学生尝试建构知识网络，组织小组之间进行交流改进，查漏补缺，进而建构起完善的知识网络。例如，学生在解决“人体有哪些组织，以及这些组织是如何形成的”这一问题之后，掌握人体的组织有上皮组织、肌肉组织、神经组织、结缔组织，还知道这些组织是由不同的细胞分化而来，所以这些知识在学生头脑中是散乱的，无法形成系统的知识脉络。为了将知识串起来，在问题解决后，教师要带领学生对知识进行概括总结，如布置列表归纳比较人体的各个组织的任务，也可以用“小明胃疼涉及哪些组织”或者“手指割破后流血并感到疼痛涉及哪些组织”这些常见的生活现象来将知识迁移运用。学习知识最终的目的是应用，教师要设计合理的问题，让学生发掘问题的本质，抽象出问题的特征，学会举一反三，进而提高学生分析解决问题的能力。

3. 课后反思升华

（1）学生情感升华，衍生新的问题

初中生物学是一门与学生生活息息相关的学科，与植物、动物有关的生物学概念涉及生活的方方面面，包括如何与自然界相处；如何在尊重自然规律的前提下，最大限度地利用自然资源；如何合理健康地生活；等等。学好生物学科，在一定程度上可以提高个人生活质量。在创新教育理念的指引下，课堂追求一种“平等、互动、和谐、发展”的境界，在充满问题探索和知识魅力的课堂上，学生大胆地想、大胆地说、自由地交流，情感得到升华，思维活跃，在课堂中追求教学相长。但更为重要的是要将课堂延伸出教室、延伸出学校，让学生在生活中发现新问题，运用所学解决实际问题，发现学习生物学的乐趣，提高生活品质。例如，学生在学习了植物的萌发条件后，懂得充分利用环境条件，合理密植，并根据植物生长的特点，及时施肥；在学习青春期的发育特点之后，学会用健康的心态对待青春期可能会出现的问题，学会保护自己；在学习食物中的营养物质后，学生可运用所学，注意日常饮食，合理搭配营养。在问题导学的课堂上，要不断创设情境，激励学生根据所学，探索生活中自己感兴趣的生物问题，从而促进学生生物学学科素养的提高。

（2）教师反思教学，优化设计

在采用问题导学教学模式进行教学之后，教师需要对自己的教学行为进行反思。反思要从问题设计的科学性、有效性以及逻辑性出发，即问题的解决是否代表着完成了教学任务？问题是否被学生理解？问题之间是否有层次性？等等。具体来说，教师在课堂教学结束之后，应该经常问自己以下问题：情境创设有利于学生问题的产生吗？呈现的问题是如何发挥作用的？学生是否理解了所呈现的问题？学生是在教师期望的认知水平上进行回答的吗？所有学生都参与进来了吗？对于回答困难的学生，教师给予适当启发了吗？教师给予多样化的反馈了吗？等等。教师在每节课结束之后，要针对以上问题进行反思，并针对课上出现的问题，及时改进教学设计和课堂策略，优化教学设计，完善课堂教学，提高自己的职业素养。因为课堂教学的对象是学生，是活生生的个体，因此，课堂充满了艺术性，但这种艺术性只有在教师日积月累的反思中、在不断优化教学设计中才能被保存下来。

教学案例

“人体内废物的排出”教学设计

一、教学背景

新课标倡导探究性学习，强调学习是一个主动建构知识、发展能力的过程，力图促进学生学习方式的变革，引导学生主动参与探究，乐于动手，勤于动脑。在传统的教学模式中，教师重教轻学，习惯用教的方式满堂讲，恨不得把所有知识都给学生讲完整、讲透彻，而忽略了学生的实际需要和发展，让学生被动接受知识，学生无法学会学习的方法，体会不到自我探究的乐趣，久而久之，失去学习的动力和求知的欲望。“问题”“导”和“学”是问题导学教学模式的三要素，问题是基础，问题的导入是关键，问题的学习是核心。问题导学教学模式以问题为载体，学生自主学习，发现并提出问题，教师通过引导、启发学生解决问题，使学生在解决问题的过程中主动或运用一定的知识技能，形成自主学习能力。

二、教学分析

本节内容是人教版生物学七年级下册第五章的内容，它是在学生学习了消化系统、呼吸系统和循环系统之后，进一步让学生知道人体内生命活动所产生的代谢废物必须及时通过各种途径排出体外，保证细胞生命活动的正常进行。本节课主要介绍人体泌尿系统的组成、尿的形成和排出。通过学习了解人体泌尿系统由肾脏、输尿管、膀胱和尿道组成；其中肾脏是形成尿液的器官；尿的形成主要与肾单位有关；肾单位包括肾小球、肾小囊和肾小管三部分，血液经过肾小球和肾小囊壁的过滤形成原尿，原尿再经过肾小管的重吸收作用形成尿液。

三、教学目标

1. 知识目标

（1）说出泌尿系统的组成和功能。

（2）说出肾单位的结构。

（3）描述尿液的形成过程。

2. 过程与方法

采用问题探究的方式推进教学内容，把学生带入科学探究的过程，让学生在发现问题、解决问题的过程中，获得思维的发展，体验学习的乐趣。

3. 情感态度与价值观

（1）认识在尿液的形成过程，泌尿系统中各个器官的相互配合，形成结构与功能相适应的观念。

（2）增强健康意识，养成良好的生活习惯，爱护自己的身体。

（3）培养热爱科学的精神，立志用自己的创造来改变世界和人类的生活。

四、课前准备

（1）教师准备肾移植的相关资料、代谢废物排出的相关文字资料。

（2）学生根据教师准备的资料自主学习，提出自己感兴趣的问题。

五、教学过程

1. 联系生活实际，创设真实的问题情境，了解排泄途径

生：讨论课前问题情境。

师：温故知新，筛选有效问题。

学生问题1：人体细胞产生的代谢废物有哪些？

学生问题2：这些废物排出体外的途径有哪些？并说明你的判断依据。

学生问题3：最主要的排泄途径是什么？说明你的判断依据。

学生：根据自己的理解阐述说明。

设计意图：这部分如果用讲述的方式直接给出定义，直接进入抽象概括的阶段，会使学生对概念的学习缺乏真正的理解与思考。初中生已经接触到了许多与科学有关的生活经验，新课标也倡导教学要与学生的社会生活相联系，教师从生物学和实际生活的联系入手来创设问题情境，既可以让学生体会到学习生物学的重要性，又有助于学生利用所学生物学知识解决实际问题，进一步落实情感、态度与价值观的教育目标。在第二个问题解决的过程中，为拓展学生思维，需要预设5个小问题：

（1）对着窗玻璃哈气，玻璃上会出现什么？

（2）炎热的夏天，当汗水流入口中时会有什么味道？

（3）被汗水浸透的衣服有什么气味？

（4）汗湿的衣服晒干后有白色的汗渍，汗渍是什么？

（5）早上起床后上厕所，尿液有刺鼻的味道，为什么？

2. 引导学生设置问题串，层层深入，探究肾脏内部的结构

教师展示肾脏外部形态示意图，让学生感知肾脏的外部形态特征。

师：强调生物体结构和功能相适应，肾脏的功能是形成和排出尿液，引导学生根据肾脏功能猜想肾脏内部结构，提出问题串。

生：根据肾脏功能，大胆猜想肾脏结构，提出问题串。

学生问题1：图中三个管状结构分别是什么？

学生问题2：血液由肾动脉流入肾脏，经肾静脉流出，成分有什么变化？

学生问题3：血液中减少的物质去哪里了？

学生问题4：生物体结构和功能是相适应的，猜想肾脏有什么样的内部结构可以从血液中“过滤”废物形成尿液？

学生问题5：毛细血管壁薄，血液中有血细胞、大分子蛋白质、葡萄糖、无机盐、尿素、水等物质，哪些容易被过滤出来？

学生问题6：尿液中有没有葡萄糖？肾脏中还有什么样的结构呢？

学生：根据刚才的分析，大胆猜想，画出想象中肾脏的结构图。

设计意图：引导学生提问，筛选以上6个问题，层层深入，根据肾脏的功能大胆猜想肾脏的内部结构，在头脑中勾勒出肾脏的大体结构，充分理解生物体结构和功能是相适应的，也为进一步解开肾脏结构巧妙埋下伏笔，让学生体会科学探究的魅力。

教师展示肾脏内部结构造影图、肾单位的结构示意图。

学生：验证自己的猜想，并仔细观察肾单位结构示意图，说出各个结构的名称。

教师预设以下问题串，引导学生了解肾小球的过滤作用和肾小管的重吸收作用。

问题1：仔细观察入球小动脉和出球小动脉口径的大小。

问题2：肾小球毛细血管和肾小囊壁都由一层细胞构成有何好处？

问题3：肾小球毛细血管壁和肾小囊壁紧贴有什么好处？

问题4：入球小动脉和出球小动脉流的都是动脉血吗？肾小球处有无进行物质的交换？

问题5：肾小管外面缠绕着丰富的毛细血管有什么作用？

设计意图：观察肾单位结构，思考肾单位结构中和肾小球的过滤作用相适应的特点，学生不容易发现入球小动脉和出球小动脉血管口径的大小，不容易提出肾小球内壁和肾小囊内壁紧贴这些特点，尽量引导学生提出问题，也要做适当的补充，让学生进一步理解肾单位结构和肾小球的过滤作用与肾小管的重吸收作用相联系的特点。

3. 讨论交流，解决问题，描述尿液的形成过程

教师：展示资料，让学生小组合作学习尿液形成的过程，根据小组学习能

力强弱预设以下问题。

预设问题1：血液流经肾小球时，血浆中的哪些成分可以由肾小球过滤到肾小囊？

预设问题2：原尿流经肾小管时，其中的哪些成分全部或部分被肾小管重吸收回血液？

学生：小组合作交流，描述尿液的形成过程。

设计意图：通过对肾单位的探究和对资料的分析，尿的形成过程自动生成，水到渠成。

4. 设置真实的生活情境，应用问题

教师展示生活情境1：小李在遛狗的时候发现一个现象，他家的小狗在公园里撒了一泡尿，过了一会儿，尿的旁边出现了很多蚂蚁，你认为可能是小狗肾脏哪个部位出现了问题？

生活情境2：小王拿到体检报告单，发现尿液中出现了血细胞和蛋白质，你认为可能是他肾脏哪个部位出现了问题？

生活情境3：这两天的失水量有什么不同？是什么原因导致的？

学生：根据所学各抒己见。

设计意图：学以致用是教学目标之一，生物学教学要能向社会和生活实践延伸，拉近学生的知识世界和生活世界的距离。通过对生活中相关的一些生物学现象和问题创设问题情境，引发学生用所学知识进行解释。这些有趣的问题不仅能够激发学生学习生物学的兴趣，帮助学生积累知识，完善认知结构，发展学生的思维，还能够让学生认识到生物学知识来源于生活，也可以用于提高生活品质，应用到生活中去。

5. 总结提升，拓展前沿

教师用生物技术改善人类生活的医疗科技创设情境，从而激发学生热爱科学、敢于创新的精神，并且使学生能够立志用自己的创新来改变世界和人类的生活！

“人体内废物的排出”课堂实录

一、联系生活实际，创设真实的问题情境，了解排泄途径

教师：通过前面的学习，我们知道，在我们的身体里有很多的细胞，这些

细胞的生活需要物质和能量，消化系统和呼吸系统分别为细胞提供了有机物和氧气，当然这需要循环系统帮忙把它们送到细胞里，而细胞在分解有机物的过程中，会产生一些我们身体不需要或者有害的代谢废物。课前同学们已经做了预习，这些废物有哪些？

师生互动，解决问题：第一个问题，大部分学生能根据所学知识，写出二氧化碳、水、无机盐，少部分学生会写粪便。对于这个常见错误，需要继续追问：粪便是怎样产生的？属于代谢废物吗？（粪便是人体没有消化吸收的食物残渣，没有参与人体的代谢，不属于代谢废物）部分学生根据生活经验会写尿素，但并不清楚尿素是怎么产生的，需要教师做补充解释：尿素是蛋白质产生的代谢废物。

师：这些废物如果在体内堆积时间太长、太多，会严重危害我们的身体健康，结合生活经验，说出废物排出体外的途径有哪些？并说明你的判断依据。

师生互动，解决问题：第二个问题，学生根据生活经验，会说出呼吸、排汗、排尿这三种途径，但每种途径都排出了哪些废物，说得并不全面，为了拓宽学生的思维，需要预设以下问题：

（1）对着窗玻璃哈气，玻璃上会出现什么？（小水珠）

（2）炎热的夏天，当汗水流入口中时会有什么味道？（咸咸的，说明有无机盐）

（3）被汗水浸透的衣服有什么气味？（刺鼻的味道，说明有尿素）

（4）汗湿的衣服晒干后有白色的汗渍，汗渍是什么？（无机盐和尿素）

（5）早上起床后上厕所，尿液有刺鼻的味道，为什么？（因为有尿素）

师生共同归纳概括：代谢废物排出体外的过程称为排泄。排泄有三种途径：

（1）呼吸。（主要排出二氧化碳和少量水）

（2）排汗。（主要排出身体内多余的水、无机盐和尿素）

（3）排尿。（主要排出身体内多余的水、无机盐和尿素）

教师：这三种途径中，哪种是最主要的？说明你的判断依据。

师生互动，解决问题：第三个问题，大部分学生根据生活中每天都需要排尿，尿液中尿素浓度高等生活经验，会说出主要的排泄途径是排尿。这个问题比较简单，应把答题的机会留给基础较弱的学生，激发他们学习的信心和主动性。

二、设置问题串，层层深入，探究肾脏内部结构

师：排泄最主要的途径是排尿，我们先来看下泌尿系统结构图，泌尿系统主要由哪些器官构成？

生：由肾脏、输尿管、膀胱、尿道四个器官构成。

师：各器官的主要功能是什么？

生：肾脏主要是形成尿液，输尿管输送尿液，膀胱暂时储存尿液，尿道排出尿液。

师：形成尿液的器官是肾脏，我们先来看一下肾脏的外部形态。

教师向学生展示肾脏外部形态示意图，让学生感知肾脏的外部形态特征。

师：我们看这是肾脏的外部形态示意图，图中三个管状结构分别是什么？

生：肾动脉、肾静脉、输尿管。

师：血液由肾动脉流入肾脏，经肾静脉流出，血液成分有什么变化？

生：由动脉血变成静脉血，尿素、无机盐的量减少。

师：血液中减少的物质去哪里了呢？

生：形成尿液经输尿管排出。

师：生物体结构和功能是相适应的，猜想：肾脏有什么样的内部结构可以从血液中“过滤”废物形成尿液？画出想象中的肾脏内部结构图。

学生小组合作：画出想象中肾脏的内部结构图。

师生互动，解决问题：大部分学生会画出肾脏中的两条通路，即血液的通路和尿液的通路。教师需要进一步引导，因为有物质的交换，肾脏内部可能分布着丰富的毛细血管。

师：毛细血管壁薄，血液中有血细胞、大分子蛋白质、葡萄糖、无机盐、尿素、水等物质，哪些容易被过滤出来？

生：分子比较小的物质葡萄糖、无机盐、尿素、水更容易过滤出来。

师：尿液中有没有葡萄糖？肾脏中还有什么样的结构呢？

生：尿液中没有葡萄糖。

生：葡萄糖对人体有用，不是废物，可能被人体重新吸收了。

生：肾脏中应该有重吸收有用物质的结构。

师：尽情让学生猜想想象，暂时不做评价，为下一步学习尿液的形成做好铺垫。

教师引导：大胆地猜想之后我们需要去验证，怎么验证呢？解剖肾脏，用显微镜观察。教师展示肾脏内部结构的造影图、肾单位的结构示意图。

师：观察肾脏内部结构的造影图，可以看到什么？

生：真的有很多毛细血管！

学生看到毛细血管，猜想被验证成功，都很兴奋，脸上立刻浮现出愉快的笑容，由此而生的成就感让学生体会到探究学习的快乐，这也是教师最欣慰的地方。在此基础上，进一步设置问题让学生验证自己的猜想。

师：在显微镜下观察，我们看到肾脏由100多万个相似的结构组成，我们把这个结构称为肾单位。请大家观察肾单位的结构示意图，刚才我们猜想肾脏中有尿液的通路和血液的通路，请大家找出血液的通路包括哪些结构，尿液的通路包括哪些结构。

生：血液的通路包括入球小动脉、肾小球、出球小动脉、肾小管，尿液的通路包括肾小囊、肾小管。

师：肾单位中肾小球有过滤作用，哪些结构和这个功能相适应？

生：小组讨论，展示成果。

生：肾小球毛细血管和肾小囊壁都有一层细胞，肾小球毛细血管壁和肾小囊壁紧贴。

学生展示得并不全面，需要教师进一步补充、引导。

师：仔细观察入球小动脉和出球小动脉口径大小，粗细相同吗？为什么？

生：不一样，出球小动脉口径细，入球小动脉口径粗。

生：血液流经肾小球后，有一些物质过滤进入肾小囊了，物质变少了，出球小动脉的口径就变小了。

生：我们的身体真奇妙！

师：是啊，名字也很奇妙呢！为什么都叫小动脉呢？

生：它是毛细血管，进行了物质交换，血液类型应该变了呀！

生：不一定进行了物质交换，如果进行物质交换，外面要缠绕丰富的毛细血管，增加和物质的接触面积。

生：没有进行物质交换，肾小管外面缠绕着丰富的毛细血管，应该是在肾小管内进行了物质的交换，由动脉血转变成了静脉血。

师：同学们的讨论非常精彩！入球小动脉和出球小动脉流的都是动脉血，

的确没有进行物质的交换，那思考它为什么要缠绕成球状，减少和物质的接触面积。

生：为了方便过滤。

三、讨论交流，解决问题，描述尿液的形成过程

师：肾单位的结构同学们已经很熟悉了，那么同学们思考一下，尿的形成包括哪两个重要的生理作用？

生：肾小球的过滤作用和肾小管的重吸收作用。

师：肾小囊中形成的我们称之为原尿，肾小管重吸收之后形成的是终尿。阅读表3-6-1和材料1，思考血液流经肾小球时，血浆中的哪些成分可以由肾小球过滤到肾小囊，原尿流经肾小管时，其中的哪些成分全部或部分被肾小管重吸收回血液。

材料1：人每天产生的原尿大约有150L，而尿液只有1.5L。

表3-6-1为健康人肾动脉中的血浆、肾小囊中的原尿、尿液进行分析比较得到的数据。

表3-6-1　健康人肾动脉中的血浆、肾小囊中的原尿、尿液分析表（g/mL）

主要成分	血浆	原尿	尿液
水	90	98	96
蛋白质	8.00	0.03	0.00
葡萄糖	0.10	0.10	0.00
无机盐	0.72	0.72	1.10
尿素	0.03	0.03	1.80

师生互动，解决问题：这部分是重难点，要给学生5分钟的时间思考讨论，形成书面报告。小组交流讨论，有些学生会提出新的问题：为什么尿素、无机盐浓度会增加？教师要设置新的问题情境：同样一勺糖加入10mL水中，和加入100mL水中，甜度相同吗？启发学生思考，得出结论：肾小管重吸收了大部分的水、无机盐，尿素浓度增加。

师生交流总结：血液流经肾小球时，血浆中的水、葡萄糖、无机盐、尿素过滤进入肾小囊形成原尿，原尿流经肾小管时，全部的葡萄糖、大部分的水、部分的无机盐重吸收进入肾小管。

四、设置真实的生活情境，应用问题

师：我们学习了尿液的形成，一起来解决一些生活问题，提出问题：小李在遛狗的时候发现一个现象，他家的小狗在公园撒了一泡尿，过了一会儿，尿的旁边出现了很多蚂蚁，你认为可能是小狗肾脏哪个部位出现了问题？

生：尿中有葡萄糖，肾小管出现问题，没办法重新吸收葡萄糖。

生：我觉得小狗肾脏可能没问题，是它患了糖尿病，血液中葡萄糖浓度过高，肾小管无法全部吸收。

师：两位同学回答得特别好，学好了生物，不仅可以解释生活中的现象，还可以做小医生。小王拿到体检报告单，发现尿液中出现了血细胞和蛋白质，你认为可能是他肾脏哪个部位出现了问题？

生：血细胞和蛋白质分子比较大，原本不会进入尿液，应该是肾小球和肾小囊内壁出现了问题。

师：我们班同学都特别喜欢运动，那你在运动和休息状态下，散失水分有什么特点呢？来看一下小平在环境和进食相同的条件下，测定完全休息和运动情况下，通过不同途径所散失的水分，结果见表3-6-2。

表3-6-2　小平体检数据（mL）

环境	汗液	尿液	呼出气体
休息（一天）	100	1800	300
运动（另一天）	2000	500	600

师：这两天的失水量有什么不同？是什么原因导致的？

生：这一天运动比休息散失的水分要多许多。

生：汗液蒸发时能带走体内较多热量，有利于运动时维持体温。由于运动时的水分主要以汗液的形式排出体外，尿液就相应减少了。运动时呼吸频率加快，呼吸加深，并且体温略有升高，所以呼出气体中的水分就增加了。

师：非常好，提醒大家运动时应该多喝一点水，维持体内水和无机盐的代谢平衡。

五、总结提升，拓展前沿

教师创设情境：全世界罹患慢性肾病的人口高达10%，其中数百万患者需要靠透析维持生命，但透析机毕竟不能代替肾脏，往往让病人非常痛苦。他们希望能通过肾脏移植解除痛苦，但因肾源短缺，每年只有1.6万人有幸接受肾移植。

2015年4月1日全球领先的3D生物打印技术公司Organovo在波士顿的实验生物学会议上公布了世界上第一个3D生物打印全细胞肾组织的数据。

一面是许许多多等待器官移植的患者身处煎熬之中，一面是捐献器官的数量异常稀缺。所以人们寄希望于3D生物打印技术解决燃眉之急，尽管它也有打印精度不足、细胞粗糙等问题，但不断涌现的成果正在一步步推动这一技术前进。最乐观的估计，一颗可供移植的3D生物打印肾脏，或许用不了十年时间就能走上实际应用之路。

教师进行感情升华：希望这项技术早日普及，让千千万万尿毒症患者获得新生！也希望同学们能像这些科学家一样，喜欢科学、热爱科学，用自己的创新改变世界和人类的生活。

五、问题导学模式的教学策略

（一）实施条件

1. 教师要创设恰当的问题情境

问题情境是指学生在预习时所接触到的具体而真实的教学背景，是学生在学习过程中遇到的“知其然而不知所以然”的一种心理困境。德国一位学者有过一句精辟的比喻：“将15g的盐放在你的面前，无论如何你都难以下咽。但当把15g盐放入一碗美味可口的汤中时，你早就在享用佳肴时，将15g盐全部吸收了。”情境与知识犹如汤和盐，知识需要融入情境之中，才能显示出活力和美感。问题情境的创设必须基于对学生和教材内容全面深刻的分析。在生物学教学中，创设问题情境的途径有很多，可以利用多媒体动画，变静为动，调动多种感官获取信息。初中学生爱动，注意力容易分散，特别是上课前，很难安静下来，为了尽快带领学生进入课堂，在新课引入部分可播放一些动画提高他们学习的兴趣，如学习免疫的课前可以播放《泡泡男孩的故事》。美国小男孩大卫·威特，由于刚出生时患有重症综合性免疫缺陷（Severe Combined Immun Deficiency），不得不生活在一个特别制作的无菌塑料泡泡里，从出生到死亡，他在里面一共住了12年，弥留之际，母亲终于触摸到了自己的孩子，是第一次也是最后一次。看完视频，学生深感震撼，原来免疫如此重要，以此为契机引入新课，效果非常好。生物学教学中，有些比较抽象的知识，也需要多媒体的辅助，如新生命的诞生这节课，精子和卵细胞相遇的整个过程，原本晦涩难懂，播放一段3D模拟动画，学生轻松了解全过程，深深惊叹新生命的奇妙！也可以创设让学生分析生活中的事实或现象的问题情境。生物来源于生活，但是学生的日常观念和科学概念之间可能存在矛盾，如生活中大家喜欢在卧室内放一些植物，觉得可以净化空气，美化环境，但晚上睡觉时为什么感觉空气污浊？现在大家都喜欢去公园锻炼身体，有些人喜欢晚上出去，有些人喜欢早上出去，什么时候空气是最好的？这些问题来自生活，但每个人看法不同，似是而非，在学生犹豫不定的时候及时引入新课，让学生带着疑问进入新课的学习，可以激发学生的学习热情和主动性，提高课堂效率。遇到枯燥乏味的生物学知识，也可以用讲故事的方式提高学生的兴趣，加深他们对所学知识的理解。借助新闻热点也可以创设问题情境，现在学生接触社会信息的机会很多，教师也要做有心人，将生活中的新闻热点引入课堂，如贺建奎的基因编辑事件、狂犬疫苗造假事件等都可作为情境进入课堂，合理的问题情境能点燃学生的求知欲，并推动学生主动思考，变被动学习为主动学习。

2. 教师要设计有效的问题

（1）问题设计具有科学性

课堂中有效的问题首先一定是科学的问题。问题的设计是否科学，直接决定着学生能否理解教师问题设计的意图，进而决定着能否完成教学任务，达成教学目标。如果学生都不明白教师提问的意义，又何谈学生能否获得知识上的积累和能力上的发展？为了使学生在课堂上能听懂教师的问题，在问题导学的课堂中，问题的设计在文字上应是准确的，在表述上应该是贴近学生的日常生活的，是具有背景、有实际意义的问题。此外，在生物学科的概念上，问题的表述也应该是准确的、没有漏洞的。

问题设计是否科学，更为重要的是，学生能否通过对问题的突破，达成教学目标。例如，在学习“藻类、苔藓和蕨类植物”时，在学习这三类植物特征的过程中，师生之间可按由低等到高等的进化顺序来开展教学活动。在学习完藻类植物的特征，即将学习苔藓植物的特征时，教师可展示苔藓植物的实物或照片，并提出问题：①图上展示的植物是藻类植物吗？②如果不是，请从藻类植物以及苔藓植物的特征出发，说出你的判断依据。在这个例子中，如果仅仅有第一个问题，部分学生可能会随意给出“是”或“不是”的答案，对学生的发展作用极小，但是学生通过对第二个问题的思考，以及运用语言组织答案，不仅对植物的特征有所理解，更为解决问题提供了方法。

（2）问题设计具有目的性

在问题导学的课堂中，教师所设计的、课堂活动所围绕的应该是具有一定的目的性或指向性的问题。这个问题或者能引起学生注意，进而调动学生积极性，或者能激发学生的思维，引导学生深入思考。①只有在教师精心设计下，具有目的指向性的问题，才具有课堂存在的意义。在目前的初中生物学课堂中，很多教师一味地让学生抄、记，就算留给学生思维的空间，教师的提问也往往是散乱而没有目的的。教师的知识系统凌乱，在课堂上把"是不是？""对不对？""没问题吧？""懂了吗？"等一系列问题当作口头禅，这显然是低效甚至是无效的。教师的问题是不需要思考回答的问题，所以学生能积极回应教师提出的问题。虽然这样的课堂看似师生互动活跃，学生的参与性很高，课堂气氛热火朝天，但究其根本，大多数学生在课堂上人云亦云，思维几乎没有获得发展，这样的课堂对于学生来说是低效的。

对问题的设计目的不明确，教师就无法在学生回答问题时，给予正确的指导。甚至在没有经验的教师的指导下，师生之间一味地探讨无意义的问题，偏离教学大纲，无法完成教学任务。无目的的问题也意味着教师没有充分地做课前准备，不能做到对课堂的教学流程心中有数，自然无法实现对课堂的掌控。所以在问题导学教学模式的教学设计中，教师要根据教学内容、学生学习情况以及教学任务，对问题进行精心设计，包括课堂中的"主问题"以及围绕主问题的一系列"问题串"，通过问题的层层推进，引导学生对问题进行思考，而不仅仅是设计一些浮于形式的无效问题。

（3）问题设计具有逻辑性

运用问题导学法进行教学，要注意问题设置的逻辑性，要遵循由浅入深的原则。如果问题太难，学生的思维跟不上，会挫伤其思考的积极性；如果问题太简单，缺乏挑战性，学生会感到索然无味，甚至产生厌倦情绪。生物学八年级上册"性状遗传有一定的规律性"是教学的重难点之一。将宏观的"性状"

①王锦凤.问题导学法在高中地理课堂教学中的应用［D］.成都：四川师范大学，2015：3-9.

与微观的“基因”结合进行处理，教学内容抽象，学生不易理解，通过开展系列活动，运用逻辑推理法进行类比模型的构建、评价、修正以及再构建，最后将类比模型转化成“遗传图解”概念模型，使学生真正体验遗传过程，实现感性认识和理性思考的结合。①因此，问题设计要有条理性、逻辑性、创造性，把问题和教学目标紧紧地连在一起，师生双方围绕环环相扣的问题，对知识进行多元的、多层次的探索。

3. 教师要准备充分的思维材料

学生对问题的解决、思维的发展不是凭空而起的，而是需要借助一定的外力。在问题导学的课堂教学中，要根据学生的思维发展状况，为学生提供一定的思维材料。这里的思维材料按照整合方式可分为感性材料和理性材料。感性材料是学生可以亲眼看到、亲手摸到、主动探究的一手材料，如学生在学习人体的各个系统时，一般借助直观的实物模型或图像、动画来观察学习，这类材料为学生深层次的思维发展奠定了基础，或者适合于思维层次较低的低学段学生。学生亲身经历的过程也是学生积累材料的过程，从这些材料里挖掘出来的问题，要与学生的日常生活挂钩，在解决问题之后，学生要能解释生活中的生物现象。

另一类材料是理性材料，是经过加工过的文字、图表等二手材料，如经过抽象的血液循环模型。这类材料与问题共同对学生的认知结构发生作用。如何利用理性材料使学生在短时间内掌握大量知识，并对原有知识结构进行整合，完善原有知识架构，问题的设计就显得尤为重要。因为理性材料本身抽象程度较高，学生要通过简单的死记硬背，在短时间内接受大量事实性的表述，效率极低。而问题的设计也正是因为有了这些理性材料的依托，才能使学生的思维有更高层次的发展。例如，学生动手操作显微镜时，有关显微镜成像规律的学习，仅仅停留在对现象的观察上是远远不够的，学生还要能将感性认识抽象为理性认识。在观察不同装片之后，通过问题的引导，如“装片和物像的位置关系如何”等，帮助学生总结出显微镜的成像规律——“上下颠倒，左右相

①林艾芳.初中生物教学中引导学生运用逻辑推理法构建模型［J］.中学生物教学，2017（21）：25-27.

反”，进而让学生在今后遇到相似问题时，能够在脑海中，模拟出显微镜的成像规律。

4. 教师要充分发挥主导作用

学习的最终目标是知识的获取，能力的提升，过程的体验，方法的掌握，思维的拓展，情感、态度与价值观的培育。在传统的教学中，教师不遗余力地讲解、传授、灌输，忽略了学生在学习过程中主动参与和亲身体验。在问题导学的教学模式下，教师要以问题为主线，充分发挥主导作用。在教学中，当学生遇到难度大、跨度广的问题而无法解决时，教师需要及时给予恰当的提示、点拨或分解问题，逐个击破；学生在解决问题时出现遗漏或不足，教师应该及时提出质疑，共同讨论，使学生有意识地进行自我反思，促进主体意识的形成。教师要根据学生的个体差异，因势利导，为优秀学生提供较高难度的问题，并空出时间为学困生指点迷津，尽可能满足不同知识层次学生的需要，使不同层次的学生学有所获。在小组合作中，教师要特别关注学生交流合作的全过程，帮助小组同学形成协作关系，鼓励学生用思维导图或者精准的语言呈现思考过程和知识体系。学生用语言表达自己思维的过程也是学生建构认知的过程，教师要积极指导学生，将思维举一反三，挖掘思维的深度，拓展思维的广度。此外，教师还要鼓励后进生大胆提出自己的观点，表扬有创新的想法。

学生的思维是发散的、多维度的，因此课堂中的问题是不可预设的。教师在尊重学生思维发展的基础上，要不断启发学生，让学生自己提出具有创新性的问题，并在问题中捕捉蕴涵的教学价值，使其成为优秀的教学资源。学生思维的发展不是一蹴而就的，思维的起动到结果的产生是一个不断孕育的过程，教师要给学生思考的时间。在学生思考的过程中，教师要时刻关注每个学生表情的细微变化，了解他们对问题的思考的进展，并预留组织语言回答问题的时间，还要给予足够的时间让其他学生补充纠正。

5. 学生处于积极的思维状态

初中阶段的生物学科与学生的生活有着极其密切的关系，但仅仅依靠照本宣科的教学方式根本无法让学生参与到课堂中来，因此在问题导学教学模式中，学生的思维状态首先要处于积极活跃的状态。为了达到这种状态，在抛出问题之后，要留给学生充分的时间思考。学生在面对问题时，第一步是要对问题的初始状态有合理的表征，包括“我知道了什么、我要解决什么、我该怎么解决”等。为了使学生完成这一表征，教师在提出问题后，不要急于公布问题的答案，而是先观察学生的反应，和学生进行一定的眼神交流，暗示学生思考。但是面对另一种情况，即学生迟迟不能进入思考状态，教师则要适当给予压力，如下派小组任务、指定学生回答等。

在学生回答问题之后，教师要及时运用反馈对学生进行评价。学生对问题的回答结果可分为三种情况。

（1）学生的回答是正确的

学生的回答是正确的，这种情况下，教师在给予学生表扬之后，可追加“你是怎么想出这个答案的？”“你认为这个问题的关键点在哪？”等问题，学生可将思维进一步深挖，在以后对问题进行思考时，也养成更为严谨的思考习惯。

（2）学生很难对问题进行回答

学生在回答问题有困难时，一方面可能是学生知识储备不够，另一方面可能是学生不理解教师在问什么，或者自己知道问题的答案，却不知道该怎么表述。在这种情况下，师生之间的对话就显得尤为重要。教师可直接改变问题的提问方式，也可以将问题分解开来，帮助学生一步步找出问题的答案。但无论如何，学生在问题设置的最后阶段，都应该能对问题的答案有完整的表述。

（3）学生回答错误

学生在课堂上回答错误也是常见的现象，但学生的错误答案在一定程度上也是能将课堂进行提升的重要支点。回答问题的学生的思维误区，往往代表着同龄学生的思维误区，教师要善于利用学生的思维误区。教师可在学生回答错误之后，积极发动其他学生举手表决，当大部分学生不同意错误观点时，教师可重新选派学生对问题进行解答。但当大部分学生同意错误观点时，教师要及时表明自己的观点，并找出误区的根源，对学生的思维进行变式训练。

6. 突出学生的主体学习地位

在教学中教师应该给学生更多自主学习的空间，鼓励学生要敢于表达自己的看法，为学生创设提出问题的机会，真正突出学生的主体学习地位。课前学生要在教师的引导下了解学习要求，进行课前预习，对课程内容做简要的理解与分析，自主地发现并生成问题。课堂中，教师应适时借助诸如“你有其他的看法吗？”“你从其他角度考虑过吗？”等激励性的话语来诱导学生大胆质疑，自由交流，激发学生内在的学习动机。展示交流不仅是检验学生的学习成果的方式，更是促进学生成长，拓宽学生合作学习的渠道。在小组合作中，教师要重视学生的展示提升过程，成功的展示可以提高学生的自我效能感，激发学生学习的内驱力。课堂应该是充满生命活力、问题探索、知识魅力和人文关怀的课堂，是赋予学生思想自由、情感自由、创造自由的新天地。学生在这样的课堂上大胆地想、大胆地说、自由地交流、积极参与学习，可以激发终身学习的内在动机和技能。

（二）问题导学教学模式适用的课题及“主问题”

在初中阶段开展问题导学模式的生物教学，要在明确教学目的的基础上，明确每一节课的“主问题”。所谓“主问题”，是指具有“牵一发而动全身”特性的题目，是教学活动开展的中心，是完成教学任务不可忽视的问题。问题导学就是要以主问题为引导，设计一组有中心、有维度、相对独立而又互相关联的问题，师生之间围绕着问题的解决逐步突破课堂的重难点。在问题的解决过程中，学生逐步获得知识的积累，能力的提升。问题导学将“碎片化”的课堂层次化、系统化，在问题解决中，逐步发展个体的思维能力。

问题导学教学模式中的主问题见表3-6-3。

表3-6-3　人教版七年级上册教材根据课堂内容可提出以下主问题

课题	主问题
生物的特征	生物具有哪些特征？
生物与环境的关系	环境中有哪些因素影响生物的生活和分布？
	生物与环境之间有什么关系？
生物与环境组成生态系统	什么是生态系统？
	生态系统由什么组成？
	生态系统有什么特点？
生物圈是最大的生态系统	生态系统的类型有哪些？
	生物圈有什么特点？
细胞的生活	细胞如何从外界获得能量？（细胞膜、叶绿体、线粒体有什么作用？）
	细胞核有什么作用？
细胞通过分裂产生新细胞	细胞的分裂过程都经历了哪些变化？

续 表

课题	主问题
动物体的结构层次	人体有哪些结构层次？
	这些结构层次都是如何形成的？
植物体的结构层次	植物体的结构层次是怎样的？
单细胞生物	单细胞生物是如何完成生命活动的？
藻类、苔藓和蕨类植物	藻类、苔藓和蕨类植物各有哪些特征？
种子植物	种子是由哪些部分组成的？
种子的萌发	种子萌发需要哪些条件？
	种子是如何萌发的？
植株的生长	植株如何由种子长成一棵参天大树？
开花和结果	花的基本结构是怎样的？
	开花与结果之间有什么关系？
绿色植物与生物圈的水循环	植物的蒸腾作用是如何发生的？
	植物的蒸腾作用有什么意义？
绿色植物是生物圈中有机物的制造者	光合作用的产物是什么？ 光合作用的必要条件是什么？
	绿色植物制造的有机物有什么作用？
绿色植物与生物圈中的碳—氧平衡	光合作用的实质是什么？
绿色植物的呼吸作用	呼吸作用的实质是什么？
	绿色植物是怎样维持生物圈中的碳—氧平衡的？
爱护植被，绿化祖国	我国植被的现状如何？

人教版七年级下册生物学教材第四单元“生物圈中的人”的内容主要包含了人的生殖系统、消化系统、呼吸系统、循环系统等几大系统。对于这部分知识的学习，可重点从结构与功能相适应的角度出发，学生在解决“××系统是什么？××系统有什么功能？”这类问题的过程中，获得知识，使能力得到发展。具体来说，该册内容可包括以下问题（表3-6-4）。

表3-6-4　教材问题表

课题	主问题
人类的起源和发展	从猿到人的进化过程是怎样的？ 与人类亲缘关系最近的是哪类动物？
人类的生殖	男性、女性的生殖系统各有哪些结构？
	受精的过程是怎样的？胚胎是如何发育的？
青春期	个体在青春期会发生哪些身体及心理上的变化？ 如何应对这些变化？
食物中的营养物质	人需要哪些营养物质，这些营养物质各有什么作用？
消化与吸收	人体的消化系统由哪些部分组成？
	组成消化系统的各器官各有什么功能？
合理营养与食品安全	什么是合理营养？怎么做到合理营养？
呼吸道对空气的处理	呼吸道有哪些器官组成？
	组成呼吸道的器官有什么功能？
发生在肺内的气体交换	肺内气体如何与外界交换？又如何与血液中的气体进行交换？
流动的组织——血液	血液有哪些部分组成？各部分都有什么功能？
血流的管道——血管	人体的血管有几种类型？
	不同的血管各有什么功能？
输送血液的泵——心脏	心脏的结构是怎样的？
	心脏在血液流动中起到什么作用？
输血与血型	常见的血型有哪几种？输血有什么意义？
人体内废物的排出	人体的泌尿系统由哪些结构组成？
	人体有哪些废物排出的途径？尿是如何形成并排出体外的？
人体对外界环境的感知	耳朵是由哪几部分组成的？
	如何形成听觉？
	眼睛由哪几部分组成？
	如何形成视觉？
神经系统的组成	神经系统由哪几部分组成？
	大脑、小脑、脑干、脊髓各有什么作用？
神经调节的基本方式	什么是反射？反射有哪些类型？
	反射弧由哪几部分组成？反射与反射弧的关系是怎样的？

续表

课题	主问题
激素调节	人体内有哪些主要的内分泌腺？
	生长激素、甲状腺激素、胰岛素等激素分别起什么作用？
	激素调节与神经调节的关系？
分析人类活动对生态环境的影响	人类的增长趋势是怎样的？ 人类活动对自然界有什么影响？
探究环境污染对生物的影响	酸雨与水污染对生物有什么影响？
拟订保护生态环境的计划	当前有哪些环境问题？怎么解决这些环境问题？

人教版生物教材八年级上册第五单元“生物圈中的其他生物”中，第一章主要学习自然界中的不同生物类群，学生对这些生物的学习，可通过解决“××动物的主要特征是什么？常见种类有哪些？与人类的关系怎样？”等主要问题来达到教学目标。而第四章和第五章学习细菌、真菌和病毒，学生活动可围绕解决“结构如何？怎么繁殖？与人类的关系如何？”这类问题。根据不同的课题，可设计以下问题（表3-6-5）。

表3-6-5 问题设计表

课题	主问题
腔肠动物和扁形动物	腔肠动物和扁形动物的主要特征是什么？
	它们与人类的生活有什么关系？
线形动物和环节动物	线形动物和环节动物的主要特征是什么？
	它们与人类的生活有什么关系？
软体动物和节肢动物	软体动物和节肢动物的主要特征是什么？
	它们与人类的生活有什么关系？
鱼	鱼的主要特征是什么？
	鱼与人类的生活有什么关系？
两栖动物和爬行动物	两栖动物和爬行动物的主要特征是什么？
	它们与人类的生活有什么关系？
鸟	鱼的主要特征是什么？
	鸟与人类的生活有什么关系？

续 表

课题	主问题
哺乳动物	哺乳动物的主要特征是什么？
	哺乳动物与人类的生活有什么关系？
动物的运动	运动系统是由哪些部分组成的？
	骨、关节和肌肉怎样协调配合完成动作？
先天性行为和学习行为	如何区分先天行为和学习行为？
	动物的行为对动物的生存有什么意义？
社会行为	动物的社会行为具有哪些特征？
	动物群体中的信息交流对动物的生存具有什么意义？
动物在生物圈中的作用	动物在生物圈中扮演什么样的角色？
细菌和真菌的分布	细菌和真菌的分布范围是怎样的？
	怎样检测环境中的细菌？
细菌	细菌具有哪些形态结构？
	细菌是怎样进行生殖的？
真菌	真菌细胞的结构具有什么特点？
	真菌是怎样进行生殖的？
细菌和真菌在自然界中的作用	细菌和真菌是怎样参与生态系统的物质循环的？
	细菌和真菌对人和动植物有哪些影响？
人类对细菌和真菌的利用	细菌和真菌在食品的制作、人类预防疾病以及清洁能源中都起着什么作用？
病毒	病毒的结构有什么特点？
	病毒是怎样繁殖的？
	病毒与人类的生活有什么关系？
尝试对生物进行分类	对生物进行分类的依据是什么？
	怎样根据生物的特征对生物进行分类？
从种到界	生物分类有哪几个等级？
	对生物进行分类具有什么意义？
认识生物的多样性	生物多样性的内涵有哪些？
保护生物的多样性	保护生物多样性的主要措施有哪些？

人教版生物学八年级下册主要涉及生物的生殖和发育、遗传和变异、进化等内容。学生通过本册内容的学习，要掌握不同生物的生殖和发育过程，并掌握遗传、变异以及进化的基本原理。该册内容可以设计的主要问题见表 3–6–6。

表3–6–6　该册内容可设计以下相关的主要问题

课题	主问题
植物的生殖	植物有哪些生殖方式？在生活中有哪些应用？
昆虫的生殖和发育	昆虫的生殖有哪些方式？发育经历哪些过程？
两栖动物的生殖和发育	两栖动物的生殖有哪些方式？发育经历哪些过程？
鸟的生殖和发育	鸟类的生殖和发育经历了哪些过程？鸟卵由哪些结构构成？
基因控制生物的性状	什么是生物的性状？子代的性状与亲代的性状有关吗？
基因在亲子代间的传递	基因是如何借助精子和卵细胞在亲代和子代中传递的？
基因的显性和隐性	孟德尔杂交实验是怎么表现出基因的显性与隐性的？
人的性别遗传	性别遗传的决定因素有哪些？
生物的变异	哪些因素导致生物变异？人类对生物变异有什么运用？
地球上生命的起源	生命的起源经历了哪些过程？
生物进化的历程	科学家如何研究生物的进化历程？生物的进化经历了哪些过程？
生物进化的原因	推动生物进化的原因是什么？什么是自然选择？
传染病及其预防	常见传染病的传播途径有哪些？
	如何预防传染病？
免疫与计划免疫	人体如何抵御外来疾病？
	免疫有什么功能？
评价自己的健康状况	什么是健康？
选择健康的生活方式	什么样的生活方式是健康的生活方式？

第七节 自主—合作教学模式

一、自主—合作教学模式概述

（一）定 义

自主—合作教学模式就是在激发学生学习积极性和主动性的基础上，进一步引导学生进行自主学习、合作学习，促进学生构建自主—合作学习体系，提高学生的学习能力并切实提高课堂教学质量的一种教学模式。其目标是培养学生的积极性和主动性，充分发挥学生的主体作用，提高学生独立获取信息的能力、筛选和整理信息的能力、表达能力，培养学生的合作意识、团队精神，使学生较早地学会运用科学研究的方法，提高各项学习技能。

（二）特 点

21世纪是一个信息爆炸的时代，学生被动地接受知识已经不能适应时代的需求，势必被这个时代淘汰。学生要成为会学习、主动去学习的人，要具有与外部世界产生交互作用的能力。相应地，时代也对教师提出了新的要求，教师要培养的是具有自主学习能力的学生，因此，教师也要从教学模式上进行改进创新，以适应时代的要求。在自主—合作教学模式中，教师的地位从讲授者转变为设计者，引导学生在教师导演的场景里发挥主观能动性，通过自主合作学习来获取基本知识并提高自身的综合素质。自主—合作教学模式下学生的学习方式具有以下特征。

1. 自主性

自主性是自主—合作教学模式的一个非常显著的特点。区别于学生被动学习的传统教学模式，自主—合作教学模式要求教师以学生为主体，发挥学生的主观能动性，调动学生的积极性，激发学生学习的内驱力，促使学生在教师提供的教学条件下进行高品质的自主学习。21世纪学习方式的自主性，突出表现为教师要把课堂还给学生，让学生从“要我学”变为“我要学”，学生具有自主学习的思想意识，能够充分发挥自己的潜能，积极主动地进行探索、尝试；

能够主动地对自己的学习过程进行统筹安排，能够对自己的学习结果做出及时的总结和正确的评价。自主性有利于培养学生的主体意识和观念，提高学生发现和解决问题的能力，从而不断增强学生的自我学习、自我发展的内在动力。

2. 合作性

合作性是自主—合作教学模式的另一个显著特点。合作性要求教师根据“组间同质、组间异质”的原则对不同层次的学生进行合理的分组，小组成员在完成教师布置的学习任务时要进行深入的合作和交流。在合作学习的过程中，每个学生都要有自己明确的任务，并且要将自己的学习行为融入小组的学习活动中。小组的每个成员都能发表自己的意见，组员之间要进行有效的、广泛的合作与互助性学习。自主—合作教学模式中的小组合作机制将个人之间的竞争转化为小组之间的竞争，有利于学生从单打独斗式的学习压力中解脱出来，从而也缓和了学生之间和师生之间紧张的学习关系，有助于学生在学习过程中进行积极的、主动的沟通与合作，增强了学习的责任感。

3. 探究性

自主—合作教学模式下，学生的学习方式体现了自主性和合作性，这就意味着学生的学习不只是建立在个人经验上的独立分析、判断与创造的活动，而是一种基于自己与世界交互作用的独特经验上的连续不断的建构过程，是一种带有浓厚创新色彩的积极主动、永无休止的探究过程。自主—合作教学模式的探究性主要体现为让学生经历一种类似于科学研究的情境和过程，通过学生独立自主地发现问题、实验、操作、调查、收集处理信息及表达交流等合作学习活动，从中学习科学探究的方法和思路，掌握各项学习技能，体验科学探究的乐趣，从而构建知识、掌握解决问题的方法。

4. 问题性

学生在自主—合作教学模式下的学习是否有效的一个衡量标准应该是学生在学习过程中是否具备了发现问题、提出问题和解决问题的能力。现代学习方式特别强调问题在学习活动中的重要性。学生在学习过程中要善于发现问题，并勇于提出问题，和老师或其他同学一起寻求解决问题的方法和策略，这样的学习才是真正地会学习，而不是单纯地掌握了知识点。只有这样，学生的学习能力才能有质的飞越，学生才能真正领略到学习的乐趣，激发学习的内驱力。

二、自主—合作教学模式的理论依据

为了适应知识经济时代和学习社会的需要，传统的教育教学理念产生了根本性变革。变革的重点表现在三个方面：一是要以教育主体自主性发展和创新教育为中心来构建现代教育的理论体系，建立以“学会学习”为中心内容的现代教育理论。二是以“学习论”改造现行的“教学论”，建立以“学习论”为中心的现代教学观念。自主学习要求真正确立学生主体发展和自主发展的地位，使知识经济时代的教学理论更加符合学生学习知识、技能与人格发展的内在规律，教师的所谓“教学”，其真正含义由过去的“教学生知识与技能”变为“教会学生学习”。三是以学法研究为中心带动教学观念的根本性变革。构建以学法为中心的教学法理论体系，并不断推进这一教学方法的实践探索。大量的理论研究表明，自主—合作教学模式是一种教与学都和传统教学方式不同的且行之有效的教学模式。

（一）合作学习理论

教育社会学认为，同辈团体是影响课堂教学效率的一种重要的现实因素，小组合作学习是一种动态的集体力量，要使学生小集体成为认识的主体来发挥作用。马克思认为，人只有通过主体活动，才能对客观世界发生作用，才能主动地认识客观事实，并在这一过程中改进发展和完善人本身。小组合作学习能有效地唤起学生的学习热情，及时调动学生学习的积极性，增强学生主动和共同探求知识奥秘的动力。

（二）内在动机激发论

学习动机是影响学生学习活动的重要因素，它贯穿于学习活动的始终。内在动机论将学习动机看成学生承诺为达成学习目标而做出的努力，亦即怎样推动每个学生做出最大的努力。这一理论的倡导者（如约翰逊兄弟等人）认为，学习动机是借助人际交往过程产生的，其本质体现了一种人际互动，建立起积极的彼此依赖关系。激发动机的最有效手段，是在课堂学习中建立一种“利益共同体”机制。这种“利益共同体”可以通过合作性的目标结构、学习任务分工、学习资源共享、角色分配与轮换、责任到人与集体奖励等方式实现。例如，合作性的目标结构的提出就基于这样一种设想：个人成功与小组成功要捆绑在一起。因此，学生一方面在帮助他人的过程中也在提升自己，另一方面提高自己的学习成绩，也有利于他人。另外，运用学习任务分工，也使得小组成员每个人都能意识到自己对小组的贡献是他人所不能替代的。还有，像集体奖励，实际上也保证了小组的成功不是基于一两个人的努力，而是依赖大家同心协力去争取。而传统的小组学习往往依据小组中个人的最高分进行班内或组间排名，这显然会极大地挫伤学习成绩较差的学生的积极性。

总之，内在动机激发论认为，应积极创设一种每个人对达成集体目标付出努力的公开承诺的情境，这种情境会最终导致学生在小组内牢牢地树立“休戚相关”“荣辱与共”“人人为我，我为人人”的共同意识。

（三）认知发展促进论

认知发展促进论的倡导者（如维果茨基、皮亚杰等）认为，儿童认知发展和社会性发展是通过同伴相互作用得以促进的。维果茨基曾指出：“人的心理是在人的活动中发展起来的，是在人与人之间的相互交往过程中发展起来的。”“在儿童的发展中，所有的高级心理机能都是两次登台的：第一次是作为集体活动、社会活动，即作为心理间的机能。第二次是作为个体活动，作为儿童的内部思维方式，作为内部心理机能。”也就是说，人的高级心理机能发展是借助人们的交往实现由外而内的内化过程。

在“最近发展区”这一概念中，维果茨基强调了它是由儿童独立解决问题的实际发展水平，与在成人指导下或能力较强的同伴的合作中所体现的潜在发展水平之间的差距。所以，教学创造的“最近发展区”不仅体现在教师的教中，同样也体现在与能力较强的同伴合作学习之中。通过小组内部的争论、磋商、讨论、协调等方式，小组达成某个问题的共同意见与解决办法，这是心理发展的社会关系渊源。

皮亚杰及其许多追随者也都认为，像语言、价值观、规则、道德和符号系统（读、算）均只有在与他人的相互作用中才能掌握。他们坚持主张增加课堂合作学习的时间，使学生在学习任务上彼此合作，以便产生有益的认知冲突、高质量的理解和恰当的推理活动，从而提高学习成绩。

（四）知识建构学习论

知识建构论认为：“每个学习者都不应等待知识的传递而应基于自己与世界相互作用的独特经验去建构自己的知识。”“人的知识结构的形成，一方面离不开个人主体的活动，另一方面也离不开主体交往。从根本上讲，人的知识是社会生活中不同主体之间建构的产物。”因此，建构性学习方式是与人的交互作用的本质相关的。“人的交互作用的本质是指个人在知识的建构中必须依靠有意义的共享与协商，人际关系最基本的形式应该是合作而不是权威型的命令或控制。”建构主义者十分重视合作学习，这些思想也是与维果茨基等人重视交往在儿童心理发展中的作用相一致的。

知识建构离不开知识的精细加工。认知心理学的研究结果证明，如果信息要在记忆中保持并与原有的信息发生联系，那么学生必须介入对材料的认知重构或精细加工活动。例如，自己把单元的知识整理形成提纲或思维导图比纯粹抄写笔记更为有效，因为列提纲或作思维导图本身要求学生重新组织材料及理清要点、重点并使知识点串联起来。

三、自主—合作教学模式的教学目标

在传统的课堂教学中，教师一般采用的是“满堂灌”或“循规蹈矩”的方式完成一节新课，主要侧重点在于教师知识点的传授和学生的接受。这种教学方式，使学生一直处于被动地接受知识的状态，而长期的被动接受知识，最终导致的后果就是学生自主能动性减弱，缺乏创新思维、问题意识、合作能力和探究精神。如果是某一学科长期如此，久而久之，学生就会对该门学科的学习失去兴趣，最终导致排斥该学科，甚至厌学；如果是某一节课采用“满堂灌”式教学，那么，就会导致学生对该节课的知识点理解起来比较费劲，影响前后知识点的衔接。而新课程的教育核心理念是“一切为了每一位学生的发展”，要求将学生的学放在第一位，充分发挥学生的主观能动性，这与传统的教学理念大相径庭。因此，合理地安排课堂教学的内容，根据学生的接受能力、认知水平，采用合理而又行之有效的教学方式来优化课堂教学架构，全方位地激发学生的学习热情，对于课堂教学效率的提高是至关重要的。那么，教师该如何改变、促进新的教学模式，以此组织学生进行有效的学习呢？其中，自主—合作教学模式要求充分体现学生的主体地位，发挥了学生的自主能动性，有助于提高学生的学习热情，培养学生的语言表达能力和创新能力。

初中的生物学课堂教学，由于学生的知识水平及思维模式的制约，采用传统教学模式授课，学生刚开始会有极大的兴趣和众多的疑问，但提出的问题经常是非常简单的，缺乏深度的，甚至是幼稚的、脱离主题的，这将造成教师的课程安排变得非常烦琐和单调，导致教学效率非常低下。而因为学生的认知水平有限，一味地按部就班，学生只是听老师讲课，最终教师的授课就会慢慢出现一头热的现象。

而在生物教学中，通过自主—合作教学模式进行教学，教师在组织课堂教学时引导学生自己自觉学习、积极参与课堂活动，以学生自主学习为中心，教师在学生学习的过程中只是起引领的作用。同时，教师以平等的身份参与课堂活动，必要时给予适当的引导、分析，课堂氛围较为活跃。学生自主学习，在探讨问题、解决问题的过程中积极发表自己的个人见解，在互助合作的学习中共同进步。因此，通过自主—合作教学模式进行生物学教学指导，有助于不断加强学生的动手操作能力、合作意识，有助于促进学生健全人格的发展，促进知识体系的构建，在拓宽学生的知识面的同时还能培养学生有效解决生物学知识及问题的能力。此外，通过自主—合作教学模式可以有效提高生物课堂教学效率，促进教师强化自身的核心素养，不断学习，加强合作交流。

四、自主—合作教学模式的操作程序

（一）自主—合作教学模式的教学流程图

采用自主—合作教学模式的教学流程如图3-7-1所示。

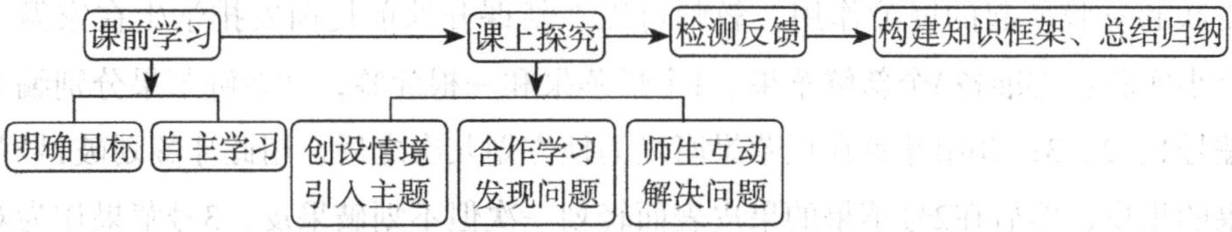

图3-7-1　采用自主—合作教学模式的教学流程图

（二）自主—合作教学模式的基本环节

1. 课前学习

（1）明确目标

设计合理的课前预习目标对学生的课前预习及其课堂中的展示起着极其重要的作用。因此，在上新课前为了指导学生更好地预习教材内容，教师首先应该提出较为明确的学习目标。设计合理的预习目标时，教师应对学生的认知水平、现有知识水平等进行分析研究，结合现有教材的课程标准，合理处理教材中的或教师自己课前收集的有益于课堂教学的材料，从而引导学生明确学习的主要内容，鼓励学生积极自主的学习，尝试自己在学习的过程中学会思考、学会提问。因此，课前学习目标的设定应符合重点、突出难点，便于学生操作，这样学生对下一节新课的大体框架及知识点就有了初步的了解。同时，在设定学习目标的同时，可以结合教学内容适当地给学生布置一些小任务，如一些简单的手工操作或学生通过自学后易于理解的问题学案，从而辅助学生在自学过程中找到方向。

（2）自主学习

学生是学习的主体，学习是学生主体自己的事，任何人也替代不了。自主学习的过程中，学生根据老师课前提出的学习目标和学习任务，结合老师提供的相关学习资料，有针对性地选择学习内容。必要的情况下教师还可以布置一些任务，如家庭小实验、准备实验材料、演示装置制作、模型制作、材料收集等，学生在学习的过程中掌握学习方法和技巧，并充分发挥学生自己的主观能动性，让学生结合自己已有的知识储备和生活经验善于思考和发现问题。此外，在自主学习的过程中，学生还可以结合自己的知识水平适当地安排学习时间，在收集知识、分析知识及处理知识信息的过程当中会感到很轻松；从发现问题、探究和解决问题中得到创新的愉悦。例如，在“免疫与计划免疫”一课中学习关于“人体的第一道防线”的知识点，主要是要让学生能正确感知人体皮肤和黏膜所起的屏障作用，教师可以在新课开课前提前安排学生在家做一个小实验：①准备3个新鲜苹果、1个烂苹果和一根牙签；②新鲜苹果分别编上编号1、2、3；③用牙签在烂苹果腐烂的地方划几次之后，用此牙签划破1号苹果的果皮，然后在2号苹果的果皮表面轻划一次但不划破果皮，3号苹果作为对照，不做任何处理；④将3个苹果分开封装后放到温暖的暗室环境中。一星期后上课时带到课堂上展示结果。

2. 课上探究

（1）创设情境、引入主题

学生是学习的主人，学习的主动权始终掌握在学生的手中，要培养学生以“学”为重的理念，其中最为基本的精神就是要先培养学生爱学习、会学习，培养学生真正自主性学习。兴趣是学习最好的老师，同时也是学生能否顺利完成自主学习的前提。当一个人对某个学科产生了极其浓厚的兴趣的时候，学习对于他来说不是任务或负担，而是转化成了内需。在课堂教学过程中，尤其是新课的教学，教师首先要激发学生的学习欲望、参与欲望和联想思维，这决定了接下来一整节课的教学过程中，学生能否集中注意力跟着教师的想法和思路走，能否高效地掌握本节课的关键知识点。利用现有的教学资源创设良好的学习情境，是激发学生学科兴趣的重要方法之一。采用合适的情境导入，“引人入胜”，把教材内容变得更加丰富、饱满、生动，课程刚开始就激发了学生的兴趣，快速地将学生带入探索新知的情境。

创设情境，要求教师利用现代教育技术所创设的教学情境必须尽可能真实，即创设的情境不仅要贴近课堂教学内容，而且要尽可能地贴近学生的生活、贴近社会。教师可以根据学习目标的要求和学生的认知水平，创设多种情境方法来导入新课教学。如针对课堂教学内容，合理利用知识迁移的办法将视频资料、图片资料、文字材料、近期生活热议事项等资源有意识地为学生创设适宜的问题情境，也可以用回顾所学过的知识的方法引出课题，从而达到激发学生的学习兴趣、促进学生积极思考，引入课程主题的目的。例如，在“细胞通过分裂产生新细胞”的教学过程中，教师先描述除病毒外所有生物都是由细胞构成的，细胞是生命体的基本组成单位，提问学生：“我们出生时只是一个小婴儿，那么，我们是如何长大的？”以此激发学生兴趣。接着，教师展示一个人从一个受精卵到婴儿、儿童、少年、成人的整个生长发育过程图片，引导学生观察并思考刚才的问题，回答什么是“细胞分裂”，引发学生再次思考并进入新课学习。又如，在“两栖动物的生殖和发育”这一节介绍青蛙的生长发育过程时，教师可组织学生重温小学时候学过的《小蝌蚪找妈妈》，让口才比较好的学生现场讲述，活跃课堂气氛，制造良好的课堂情境，提问：“为什么小蝌蚪一开始会找不到自己的妈妈？”学生回答：“因为它和妈妈长得不一样。”教师：“那小蝌蚪是如何慢慢发育成青蛙的？”由此带领学生进入新课学习，整节课下来学生兴致极高，教学效果很好。

（2）合作学习、发现问题

在学习过程中，培养学生的合作学习、合作探究意识显然非常重要。合作学习过程中学生可以围绕一个重点，各自抒发自己的独特见解，还能听取合作成员之间的不同见解，相互研讨，实现信息共享、共同提高的主体性作用。

合作学习环节要求建立一个平等、合作、相互交流的师生关系。那么，教师如何在生物学教学过程中指导学生进行高效的合作学习呢？第一，教师应该先处理好课堂中的角色关系。学生才是课堂的主体，是主角；教师在课堂中需要充分发挥自己的主导性作用，不再是整个课堂的主宰者，而是典型的“促进者”。第二，在合作探讨学习环节，教师要合理地组织调控课堂。在课堂上，教师并不是单一的角色，而是组织者、参与者、引导者、合作者。课前教师需要先提前给学生准备有助于课程学习的背景材料等，让学生更容易获得直观的认知。此外，在课堂上，教师要按照制定好的课程目标合理地分配学习任务，以小组合作为主体的教学活动应该以课程目标为导向，还要融入小组学生的合作学习当中，了解学生学习及讨论的信息，善于发现学生的心理变化，并对学生遇到的疑难问题及时给予指引、评价。

学生是有思想、有自主能力的人，是一个个鲜活的人，不是只会被动地接受知识的记忆卡片。个体的独立学习与合作学习的顺利开展是密切相关的。其中个体独立学习是合作学习的结果，也是合作学习顺利开展的最终目标。在合作学习的过程中，大家共同围绕着一个问题展开探讨，各抒己见，使问题得到不断的深化、提升和完善。独立学习者敢于质疑、敢于批判、善于思考、善于合作，通过合作学习的机会积极思考问题，根据已具备的知识经验进行交流讨论，畅所欲言，由此激发了学生学习的欲望，并在知识的碰撞中产生出新的有价值的疑难问题，由此培养了学生善于创造和超越的能力。

例如，在“节肢动物”一节中比较昆虫和节肢动物中的其他动物之间的区别时，切勿教师一人独占一节课，也切勿让学生各自思考、回答总结。课堂教学中，教师可以利用教材中所设置的问题进行讨论，优先展示蝗虫、七星瓢虫、蜘蛛、蜈蚣、虾等实物标本，若条件有限，没有实物标本，教师也可以收集丰富的图片或相关视频等资料进行展示，并让学生以小组为单位先观察比较所观察的动物的形态结构特点，再完成教材中的表格，共同总结出表格中所有动物的共同特征。

（3）师生互动、解决问题

课堂教学不是教师一个人的舞台，而是教师与学生在情感、态度、价值观等方面相互作用和影响的过程。在教与学的交往、互动过程中，师生之间相互交流、相互补充。这种相互之间的作用关系，不仅对学生的认识水平、人格发展等有很大的帮助，而且还大大提高了课堂教学效果。因此，在实际教学操作中，教师与学生共同以“自主”为载体，并以“合作”为依托，让学生的学和教师的教能合理而有效地连接在一起。在课堂教学的师生互动中，教师不能让学生单枪匹马作战，应该放手让学生借助课堂可提供的资源和自己课前收集的相关信息资料，有目的地组织开展探究性活动，此环节是自主—合作学习教学模式中的一个中心环节，教师在此活动中起着重要的“导演”作用。教师要准备足够的内容在合作探讨时适当展示，但要尽可能少地发表个人对问题的见解，而是在学生遇到问题时给予必要的建议。同时，教师还需具备如下几种最基本的能力，如要善于聆听学生的不同意见，善于对学生提出的问题进行分析，善于引导学生懂得如何用自身具备的知识点、学习方法去思考、探究和发现，善于以一个参与者的身份与学生交流，提供自己的见解，愿意接受学生提出的质疑。

学生要根据自身的特长和特性，合理地计划和控制自己的学习方式、学习进度及其深度。在合作探究学习新知识的课堂中，将合作探究看成一种交流，遇到问题时大家一起讨论，但是一定要注意，在讨论的过程中不要以凑热闹的心态去参与，而是在讨论前应该进行独立思考；能紧跟老师的安排，不扰乱课堂秩序，有序发言，不跟老师和同学针锋相对，善于倾听；能结合自己已有的知识储备针对新问题积极发表自己的意见，通过与本班或本组成员、老师一起努力，争取通过某一个已学的知识点来联想甚至解决新知识点，进而全面掌握新知识，解决之前课堂中提出的问题。

例如，在“制作洋葱鳞片叶内表皮细胞临时装片”的实验操作中，教师可以边讲解边操作并解释每一步操作的原理，强调操作的注意事项，每一个操作步骤均要求合作小组的学生尝试模仿和相互评价。在教师操作示范的过程中，应该允许学生质疑每一个操作步骤。而在学生提出质疑后，教师可通过一问一答的形式来加强学生对操作要点及其要求的理解和记忆。比如，撕下的内表皮放在载玻片的水滴上后为什么要用镊子展平？——避免细胞重叠，影响观察。为什么盖盖玻片的过程中要先接触水滴，然后缓缓放下？——盖玻片缓慢放下，可有效地避免气泡的产生，影响观察。为什么要用碘液染色？——可让细胞内的细胞核染色，便于观察。

3. 检测反馈

课堂教学主要由讲解、学习和练习三部分组成，教师组织课堂教学时要做到精讲、多学、多练。作为高效的课堂教学，应该把尝试、探索、自学作为课堂教学的主旋律，而及时检测反馈，则是为实现高效课堂必须考虑的一个环节。因此，准备一节新课前，教师要做好充分准备，保证各个环节的正常运转。但很多教师在授课时经常会因为课时的缘故，在课堂教学的内容完成后省略最后“练”的环节。只有练习到位、当堂检测过关了，方可达到巩固课堂教学的目的。因此，课堂练习的设计非常重要，设计的练习要灵活、全面，但又要避免繁多而重复的问题出现，要求习题“精细、重点、科学”。

在自主—合作教学模式的生物课堂教学中，其检测反馈的方法可以有多种形式，教师可以结合当堂教学内容的不同需要来灵活设置。比如，可以采用限时限量的练习题式，先独立完成，然后经过小组讨论后再由小组代表进行回答，讨论过程中其他小组的学习成员可以提出异议，教师给予适当引导讲解；也可以采用联系实用性的实例来考查学生对本节课中重点知识的掌握程度，以学习小组为单位，利用本节课所学知识共同探讨并展示。而教师作为学生学习过程的促进者、指导者，可以利用当堂检测的机会对学生的检测结果进行面批面改。例如，七年级“人体内物质的运输”一章，在教完“输送血液的泵——心脏”这一节之后，可以给学生设计如下实用型的问题：某人脚背发炎，医生在他的臀部肌肉注射消炎药物，此药运至足部的途径是什么？（请用流程图表示）药物要运至患处共经过心脏几次？此检测问题，主要是引导学生思考此药物运输到主要效应部位的途径，解答此类题目的关键是理解掌握体循环和肺循环路线。小组内讨论，互帮互助，教师则可以根据小组反馈的结果来检测学生对本节重点知识“体循环和肺循环路径”的熟练程度。

当堂反馈是最为快速而又高效的检测，学生在生物教学课堂上通过随堂反馈，现学现用，可以非常及时地看到自己的缺点和错误，可以看到自己与其他同学之间的差距，激发自己的上进心，及时纠正自己学习的方式方法，提高学习效率。与此同时，教师可结合此课堂反馈结果来提高自己对学生接受能力的认识，及时调整自己的课堂教学节奏，以此来巩固学生思考、讨论、研究和解决问题后的学习成果，调动学生的学习兴趣，增强学生的学习信心，强化学生的知识记忆。这些，对于高效、优质的生物学课堂教学来说，是十分有必要的。

4. 构建知识框架、总结归纳

自主学习、合作探究及问题解答之后，并不能代表课堂教学的结束。此时学生所学到的知识还是非常零散的，缺乏整体性的。要想让学生较好地掌握、巩固新知识，最为重要的还是要增加一个教学环节，即构建合理的知识框架，对新知识进行总结归纳，掌握探究问题的基本思路及其方法。只有将零散的知识点理顺，变成系统的知识点并且理解清楚了，才能真正地将知识变成学生自己的，并且长久地保持在学生的记忆中。该环节中，教师可以把握好时机从旁给予学生适当的引导，使其全面地看待问题，并通过恰当的方式总结、归纳本节知识。如思维导图的形式，可以由师生合作共同完成；也可以教师引导合作小组进行讨论后完成，然后由小组派出代表对本小组讨论出的结果进行汇报。

学生总结，在生物课上是很常用的一种教学方法，较为常见的是教师提出某个重点知识的问题点，学生直接总结。但是在合作学习的教学过程中，由教师将整节课的知识点进行分类归纳，再引导学习小组合作讨论，进行总结，构建知识框架，学生之间优势互补，使重点知识更加清晰、系统，更能够加深学生对知识点的理解。此外，用合作讨论的方法进行新课小结，能够有效地提高学生的实际操作能力、展示学生的合作创新能力、深化生物教学的效果。

例如，在“输送血液的泵——心脏”的新课教学的知识框架构建环节中，教师提前准备好下列血液循环途径知识框架（图3-7-2），由每个学习小组成员共同讨论完成表格内容。最后，由每个学习小组代表上台展示结果，完成本节课的系统知识归纳。

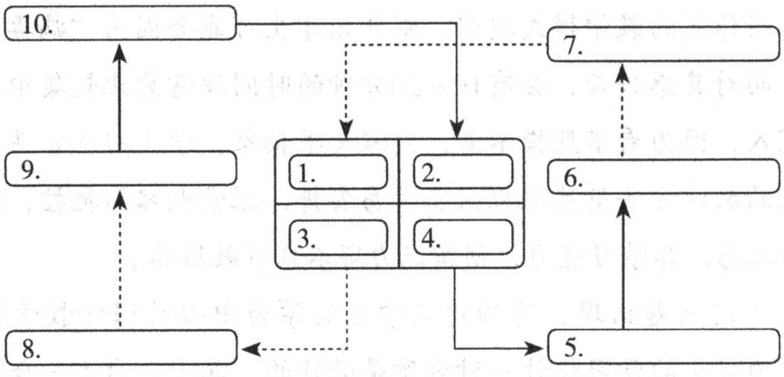

图3-7-2　血液循环途径知识框

提示：1～4表示心脏的四个腔，5～10表示不同的血管，箭头表示血流方向。

教学案例

“病毒”教学设计

一、教学分析

“病毒”是人教版初中生物八年级上册第五单元“生物圈中的其他生物”最后一章的内容。本章不分节，主要是从病毒的发现史开始介绍，然后通过图文的形式直观地呈现不同的病毒、病毒的结构及其繁殖方式。最后，关于病毒与人类生活的关系，教材主要介绍了病毒给人类生活带来的危害，同时还介绍了人类在与病毒斗争的过程中用病毒来造福人类的例子，由此让学生以辩证的眼光来看待病毒与人类生活的关系。

二、教学设计思路

病毒对于初中生来说名字很熟悉，但具体了解甚少，很容易在微生物类群中将细菌、真菌、病毒三者混为一谈。同时，病毒非常微小，必须通过非常专业的电子显微镜设备才能观察到，而且很多病毒具有一定的危险性。因此，在初中的生物教学过程中安排实验课显得不太现实。

此外，病毒是非常特殊的一种生物，其与其他各种生物的最大不同之处在于它没有细胞结构，而且不能独立生活，必须要寄生到其他活细胞内才可以生存。如果采用传统的教学模式授课，刚开始学生可能会因为“病毒”这个名称和一些图片而对其感兴趣，会有10～20分钟的时间注意力比较集中，但随着教学内容的深入，因为看不见摸不着，内容又很抽象，学生极其容易分神瞌睡。同时，传统的教学方法虽然课程内容容易安排，课堂也容易把控，但学生处于被动接受的状态，其学习能力、创新能力得不到有效培养。

为避免上述问题出现，为构建以学生的学为中心的课堂教学模式，从学生学的角度为学生的学习设计一种方案是必须的。其中，自主—合作教学模式建立起了学生的学与教师的教之间的桥梁，有效地促进了教学过程中的师生互动，真正还给学生在生物学课堂教学中的“主体”地位。

本节课的重点在于了解病毒的发现、病毒的主要特点及其与人类的关系，如果仅仅是教师单纯讲授，学生很难理解透彻，对病毒的了解仅限于短暂的记忆。为了提高学生的兴趣，教师课前设定目标，引导学生课外利用网络资源及病毒相关书籍进行自主学习。课堂上采用多媒体、图片、故事性文字、现实生活中的实例进行辅助，突破重点、难点，使得课堂更加鲜活，同时也提高了课堂的有效性。

推崇素质教育的今天，培养学生的能力远比传授知识点更为关键。学习是否有效，最终还是需要通过检测学生是否能对相关知识点进行应用，能否解决实际问题。因此，为了检测学生本节课的学习效果，在课堂中让学生小组相互交流合作，共同总结归纳，由此达到对学生学习情况检测及反馈的目的。

“病毒”教学实录

第一环节：课前学习（明确目标、自主学习）

引导学生课外通过网络资源及相关书籍查阅病毒的相关资料，明确本节课的学习目标，了解病毒的发现史，描述病毒的主要结构特征、病毒的生活和繁殖方式，学会用辩证的眼光看待病毒与人类生活的关系。了解主要的学习任务对学生的自主—合作学习有很大的指导性作用。

教师提前准备好常见的病毒相关资料，如形态、大小、引发病症等，并配上相应的图片。

第二环节：课上探究

创设情境、引入主题

师：同学们，今天老师和大家一起来了解一个极其特殊的“新生物”。

学生带着好奇心观看教师通过PPT展示的2009年禽流感病毒的相关介绍及因其引发疾病的相关图片，引发学生的思考。

师：通过刚刚展示的图片，同学们认为，引发图中所示的流感疾病的真正元凶是谁?

生：病毒。

师（引导）：那么，除了我们常见的流感病毒之外，同学们还知道有哪些是病毒引发的疾病?

生（思考后回答）：禽流感、SARS、天花、肺炎、肝炎、艾滋病、小儿麻痹症等。

接着，教师通过展示病毒与人类生活密切相关的图片或视频资料，通过震撼的图片或视频效果很快吸引了学生的注意力，说明人类生活中很多疾病都是由病毒引起的。

师：那么，在你的印象中，病毒是什么样的呢？（学生思考，纷纷举手发言）以此带领学生走进“病毒”新课程的学习。

合作学习、发现问题

师：病毒跟我们之前所学习的细菌一样，都是看不见摸不着的，那么科学家们是如何发现病毒的存在的呢？是谁最先发现了病毒？

学生先自行阅读课本，很快就能找出发现病毒的科学家是19世纪末的俄国科学家伊万诺夫斯基。教师继续提问：这位科学家为了探究烟草花叶病的发病原因，曾做了很多次的实验和猜想，那么他又做出了哪些极其大胆的尝试？

学生继续阅读课本，并结合课前收集的病毒发现过程的相关调查报告，小组相互交流分享后由小组代表上台给全班同学讲述病毒的发现过程，并说明造成烟草花叶病的是比细菌还小的病原体引起的。其他学生认真聆听，思考并现场提出个人疑问。

教师解答并总结。通过初步了解病毒发现的科学史，让学生意识到病毒非常微小，科学家经过很长时间才通过严谨的实验及逻辑推理发现了病毒的存在，让学生感受到科学家认真而严谨的科研态度；同时，也可以让学生认识到科学的发展是离不开技术进步的。

板书1：病毒的发现。

师（引导）：当年列文虎克通过自制显微镜观察到细菌时通过观察到的细菌形态将细菌分为球菌、杆菌、螺旋菌这三类。那么，电子显微镜下的病毒到底是什么样子的？科学家们又是如何对其进行分类的，其分类依据是什么？

教师通过PPT展示烟草花叶病毒、腺病毒、大肠杆菌噬菌体、天花病毒、麻疹病毒等的文字材料及相关的电镜下的病毒照片，请朗读声音最大的学生进行朗读，其他学生认真聆听并思考。而后引导学生结合自己查阅的资料及手中教师准备的材料进行分析比较，小组讨论病毒的分类方法。

小组代表1：经小组讨论，结果如下，病毒可以按照其形态的不同分为球状、杆状和蝌蚪状。

小组代表2：经小组讨论，可根据病毒寄主的不同将病毒分为动物病毒、植物病毒和细菌病毒。

教师展示教材中三种病毒的结构图并点评：同学们分析得非常正确，病毒按形态分可分为球状（如腺病毒）、杆状（如烟草花叶病毒）和蝌蚪状（如噬菌体）三类；而按寄生的细胞不同，病毒可分为动物病毒（如流感病毒）、植物病毒（如烟草花叶病毒）和细菌病毒（如大肠杆菌噬菌体）三类。

板书2：病毒的分类。

按形态分：球状病毒、杆状病毒和蝌蚪状病毒。

按寄主细胞分：植物病毒、动物病毒、细菌病毒（噬菌体）。

教师引导学生阅读教材中的“想一想，议一议”，思考问题：病毒和寄主细胞形态大小上有何不同？根据病毒和寄主细胞形态大小的不同，你能否推测出病毒的结构和细胞相比有何不同？学生很快就可以根据图文得出病毒比寄主细胞小得多，第二个问题学生经过比较得出回答。

教师可结合实际给予一定的提醒，细胞内有细胞核、细胞质和各种各样的细胞器结构，病毒如此小，能否容纳这些细胞结构？

学生迟疑，而后问：那病毒内部结构是怎样的？如果没有细胞器等结构，病毒又是如何进行生活及繁殖后代的？

师生互动、解决问题

教师再次展示教材中的三种病毒的结构图，让学生观察并找出三种病毒的共同点，从而归纳出病毒的结构特点。

学生通过观察，很容易得出结论：病毒只由蛋白质外壳和遗传物质组成。

板书3：病毒的结构——蛋白质外壳、内部的遗传物质。

师（引出）：正常的细胞一般都具有一些最基本的结构，比如……

生：细胞膜、细胞质、细胞核。

师：所以说，病毒有没有细胞结构？

生：没有。

师：病毒的结构如此简单，那么它能否像其他生物一样自由生活？

生：不能，必须要寄生在活细胞内才能生活。

师（总结）：刚才同学们一致认为病毒结构很简单，只由蛋白质外壳和遗传物质组成，没有细胞结构，只能寄生在活细胞内。那么病毒又是如何在寄主细胞内进行生活和繁殖的？现在我们先一起观看这个视频并从中获取我们所需的信息。

（教师点击播放病毒生活和繁殖的动画过程。）

师：通过视频，针对病毒是如何生活和繁殖的这一问题，同学们获得了哪些信息？病毒是如何进行生活和繁殖的？其所需要的物质从何而来？

生：病毒只能寄生在活细胞内，通过自己具有的遗传物质中的遗传信息进行指导，利用寄主细胞内的物质，重新制造出新的病毒。

板书4：病毒的生活和繁殖——寄生在活细胞内。

师（引入）：通过这节课，我们已经对病毒的发现、大小、形态、分类及其结构特征有了一定的了解，那么，病毒到底给我们人类带来了什么影响呢？大多数人一听到病毒就感到可怕，说明病毒给我们人类带来了不少不利的影响。那么，病毒对于我们人类来说是否都是不利的呢？现在同学们先阅读教材第91、92页的相关内容，一起了解病毒与人类生活之间的关系。

接着，请同学们根据自己生活中的经验和课前准备的相关资料，以小组为单位开展接下来的接力赛。接力赛规则：在10秒钟的时间内，每个小组必须有一位同学站起来说出病毒与人类生活之间的关系，不能重复。举出例子最多的小组获胜。

教师展示天花、小儿麻痹症、糖丸、乙肝病人、转基因操作等的图片和视频。

师生共同总结：病毒给人类带来了一些疾病，在研究病毒的过程当中，科学家发现了病毒有益的一面，我们可以利用病毒来服务于人类生活，如通过接种人工处理过的减毒或无毒的病毒（疫苗）来预防天花、乙肝、禽流感、脊髓灰质炎等病毒性疾病的发生；人类利用病毒可携带基因的能力进行基因治疗和转基因操作。因此，病毒对于我们人类有有害的一面，但同时也有有利的一面，我们应该以辩证的眼光来看待病毒。

板书5：病毒与人类生活的关系。

第三环节：检测反馈

师（引出）：假如让你来给大家介绍一下病毒，你应该从哪些方面进行展示？

学生各小组总结汇总：

（1）病毒非常微小，必须要借助电子显微镜才能看到其形态。

（2）病毒有杆状、球状和蝌蚪状，主要分为植物病毒、动物病毒和细菌病毒。

(3)病毒需寄生在其他生物的活细胞内，不能独立生活，通过自己的遗传物质中的遗传信息，指导并利用寄主细胞内的物质重新制造出新的病毒。

(4)病毒分布极其广泛，给人类带来了各种各样的疾病，造成了极大的危害，但是，病毒也同样可以为人类所利用，如研制出了疫苗，用于预防相关的疾病发生；利用病毒进行转基因操作等。

……

教师点评：同学们总结得非常好，将我们这节课关于病毒的相关知识点都概括到位了。

第四环节：构建知识、总结归纳

师（引导）：那么，接下来我们一起来将刚刚同学们介绍病毒的相关信息汇总一下，其他同学在8分钟的时间内将我们这节课所介绍的所有关于病毒的知识点，包括病毒的大小、种类、结构等以思维导图的形式画出来。请两名同学到台上来将自己的思维导图画在黑板上。

思维导图示例如图3-7-3所示。

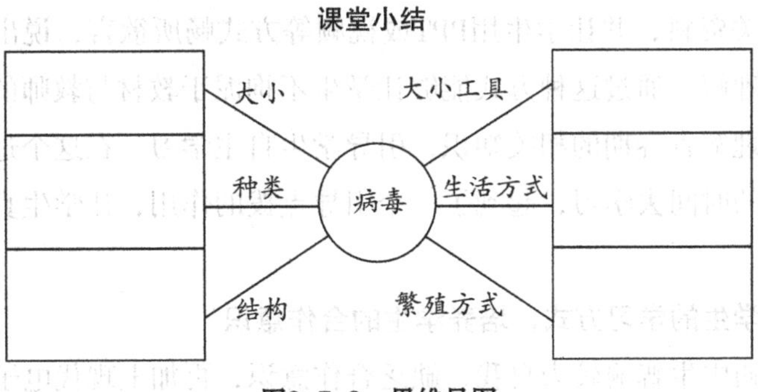

图3-7-3 思维导图

而后，教师引导学生以学习小组为单位，进行讨论，并根据本小组的讨论结果，就黑板上两位同学展示的结果进行评价。

五、自主—合作教学模式的运用策略

（一）自主—合作教学模式的实施条件

自主—合作教学模式提倡改变传统课堂组织形式，以教师为主导，以学生为主体，强调学生的主动性、独立性、自控性、互动性和交往性。教师的主要作用从“整理知识讲授给学生”转变为设计一种环境，引导学生在这种环境下发挥主观能动性，通过自主—合作学习来获取基本知识并提高自身的综合素质。

众多学者的研究表明，自主—合作教学模式是一种适应时代特征和要求的行之有效的教学模式。要让这种教学模式得以顺利实施，教师要从教学组织方式、学习方式、评价机制等方面着手，实行有效的策略以提高课堂效率，让全体学生都得到发展。自主—合作教学模式的实施策略主要体现在以下几个方面。

1. 改进教师的教学组织方式，引导学生自主学习

青春期是人一生中身体发育和智力发展的黄金时期，初中生正处于这样一个时期。这个时期的学生求知欲、自我意识都非常强烈，而且随着现代社会科技的发展，学生的知识面和接触面越来越广泛，如果教师还采用“讲授—接受”的教学模式，学生容易产生抵触心理，甚至产生厌学情绪。因此，教师需要改进教学组织形式，将自主学习贯穿整个生物教学过程，引导学生自己阅读课本，借助先进的电子设备或图书资源查阅资料，让学生认识到自己才是学习的主体，才是课堂的主角。

例如，在讲解七年级下册生物“青春期”这一课题时，教师可以提前让学生去查阅相关资料，并让学生用PPT或视频等方式畅所欲言，说出自己对青春期的认识和理解。通过这种方式能够让学生不拘泥于教材与教师的讲解，通过自身的体会理解青春期的相关知识，引导学生自主学习。在这个过程中教师给了学生足够的时间去学习，起到了一个引导点拨的作用，让学生真正地做学习的主人。

2. 改变学生的学习方式，培养学生的合作意识

现在的初中生普遍较为自我，缺乏合作意识，再加上现代电子产品占据了学生大部分的时间和精力，学生之间缺少交流，很多学生不懂得如何与他人合作交流，而自主—合作教学模式的精髓就是要让学生在合作中学习，提高学生的交流沟通能力。针对这种情况，教师需要采取一些手段来促进学生的合作意识，提高学习效率。在课堂中，教师要实现角色的转变，信任学生，把课堂的主动权交给学生，培养学生的自主合作意识。组织小组自主合作的基础是合理分组，教师应该遵循“组间同质、组内异质”的原则把学生分成若干个四人合作学习小组。然后教师逐层揭示教学内容，为小组提供探究素材或引导小组提前准备好探究素材，帮助学生采用有效、明确的方法积极开展组内自主合作学习。

例如，在进行八年级生物下册“传染病及其预防”一课的学习时，教师可将学生分组，让各个小组在收集各种传染病及其预防的资料后进行小组汇报及角色扮演，让每个小组的学生都能参与到课堂中来，真正地掌握传染病的概念、特点与预防措施，也能够在小组合作中体会到团结协作的乐趣，最终达到整体教学效果的升华。

3. 有效的激励机制，激发学生学习的内驱力

教师组织学生进行自主合作学习对激发学生的学习兴趣是非常好的一种方式，但是在实际操作过程中教师一般会依据小组中个人的最高分进行班内或组间排名，这将会极大地挫伤学习成绩较差的学生的积极性。所以教师应该设立有效的激励机制，让自主合作学习落到实处，让小组成员在课堂中成为一个利益共同体，使小组成员可以通过角色分配与轮换、学习任务分工、合作性的目标实现、学习资源共享、责任到人与集体奖励等方式实现。例如，运用学习任务分工，使小组成员的每个人都能意识到自己对小组的贡献是别人不可替代的。此外，合作性的目标结构要求将个人成功与小组成功捆绑在一起。由此，学生一方面提高自己的学习成绩，也有利于他人，另一方面在帮助他人的过程中也在提升自己。还有，像集体奖励，实际上也保证了小组的成功不是基于一两个人的努力，而是依靠大家同心协力去争取。

例如，在七年级上册生物“种子的萌发”这一章节中，学生小组进行种子萌发的探究实验，实验过程可以让小组成员进行不同的分工合作，一起讨论好实验操作方案后，不同小组成员进行不同的任务分工，最后再整合形成完整的探究报告。在这个过程中，每个小组成员都参与到学习过程中，最终完成学习任务。由此，每个成员都有事可做，都能从中获得学习的乐趣。

初中生物教师在课堂实践中要不断地摸索适合学生、适应社会发展的教学模式。自主—合作教学模式是能够让教师提高课堂效率，让学生提高学习效率的有效方式。教师想要运用好自主—合作教学模式，就必须鼓励学生学会运用自主合作学习的思维，用开放的心态，在教师的指导下进行系统有效的创新性的学习。

（二）自主—合作教学模式适用的课题

自主—合作教学模式适用的课题见表3-7-1。

表3-7-1　自主—合作教学的适用模式课题表

课本分册	课题
人教版七年级上册	第一单元　第一章　第一节　“生物的特征”
	第一单元　第二章　第一节　“生物与环境的关系”
	第二单元　第一章　第二节　“植物细胞”
	第二单元　第一章　第三节　“动物细胞”
	第二单元　第一章　第四节　“细胞的生活”
	第二单元　第二章　第一节　“细胞通过分裂产生新细胞”
	第三单元　第一章　第二节　“种子植物”
	第三单元　第一章　第二节　“种子的萌发”
	第三单元　第一章　第三节　“开花和结果”
	第三单元　第四章　“绿色植物是生物圈中有机物的制造者”
	第三单元　第五章　第一节　“光合作用吸收二氧化碳释放氧气”
	第三单元　第五章　第二节　“绿色植物的呼吸作用”
人教版七年级下册	第四单元　第一章　第一节　“人类的起源和发展”
	第四单元　第一章　第二节　“人的生殖”
	第四单元　第一章　第三节　“青春期”
	第四单元　第二章　第二节　“消化与吸收”
	第四单元　第二章　第三节　“合理营养与食品安全”
	第四单元　第三章　第二节　“发生在肺内的气体交换”
	第四单元　第四章　第四节　“输血与血型”
	第四单元　第五章　“人体内废物的排出”
	第四单元　第六章　第三节　“神经调节的基本方式”
	第四单元　第七章　第二节　“探究环境污染对生物的影响”

续 表

课本分册	课题
人教版 八年级上册	第五单元　第二章　第二节　“先天性行为和学习行为”
	第五单元　第二章　第三节　“社会行为”
	第五单元　第三章　“动物在生物圈中的作用”
	第五单元　第四章　第四节　“细菌和真菌在自然界中的作用”
	第五单元　第四章　第五节　“人类对细菌和真菌的利用”
	第五单元　第五章　“病毒”
	第六单元　第二章　第三章　“认识和保护生物的多样性”
人教版 八年级下册	第七单元　第二章　“人的性别遗传”
	第七单元　第三章　第一节　“地球上生命的起源”
	第八单元　第一章　“传染病及预防”

参考文献

［1］中华人民共和国教育部.义务教育生物学课程标准（2011年版）［M］.北京：北京师范大学出版社，2012：3.

［2］刘红霞，赵蔚，陈雷.基于“微课”本体特征的教学行为设计与实践反思［J］.现代教育技术，2014（2）：16-21.

［3］钟晓流，宋述强，焦丽珍.信息化环境中基于翻转课堂理念的教学设计研究［J］.开放教育研究，2013，19（1）：59-64.

［4］靳玉乐.对话教学［M］.成都：四川教育出版社，2006.

［5］朱德全，王梅.对话教学的模式与策略探析［J］.高等教育研究，2003（2）：85-89.

［6］崔纪伟.学案教学中如何实施导学［J］.中学化学参考，2001（8-9）：67-72.

［7］王生明，孔庆友.教学模式在中学教学中的运用与思考［J］.教与学杂志，2007，4（1）：47-48.

［8］冯宜轩.初中地理教学中多种教学模式的应用研究［J］.科技与生活，2010（24）：33-34.

［9］李红.谈新编初中生物学教材中的科学探究活动［J］.生物学教学，2002，27（2）：21-23.

［10］冯克诚，西尔枭.实用课堂教学模式与方法改革全书［M］.北京：中央编译出版社，1994：3.

［11］张莉.浅谈初中生物教学“学案导学”的“五步教学法”［J］.科教文化，2012（9）：141.

［12］郑伟.生物学科“学案导学式教学模式”初探［J］.教法研究，2012（9）：116-117.

［13］乔纳森·伯格曼，亚伦·萨姆斯.翻转课堂与混合式教学［M］.韩成财，译.北京：中国青年出版社，2018.
［14］袁敏敏.翻转课堂模式下教师角色的转变［J］.英语广场，2017（4）：119-120.
［15］孙惠敏，李晓文.翻转课堂，我们在路上［M］.杭州：浙江大学出版社，2018.
［16］刘芸艳."互联网+"时代下的翻转课堂教学模式的研究与实践［J］.教学与教育信息化，2017（19）：222-224.
［17］李爱国.翻转课堂教学模式构建与教师角色转换［J］.内蒙古师范大学学报，2015（5）：53-55.
［18］韩立福."先教后学""先学后教"和"先学后导"的教学思维探析［J］.教育理论与实践，2012（35）：48-50.
［19］裴爱莉.实验在生物教学中的作用［N］.教师报，2006-10-06.
［20］陈建新.中学生物探究性实验教学模式初探［J］.生物学杂志，2008（4）：77-79.
［21］郑春和.中学生物学探究教学模式的研讨［J］.课程·教材·教法，2011（11）：40-45.
［22］邱燕华.浅谈生物探究式教学中问题情境的创设［J］.中学教学参考，2014（32）：125.
［23］任监缆.为中学生物学图解教学法立论［J］.生物学教学，1994（3）：8-9.
［24］周林延.生物教学中的图解教学法［J］.西藏教育，2011（3）：9-10.
［25］段华，曾庆田.《图论》课程教学模式改革探索［D］.青岛：山东科技大学，2010.

后记

初中生物教学模式方面的研究是何小霞名师工作室多年致力研究的一个领域。一开始她对图解生物教学模式单个进行研究，后来在单个研究的基础上扩大到多个，对初中生物常用教学模式的内涵、理念依据、学生的认同度、教学效果、适用课题、运用策略等进行全方位的研究，对适合初中生物教学的教学模式进行梳理、提炼，还形成部分成熟的操作案例。在工作室主持人何小霞的引领下，从确定研究方向、制定方案到开展研究，再到整理研究成果，历经近十年。成果辐射多所学校，为了在初中生物教学方面能给各位同行提供一些借鉴，特编写此书。

在课题研究的过程中，市、区多个单位及各级领导、教师给予了帮助及支持。广东省第二师范学院生命科学院胡继飞教授对课题研究过程进行了多次指导，深圳市教研员颜培辉老师对本课题研究的顺利开展及成果的辐射提供了重大的支持，深圳市宝安区教育科学研究院及深圳市宝安中学（集团）在课题研究过程中给予了大量的人力、物力支持。在此，特对他们表示衷心的感谢！

本书是何小霞名师工作室的研究成果之一，是整个工作室集体智慧的结晶。由工作室主持人何小霞起草全书纲要，撰写了第一、二章和第三章第一节，并且负责后期文稿的整合、修改等工作。